JN062753

山形県の教員採用試験過去問シリーズ❸

2025年度版

山形県の国語科

過去問

協同教育研究会 編

協同出版

本書には，山形県の教員採用試験の過去問題を収録しています。各問題ごとに，以下のように5段階表記で，難易度，頻出度を示しています。

難　易　度

非常に難しい　☆☆☆☆☆
やや難しい　☆☆☆☆
普通の難易度　☆☆☆
やや易しい　☆☆
非常に易しい　☆

頻　出　度

◎　ほとんど出題されない
◎◎　あまり出題されない
◎◎◎　普通の頻出度
◎◎◎◎　よく出題される
◎◎◎◎◎　非常によく出題される

※本書の過去問題における資料，法令文等の取り扱いについて

本書の過去問題で使用されている資料や法令文の表記や基準は，出題された当時の内容に準拠しているため，解答・解説も当時のものを使用しています。ご了承ください。

はじめに～「過去問」シリーズ利用に際して～

教育を取り巻く環境は変化しつつあり、日本の公教育そのものも、教員免許更新制の廃止やＧＩＧＡスクール構想の実現などの改革が進められています。また、現行の学習指導要領では「主体的・対話的で深い学び」を実現するため、指導方法や指導体制の工夫改善により、「個に応じた指導」の充実を図るとともに、コンピュータや情報通信ネットワーク等の情報手段を活用するために必要な環境を整えることが示されています。

一方で、いじめや体罰、不登校、暴力行為など、教育現場の問題もあいかわらず取り沙汰されており、教員に求められるスキルは、今後さらに高いものになっていくことが予想されます。

本書の基本構成としては、出題傾向と対策、過去5年間の出題傾向分析表、過去問題、解答および解説を掲載しています。各自治体や教科によって掲載年数をはじめ、「チェックテスト」や「問題演習」を掲載するなど、内容が異なります。

また原則的には一般受験を対象としております。特別選考等については対応していない場合があります。なお、実際に配布された問題の順番や構成を、編集の都合上、変更している場合があります。あらかじめご了承ください。

最後に、この「過去問」シリーズは、「参考書」シリーズとの併用を前提に編集されております。参考書で要点整理を行い、過去問で実力試しを行う、セットでの活用をおすすめいたします。

みなさまが、この書籍を徹底的に活用し、教員採用試験の合格を勝ち取って、教壇に立っていただければ、それはわたくしたちにとって最上の喜びです。

協同教育研究会

CONTENTS

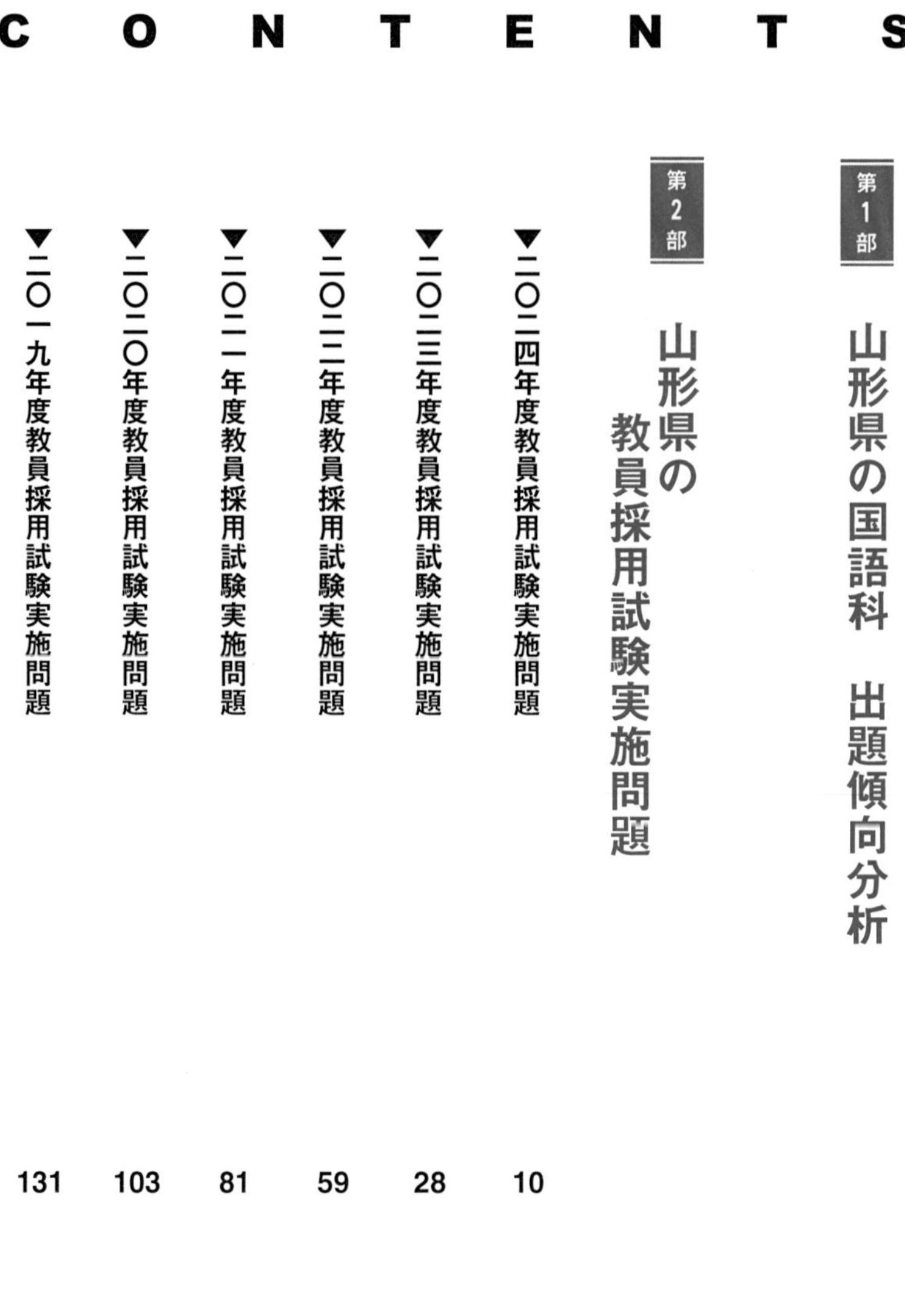

第１部

山形県の
国語科
出題傾向分析

山形県の国語科　傾向と対策

出題内容は、中高共通の現代文(論説)と古典(古文・漢文)である。二〇二三年度までは漢文は中高別問題であった。

現代文は、河野哲也『哲学とは何か　子ども性・対話・愛』からの出題。①漢字の書き取り　②品詞名　③語句の意味　④内容説明(四十字・九十五字以内・字数制限なし、三問)　⑤空欄補充　⑥表現に関する説明(段落内容)　⑦筆者の考え　⑧学習指導要領「話すこと・聞くこと」の授業(中学校は第三学年、高等学校は「現代の国語」)で授業方法について問われた。出題形式は記述式が中心。難易度は標準以上。

論理的文章の評論は、論理中心の体系的・構造的文章であるために語句の意味を検討し、文と文のつなぎを正しくとらえ、段落相互の関係を把握し、文章の中心となる主要な論点と具体例、説明、補足、反証などをのべる論点とを判別し、大意を把握することが大切である。

古文は、『大鏡』からの出題。①文法(敬意の対象)　②古語の意味　③作中人物の心情と空欄補充　④現代語訳　⑤行動説明(五十字以内)　⑥和歌の修辞技法の説明　⑦作者の意図などが問われた。難易度は標準以上。

古文の学習は、基本事項をまず把握しておくことが重要である。古語の読みと意味、文法(用語や助動詞の意味と活用、助詞の意味とはたらき)、敬語の種類と敬意の対象、主語の識別、係り結び、現代語訳など。和歌では枕詞、序詞、掛詞、縁語、句切れ、本歌取り、体言止めなどである。これらを学習し整理しておくことが大切である。

漢文は、『史記』からの出題。①漢字の読み　②返り点　③内容説明(七十字以内)　④現代語訳　⑤傍線部の内容　⑥作中人物の発言理由　⑦傍線部の語と同じ意味の熟語が問われた。形式は記述式と選択式半々。難易度は標準程度。

漢文の学習では漢文の基本構造および句法・書き下し文や訓点、中国文学史について学習しておくことが大切である。

現代文では、設問として、学習指導要領・学習指導法に関する問題も出題されている。学習指導要領の内容を理解しているかどうかが問われている。学習指導要領は教育課程作成の基準である。教科目標をふまえ内容と構成について体系的に整理しておくことが大切である。このことは中学・高校の学習指導法と深く関わる。授業計画案作成の練習をし万全の備えをしておく必要がある。

全体としては、中学・高校の教材を徹底的に分析検討し基礎・基本を確認すること。その上で応用力を身につけるため、山形県の過去問を反復学習しその出題傾向を把握することを勧める。

過去5年間の出題傾向分析

●：中高共通　◎：中学　○：高校

分類	主な出題事項	2020年度	2021年度	2022年度	2023年度	2024年度
現代文	評論・論説	●	▲●	▲●	▲●	▲●
	小説					
	随筆					
	韻文（詩・俳句・短歌）					
	近代・文学史					
古文	物語	●	●	●	●	●
	説話				●	
	随筆					
	日記					
	和歌・俳句					
	俳論					
	歌論					
	能楽論					
	古典文学史					
漢文	思想・政治	◎　○	▲◎　▲○	▲◎　▲○		
	漢詩文					
	漢詩					
	歴史				▲●	●
	説話				▲◎	
	中国古典文学史					
	学習指導要領	◎　○				
	学習指導法	◎　○				
	その他					

▲は，学習指導要領・学習指導法に関する設問。

第２部

山形県の
教員採用試験
実施問題

二〇二四年度　実施問題

【中高共通】

【一】次の文章を読んで、以下の問いに答えなさい。なお、1〜11は、それぞれの段落の番号を表している。

1 哲学はしばしば[A]「前提を疑い、再検討してみること」といった思考法に特徴があると言われている。これは、批判的思考のことに他ならない。批判的思考とは、ある考えや行為の根拠を問いただすことである。哲学は批判的思考を必須とすると思われるが、しかし、そもそもあらゆる創造的な活動は批判的思考を必要と[B]する。真理にいまだに到達できていない、最終的な問題解決に至っていない、最善のものを作るに至っていない、こうした改善の意識が創造的活動の源であり、批判的思考の出どころである。

2 しかしながら、思考とは批判的であることに留（とど）まるものではない。批判的思考とは、ある考えや行為の根拠の妥当性を検証するものである。だが、新しい考えを生み出すような創造的思考は、それとはまた別の働きである。創造的思考とは、文字通りに、新しいものを生み出すための活動であり、想像力を働かせ、実験的、発見的、発明的で、他者を刺激する思考である。思考とは、コンピュータにインストールできるような単一の能力ではありえない。[1]思考を演算や推論と同一視してはならない。思考とは、何かに解答を与えようとして、さまざまなことを試みる総合的な行為である。仮説を立てて、実証をしてみる。思い通りに行かないので発想を変えてみる。とにかく試してみて、偶然に成功するまで繰り返す。調べ直して、人ともディスカッションしてみる。思考にはこうしたさまざまな[a]クワダてが含まれ、試行錯誤をしながら、粘り強く課題を探究することが、「思考」と呼ばれるものである。これ以外の過程に思考などあるだろうか。この定義が思考の意味を拡張しすぎだというのであれば、思考とはそうした問題解決の試みの中で、自分一人で、さまざまな試行をシミュレーションしている状態だと言えばよいだろうか。いずれにせよ、思考とは、自動的になりうる演算などではなく、躓（つまず）きながらのやり直しなのだ。その意味で、思考を根底で支えているのは、問題解決に至ろうとする何かへの粘り強い愛であると言える。

3 それが科学であれ、芸術であれ、産業であれ、創造的な活動をする者は、行き詰まった現状を変えるために、その現状の根底にある一定の前提を探り出し、それとは別の前提に立った考えなり行動なりを生み出そうとする。しかし、哲学はさらに、「深く考えることだ」と言われる。批判的思考を繰り返し、「なぜ」という問いを繰り返すのが哲学だと考えられている。ここでの「深く」とは、前提のそのさらに前提を検討する態度であり、いわば、演繹（えんえき）的思考を逆にたどり、自分の思考の「公理」のようなものに気づき、その妥当性を検討する態度のことである。

4 前提の前提を探っていくことは、同時に各分野を分けている壁のようなものを乗り越えることでもある。というのも、演繹を逆にたどることは、ある考えや行為をより一般的なものに包摂することだからである。たとえば、「良い自動車を作る」という場合に、「〝良い〟自動車とは何か」「なぜ自動車なのか」「移動の手段とは何か、どうあるべきか」と問うていけば、自動車づくりは、自動車産業だけの枠を超えて、現代社会における移動について、さらにはその生活のあり方についての考えに及んでいくだろう。それは、自動車づくりを、移動手段、現代社会の生活という大きな枠組みの中で位置付けることである。哲学が、一般的・普遍的、あるいは、超領域的・分野横断的であると言われるのは、前提を深くたどっていくその思考のあり方に由来する。「なぜ」と問うごとに演繹のはじまりへと遡っていき、特定の領域を越え出ていく。そうして、C混沌（こんとん）とした状態にあるさまざまな物事の関連を、演繹的にbセイジョしようとする。

5 哲学が、いわば物事をズームアウトした視点で見ようとするものであるならば、逆にズームインしていく動きが、技術化である。技術化とは、いくつかの前提を受け入れた上で、ある考えを具体に詰めて実現し、一定の手順や行為の型へと嵌め込んでいくことだろう。これは、その手順の面に着目すればマニュアル化と呼べるだろう。技術として成立した時点で試行錯誤の時期は終わり、多くの人が共有できる制度となって定着していく。科学的探究は技術となって終了する。

6 技術は、一般的には現実世界に対して効力を持つことが求められている。技術化は、その思考のあり方が、慣習や習慣として生活に組み込まれ、思考の型となっていくことである。先に見たように、思考が複合的な試行的行為であることを考えるならば、思考の型とは試行の型のことであり、手続化して固定した試行である。技術を重んじる態度には、その前提となっているものを疑わず、それに基づいてズームインを進める方向性が含まれている。すなわち、精緻化、具象化、洗練化、様式化、自動化、反復的継承に向かうのである。

7 制度化され慣習化された生活の技術的側面を、それが拠って立つ前提をあらためて明らかにし、それが本来の目的に奉仕しているかを問い直し、広い文脈の中で意味付け直そうとする。これが哲学の役割である。であれば、それは、技術化とは反対に、※粗笨化、抽象化、（　Ⅰ　）、（　Ⅱ　）、手動化、初期化と開始へと向かうものである。

8 制度化された技術を継承するということが、何かの専門性を持った職業人として、あるいは、ある社会cカイソウの中で生きることであるとすれば、哲学とは、何かの特定の社会的役割や立場からではなく、ひとりの市民として、ひとりの人間として、ある問題に取り組むことである。哲学が、専門化した科学のようになろうとするのは、自己矛盾を引き起こす誤った危険な方向性である。

9 哲学が思想から区別されるのは、思想が、英語でも「thought(考えられたもの)」と呼ばれ、思考の生産物であると考えられているからである。思想と対置される哲学とは、「哲学する」という「活動の名詞化」であるとか、「動名詞」であるとか言われるのは、哲学が「考えられたもの」さえも不断にその思考の対象とするからであろう。ある思考活動が技術化し、制度化され、慣習化されると、多くの人がそれによって一定の考えや行為をうまく生み出すことができるようになる一方で、その思考の最初の対象との格闘や試行錯誤は忘れ去られてしまう。多くの人は、対象に苦労して取り組むよりは、誰かの模倣をする方を好むであろう。このような思考の型としての思想は、あらゆる慣習と同じく、それを獲得した者とそうでない者を区別する特徴となることができる。それゆえに、ある思考の型を持つことが、ある集団のアイデンティティになることがある。イデオロギーや宗教的教義はそのような思考の型である。それは、思考を容易にする一方で、思考の自由を奪い、人々をまとめる一方で、他の人々を排除するようになることがある。

10 思考の型としての思想では、自分の型を構成している根本的な定理のようなものを検討の対象としないと考えられていることもある。たとえば、宗教の聖典やそのグループが拠って立つ著作などは、さまざまに換骨奪胎して解釈されることがあるが、そこに書かれている基本原理と明らかに矛盾するようなことは検討の対象としないだろう。あるグループの思考の型に共有している前提が多いほど、いいかえれば、慣習や習慣をそのまま受け継ぐことの多いグループであればあるほど、そのグループにはタブーが多くなり、外に向かって閉じられる。

11 思考活動としての哲学は、その文明が共有している思考の型を批判的に検討し、それを変更していくということである。その場合には、その文明における人間関係のあり方の変化、ひいては社会構造の変容をもたらすことも不思議ではない。哲学がある文明は展開する文明である。思想を有しているだけの文明は停滞的であるということになる。

（河野哲也「哲学とは何か　子ども性・対話・愛」による。ただし、一部に省略等がある。）

※　粗笨…おおまかでぞんざいなこと。粗雑。

問一　══部a～cのカタカナをそれぞれ漢字で書きなさい。漢字は楷書で丁寧に書くこと。

問二　――部A「しばしば」、B「あらゆる」の品詞として最も適切なものを、次のア～カの中からそれぞれ一つ選び、記号で答えなさい。

ア　動詞　　イ　形容動詞　　ウ　副詞　　エ　連体詞　　オ　助動詞　　カ　助詞

問三　――部C「混沌とした」の意味を書きなさい。

問四　――部1「思考を演算や推論と同一視してはならない。」について、筆者がそのように考えているのはなぜか。その理由として最も適切なものを、次のア～エの中から一つ選び、記号で答えなさい。

ア　演算や推論は、条件に従ってひとりでに解答が導かれるのに対して、思考は、さまざまな試みを繰り返し、失敗を重ねながら根気強く課題の解決に近づいていく行為であるから。

イ　演算や推論は、偶然に成功するまで繰り返されるのに対して、思考は、仮説を立てて検証し、最善の解決方法を短時間で見つけ出そうとする行為であるから。

ウ　演算や推論は、コンピュータがもつさまざまな機能を組み合わせて行われるのに対して、思考は、人間だけがもつ単一の能力を用いて地道に課題の解決に向かう行為であるから。

エ　演算や推論は、コンピュータを用いて一人で行うことができるのに対して、思考は、他者と対話することでしか課題の解決に近づくことができない行為であるから。

問五　――部２「哲学が、いわば物事をズームアウトした視点で見ようとするものである」について、「物事をズームアウトした視点で見」るとはどういうことか。哲学の思考法にふれながら、四十字以内で説明しなさい。

問六　空欄（　Ⅰ　）、（　Ⅱ　）に入る言葉の組み合わせとして最も適切なものを、次のア～カの中から一つ選び、記号で答えなさい。

ア　Ⅰ　手続化　Ⅱ　形骸化　　イ　Ⅰ　素朴化　Ⅱ　形骸化

ウ　Ⅰ　陳腐化　Ⅱ　形骸化　　エ　Ⅰ　手続化　Ⅱ　無定型化

オ　Ⅰ　素朴化　Ⅱ　無定型化　カ　Ⅰ　陳腐化　Ⅱ　無定型化

問七　――部３「思考の型とは試行の型のことであり」とあるが、「思考」、「試行」のような同音異義語について、「話すこと・聞くこと」の学習でその使い方を指導する際、どのようなことを指導することが考えられるか。同音異義語の特徴にふれながら、説明しなさい。

問八　〰〰部「思考のあり方が、慣習や習慣として生活に組み込まれ、思考の型となっていく」とあるが、筆者は、それによってどのような問題が生じると考えているか。本文に即して、九十五字以内で説明しなさい。

問九　本文の表現に関する説明として最も適切なものを、次のア～エの中から一つ選び、記号で答えなさい。

ア　[2]段落の「これ以外の過程に思考などあるだろうか。」は、疑問文を用いることで、思考について独自の捉え方を提示したものの確信が持てずにいることを示している。

イ　[3]段落の「それが科学であれ、芸術であれ、産業であれ」は、一見関係のない分野を列挙することで、現代社会がさまざまな面で行き詰まりを抱え停滞的なものになっていることを印象づけている。

ウ　4段落の「『〝良い〟自動車とは何か』『なぜ自動車なのか』『移動の手段とは何か、どうあるべきか』」は、問いの例を示すことで、思考のあり方についての抽象的な説明をわかりやすくしている。

エ　9段落の「『thought(考えられたもの)』」は、英語と日本語を並べて表記することで、「思想」という言葉に対する捉え方が英語と日本語で異なっていることを強調している。

問十　次のA、Bは、「中学校学習指導要領」(平成29年3月告示)及び「高等学校学習指導要領」(平成30年3月告示)における、「話すこと・聞くこと」の言語活動例の一部である。このような言語活動を通して、どのようなことを指導することが考えられるか。A、Bから第一志望の校種を選び、指導事項を踏まえて書きなさい。ただし、選んだ記号を書くこと。

> A　中学校　第3学年
> ア　提案や主張など自分の考えを話したり、それらを聞いて質問したり評価などを述べたりする活動。
>
> B　高等学校　現代の国語
> イ　報告や連絡、案内などのために、資料に基づいて必要な事柄を話したり、それらを聞いて、質問したり批評したりする活動。

(☆☆☆☆◎◎◎)

【二】次の文章は、『大鏡』の一節で、藤原道長の時代に斎院(賀茂神社に奉仕した未婚の皇女。「院」も同じ)であった選子内親王の逸話である。この文章を読み、以下の問いに答えなさい。

昔の斎院は、仏経などのことは忌ませたまひけれど、この宮には仏法をさへあがめたまひて、朝ごとの御念誦かかせたまはず。いとうより神人にならせたまひて、1いかでかかることを思し召しよりけむとおぼえさぶらふは。※賀茂の祭の日、一条の大路に、aそこら集まりたる人、さながらともに仏とならむと、誓はせたまひけむこそ、なほbあさましくはべれ。さりとてまた、現世の御栄華をととのへさせたまはぬか。※御禊よりはじめ、三箇日の作法、出車などのめでたさ、おほかた、御さまの、いとc優にらうらうじくおはしましたるぞ。

※今の関白殿、兵衛佐にて、御禊に御前せさせたまへりしに、いと幼くAおはしませば、例は※本院に帰らせたまひて、人々に禄などたまはするを、これは※河原より出でさせたまひしかば、思ひかけぬ御ことにて、さる御心まうけもなかりければ、御前に召しありて、御対面などせさせたまひて、奉りたまへりける小袿をぞ、かづけたてまつらせたまへりける。※入道殿、聞かせたまひて、「2いとをかしくもしたまへるかな。禄なからむもたよりなく、取りにやりたまはむもほど経ぬべければ、とりわきたるさまを見せたまふなめり。えせ者は、え思ひよらじかし」とぞ申させたまひける。

この※当代や東宮などの、まだ宮たちにておはしましし時、祭見せたてまてつらせたまひし御※桟敷の前過ぎさせBたまふほど、殿の御膝に、二所ながら据ゑたてまつらせたまひて、「この宮たち見たてまつらせたまへ」と申させたまへば、※御輿の帷より赤色の御扇のつまをさし出でたまへりけり。殿をはじめたてまつりて、「なほ心ばせめでたくおはする院なりや。3かかるしるしを見せたまはずは、いかでか、見たてまつりたまふ

らむとも知らまし」とこそは、感じたてまつらせたまひけれ。院より大宮※に聞こえさせたまひける、御返し、

Ⅰ　ひかりいづるあふひのかげを見てしより年積みけるもうれしかりけり

Ⅱ　もろかづら二葉ながらも君にかくあふひや神※のゆるしなるらむ

げに賀茂明神などのうけたてまつりたまへればこそ、二代までうちつづき栄えさせたまふらめな。このこと、「いとをかしうせさせたまへり」と、世の人申ししに、4前の帥のみぞ、「追従ぶかき老狐かな。あな、愛敬な」と申したまひける。

(注)　※　賀茂の祭…賀茂神社の本祭。祭では冠や車の簾などに葵を飾った。なお、歴史的仮名遣いでは「あおい」を「あふひ」と表記する。

※　御禊…賀茂祭の二日前に、斎院が賀茂川の河原で行う儀式。祭同様、多数の見物人が集まる。

※　今の関白殿、兵衛佐にて、御禊に御前せさせたまへりしに…今の関白殿(藤原頼通)が、まだ兵衛佐の位で、御禊の行列の先導役を務められた時のことですが。

※　本院…紫野にある斎院の御所。

※　河原より出でさせたまひしかば…(引き続き務めるべきところを、途中で)河原からご退出になりましたから。

※　入道殿…頼通の父である道長。「殿」も同じ。

※　当代や東宮…後一条天皇や東宮。「二所」も同じ。祭見物をさせたのは二人の祖父である道長。

※　桟敷…見物のために大路に面して高く構えた仮屋。

※　御輿の帷より…斎院が乗り物の垂れ布の間から。　※　大宮…宮たちの母である彰子。
※　神のゆるし…賀茂の神のお引き合わせ。　※　前の帥…藤原隆家。

問一　～～～部a「そこら」、b「あさましく」、c「優に」の本文中の意味をそれぞれ書きなさい。
問二　══部の敬語A「おはしませ」、B「たまふ」は、誰に対する敬意を示しているか。最も適切なものを、次のア～カの中からそれぞれ一つ選び、記号で答えなさい。
ア　斎院　イ　今の関白殿　ウ　入道殿　エ　宮たち　オ　大宮　カ　前の帥
問三　──部1を「かかること」の内容を明らかにして現代語訳しなさい。
問四　──部2について、次の(1)、(2)の問いに答えなさい。
(1)　このときの入道殿の心情として最も適切なものを、次のア～エの中から一つ選び、記号で答えなさい。
ア　立腹　イ　賞賛　ウ　懐古　エ　疑念
(2)　(1)のように入道殿が感じたのは、斎院のどのような行動に対してか。次のような形でまとめたとき、空欄［　i　］、［　ii　］に入る適切な言葉を、それぞれ十五字以内で書きなさい。
頼通が河原から出てしまったために、［　i　］という通例の対応ができない状況で、［　ii　］という行動。
問五　──部3は、誰がどのような行動をとったことを指しているか。その目的にふれながら、五十字以内で説明しなさい。
問六　Ⅰ・Ⅱの和歌に共通して用いられている修辞技法について、これらの和歌に即して簡潔に説明しなさい。
問七　──部4は、「前の帥殿だけは、『おべっか使いの古狐だなあ。なんと面憎いことだ』と申されました」という意味である。書き手が、世の人々の評価を示した上でこの一文を書いた意図の説明として最も適切なものを、次のア～エの中から一つ選び、記号で答えなさい。

ア　斎院を人間離れした不気味な存在だとする発言を紹介し、前の帥が感じた斎院への恐怖を印象づける意図。

イ　入道殿をふてぶてしい人物だとする発言を紹介し、それとは対照的な斎院の奥ゆかしさを際立たせる意図。

ウ　入道殿を世渡り上手だとする発言を紹介し、前の帥と入道殿との間に深い確執があったことを暗示する意図。

エ　斎院を世慣れた悪賢い人物だとする発言を紹介し、同じ行為を否定的に見る立場もあったことを伝える意図。

（☆☆☆☆◎◎◎）

【三】春秋時代、楚の宰相であった孫叔敖（そんしゅくごう）は、笑いを交えて婉曲に忠告を行う優孟（ゆうもう）を賢人として厚遇していた。孫叔敖の死後、その子供が生活に困窮していることを知った優孟は、一計を案じた。次の文章を読み、以下の問いに答えなさい。ただし、設問の都合上、送り仮名や返り点を省略したところがある。

即チ※為シ二孫叔敖ノ衣冠ヲ一、抵チテレ掌ヲ談語ス。※歳余ニシテ、像ル二孫叔敖ニ一。1楚王及ビ左右不ルレ能ハレ別ツコトレ也。※荘王置シ酒ヲ、優孟前ミテ為スレ寿ヲ。荘王大イニ驚キ、a以為ヘラク孫叔敖復タ生ズト也。2欲ス三以テ為サント二相ト一。優孟曰ハク、「請フ帰リテb与レ婦計リ之ヲ、三

日而為相。」荘王許之。三日後、優孟復来。王曰、「婦言謂何。」

孟曰、「婦言慎無為、楚相不足為也。如孫叔敖之為楚相、尽忠為廉以治楚、楚王得以覇。今死、其子無立錐之地、貧困負薪以自飲食。必如孫叔敖、不如自殺。」因歌曰、「山居耕田苦、難以得食。起而為吏、身貪鄙者余財、不顧恥辱。身死家室富。又恐受賕枉法、為姦触大罪、身死而家滅。貪吏安可為也。念為廉吏、奉法守職、竟死不敢為非。廉吏安可為也。楚相孫叔敖持廉至死、方今妻子窮困負薪而食、不足為也。」於是荘王謝優孟、乃召孫叔敖子、封之寝丘四百戸、以奉其祀。後十世不絶。

（『史記』による）

（注）※　為孫叔敖衣冠、抵掌談語…優孟は孫叔敖の衣服や冠を作って身につけ、孫叔敖の立ち居振る舞いや話しぶりをまねした。

※　歳余…一年あまりたって。

※　荘王置酒、優孟前為寿…荘王は酒宴を設けると、優孟は進み出て酒杯を勧め長寿を祝った。荘王は春秋時代の楚の君主。
※　廉…正直で無欲なこと。清廉で正道を守ること。
※　立錐之地…錐の先を差し込むところ。土地のきわめて狭いことを言う。
※　貪鄙…貪欲で下劣である。　※　受賕枉法…賄賂を受け法を破り。
※　為姦…悪事を為して。　※　方今…ただ今。　※　寝丘…地名。
※　奉其祀…先祖をまつらせた。

問一　〰〰部a～cの漢字の読みを、すべてひらがなで書きなさい。ただし、現代仮名遣いで書くこと。
問二　‖‖部A「竟死不敢為非」について、書きトし文にしたときに「死を竟ふるまで敢へて非を為さず」となるように返り点を施しなさい。
竟　死　不　敢　為　非
問三　‖‖部B「封」と同じ意味の「封」が用いられている熟語を、次のア～エの中から一つ選び、記号で答えなさい。
ア　封印　　イ　完封　　ウ　封建　　エ　封鎖
問四　――部1「楚王及左右不能別也。」を、この場面の状況が具体的にわかるように、現代語訳しなさい。
問五　――部2「欲以為相。」の内容として最も適切なものを、次のア～エの中から一つ選び、記号で答えなさい。
ア　荘王は、孫叔敖の子を宰相にしたいと考えた。

イ　荘王は、優孟を宰相にしたいと考えた。
ウ　優孟は、自分を宰相にしてほしいと願い出た。
エ　優孟は、孫叔敖の子を宰相にしてほしいと願い出た。

問六　――部3「貪吏安可為也。」について、優孟がこのように言うのはなぜか。その理由として最も適切なものを、次のア～エの中から一つ選び、記号で答えなさい。
ア　不正を働き財産を築くことができても、きっと罪に問われて処刑され、一族が滅びることになるから。
イ　賄賂を受け取ることで自分は名誉を失うとしても、築いた財産があるために一族は滅びずにすむから。
ウ　財産を築くことより名誉を守ることが大事で、不正を働くくらいなら一族が滅びたほうがましだから。
エ　滅びかけている一族を再び盛り立てるためには、今ある財産を増やしていくことを優先すべきだから。

問七　――部4「不足為也」について、楚の宰相にはなる価値がないと優孟が考えたのはなぜか。孫叔敖の例に即して、七十字以内で説明しなさい。

(☆☆☆☆◎◎◎)

解答・解説

【中高共通】

【一】問一　a　企(て)　b　整序　c　階層　問二　A　ウ　B　エ　問三　入りまじって区別が付かない。　問四　ア　問五　前提を深くたどり、特定の分野や領域を超えた大きな枠組みで物事を捉えること。(三十七字)　問六　オ　問七　音が同一であっても意味が異なるので、話したり聞いたりする際には、意味内容の伝達に混乱が生じないよう、説明を加えたり、別の言葉で言い換えたりすること。
問八　思考の型の前提となっているものを疑わなくなって、思考の自由を失ったり、ある思考の型を持つことが集団のアイデンティティとなって、同じ思考の型を持たない人々を排除したりするようになるという問題。(九十五字)　問九　ウ　問十　A　中学校…自分の立場や考えを明確にし、相手を説得できるように論理の展開などを考えて、別の構成を工夫すること。　B　高等学校…論理の展開を予想しながら聞き、話の内容や構成、論理の展開、表現の仕方を評価すること。
〈解説〉問一　漢字の表意性に留意し、文脈に整合するように書き、同音異義語や類似の字形と混同しないこと。
問二　副詞は、主として連用修飾語として用いられる。連体詞は、連体修飾語として用いられる。
問三「混沌」と意味が近い言葉としては、「無秩序」や「乱雑」などがある。　問四　演算や推論と対比された思考については、第[2]段落で詳しく述べられている。演算や推論は、特定の前提から結論が導かれるが、思考は、試行錯誤しながら探究する営みである。　問五　哲学は、批判的思考を繰り返し、前提を試行錯誤して検討し、超領域的・分野横断的に大きな枠組みで物事を捉えるとされる。　問六　技術化の例示としては、「精緻化、具象化、洗練化、様式化、自動化、反復的継承」と挙げられている。技術化の反対の例示としては、「粗笨化、抽象化」と挙げられ、これに空欄Ⅰ・Ⅱ、「手動化、初期化と開始」が続いている。よって、「洗練化、模式化」の反対となる言葉を選べばよい。　問七　漢字は表意文字であり、同音異義語がいくつも存在する。そのため、音声での会話では、正しく意味が理解されるように配慮する必要がある。抽象的な言葉は、説明を加えたり別の表現で言い換えたりして、相手に正しく伝わる工夫をする。　問八　波線部のようになった場合の功罪について、筆者は第[9]段落で述べている。「功」(プラス面)は、思考活動の技術化によって、一定の考えや行為を生み出せるようになることである。「罪」(マイナス面)は、仮説と実証の試行錯誤による「なぜ」という批判的思考をしなくなることである。そうなると、他者の模倣を好んだり、ある集団のなかでは特定の思考の型を持つことがアイデンティティとなったりする。そして、同じ思考の型を持たない者を排除するようになる。イデオロギーや宗教的教義がそうした例であり、そこには思考の自由はない。　問九　アは「疑問文を用いることで」以下、イは「一見関係のない分野を列挙することで」以下、エは「英語と日本語を並べて表記することで」以下が不適切である。　問十　言語活動例は、指導事項を効果的に指導する学習活動の例示である。　A　中学校第3学年の「話すこと・聞くこと」の言語活動例アは、これまでの学習を生かし、不特定多数の多様な考えを持つ相手に対しても、自分の考えを明確に話したり、相手の考えを聞いて理解したりできるように、提案や主張を例示している。　B　高等学校の「現代の国語」は、実社会における国語による諸活動に必要な資質・能力を育成する共通必履修科目である。言語活動例イは、資料に基づいて必要な事柄を話す活動の例である。資料を用いて具体例や根拠などを示しながら、目的に応じた内容を話すことが求められている。文字、図表、映像、音声などの幅広い媒体を用い、場や状況、聞き手の関心などを把握し、話し方を工夫する必要がある。

【二】問一　a　たくさん　b　驚きあきれたことで　c　優雅で　問二　A　イ　B　ア
問三　どうしてこのような仏教信仰を思い付きなさったのだろうか　問四　(1)　イ　(2)　i　本院に帰ってからほうびを与える(十五字)　ii　着ていた小袿をその場で与えた(十四字)　問五　斎院が、宮たちを見たことを道長に伝えるために、乗り物の垂れ布の間から扇の端をさし出したこと。(四十六字)
問六　「あふひ」が「葵」と「逢ふ日」との掛詞になっている。　問七　エ
〈解説〉問一　a　「そこら」とは、「数多く」の意の副詞。b　「あさましく」は「あさまし」(形・シク)の連用形で、

「意外で、驚きあきれるばかりで」の意。c「優に」は、「優なり」(形動・ナリ)の連用形で、「上品で、優雅で」の意。　問二　A「おはしませ」は、「あり」の尊敬語「おはします」の已然形。B「たまふ」は、尊敬の補助動詞「たまふ」の連体形。尊敬の助動詞「さす」の連用形に接続し、最高の敬意を示している。
問三　「かかること」は、「こういう、このような」の意で、前文の「この宮には仏法をさへあがめたまひて」を指す。「いかで〜けむ」は、係り結びのように文末を連体形にする。　問四　「をかしくもしたまへる」の「をかしく」(「をかし」の連用形)は、「賞すべき、すぐれている」の意。「大変すばらしいおはからいをなさったものだ」の意。空欄ⅰには、「例は本院に帰らせたまひて、人々に禄などたまはするを」、　には、「奉りたまへりける小袿をぞ、かづけたてまつらせたまへりける」を解釈して補充する。　問五　「かかるしるし」とは、斎院が二人の宮を見たことを示した合図である。文中の当代(後一条天皇)と東宮が親王であったころ、賀茂の祭で斎院が通ったので、道長が「二人の宮をご覧申し上げなさってください」と声をかけた。　問六　Ⅰの歌は、「このめでたい賀茂の祭の日に、光り輝かれる双葉葵のようなお二方のお姿を見申し上げましたが、これも長生きをしたおかげかと、年をとったことさえもうれしく感じられたことですよ」と解釈する。Ⅱの歌は、「桂の木の枝に双葉葵をつけて頭にかざす賀茂の祭に、その双葉葵のようなお二方が、おそろいでこのように斎院のあなたにお会いできたのは、賀茂の明神のお引き合わせによるものでございましょう」と解釈する。
問七　前の帥(藤原隆家)の「追従ぶかき老狐かな」は、斎院への批判的な言葉とする立場、もしくは道長への対抗意識とする立場がある。いずれにせよ、世の人々は、「いとをかしうせさせたまへり」(たいそうお気のきいたことをなさったものだ)と高く評価している。

【三】問一　a　おも(えらく)　b　と　c　すなわ(ち)　問二　竟レ死不二敢為一レ非　問三　ウ
問四　楚の荘王と側近は、優孟と孫叔敖の見分けがつけられないほどであった。　問五　イ　問六　ア

問七　孫叔敖のように宰相となり、国家に忠誠を尽くし清廉潔白に務めて功績を立てても、死後、子孫にはわずかな土地も与えられず、困窮することになるから。（七十字）

〈解説〉問一　a「以為」は、「以〜為…」（〜もって…となす）の省略からできた。「〜と思う」の意。b「与」は、「あた(ふ)」「くみ(す)」「とも(に)」とも読む。c「乃」は、「そこで」の意。　問二　返り点は、漢文を日本語の文の構造にするための記号である。返読文字「不」、述語・目的語関係「竟死」「為非」に注意し、レ点と一・二点をつける。　問三「封」（ほう）は、「領地を与えて諸侯とすること」。「封建」は、「天子が土地を分け与えて諸侯を置くこと」。　問四「楚王及左右不能別也」の「左右」は、楚王の側近の者たちのことである。「不能別」は、「（孫叔敖と優孟を）見分けることができなかった」と訳す。　問五「欲以為相」（以て相と為さんと欲す）の解釈。荘王は、孫叔敖と瓜二つの優孟を宰相にしたいと考えたのである。　問六「貪吏安可為也」（貪吏にはいづくんぞ為るべけんや）の「貪吏」とは、「貪鄙者」と同じで、「貪欲な役人」の意。対語は、「廉吏」（正直で無欲の役人）。「余財〜家滅」が、優孟の楚の宰相要請に対する辞退理由である。　問七「不足為也」と述べた理由としては、孫叔敖の宰相としての生き方と死後の妻子の貧窮の生活を述べた「楚相孫叔敖持廉〜負薪而食」を要約する。また、孫叔敖の死後の家族の生活については、先の文に「今死、其子無立錐之地、貧困負薪以自飲食」とある。

二〇二三年度　実施問題

【中高共通】

【一】源頼政は源氏の名門に生まれ、保元・平治の乱で大功を立てたが、昇殿が許されたのは晩年になってからであった。次のⅠ、Ⅱの文章はどちらも晩年の頼政の逸話である。二つの文章を読み、以下の問いに答えなさい。ただし、設問の都合上、表現を一部改めたところがある。

Ⅰ　高倉院の御時、御殿の上に、鵺の鳴きけるを、「悪しきことなり」とて、「いかがすべき」といふことにてありけるを、ある人、頼政に射させらるべき由、申しければ、「1さりなむ」とて、召されて参りにけり。この由を仰せらるるに、かしこまりて、宣旨を承りて、心の中に思ひけるは、「昼だにも、小さき鳥なれば得がたきを、五月の空闇深く、雨さへ降りて、いふばかりなし。2われ、すでに弓箭の冥加、尽きにけり」と思ひて、八幡大菩薩を念じ奉りて、声をたづねて、矢を放つ。こたふるやうにおぼえければ、寄りて見るに、あやまたずあたりにけり。天気よりはじめて、人々、感歎いふばかりなし。後徳大寺左大臣、その時、中納言にて、a禄をかけられけるに、かくなむ。

　3郭公雲居に名をもあぐるかな

頼政、とりもあへず、

　4弓張月のいるにまかせて

と付けたりける、いみじかりけり。まかり出づるのちに、「昔の養由は、雲の外に雁を射にき。今の頼政は、雨の中に鵼を得たり」とぞ感ぜられける。

（『十訓抄』による）

Ⅱ　去る応保のころほひ、二条院御在位の時、鵼といふ化鳥、禁中にないて、宸襟をなやます事ありき。先例をもって、頼政を召されけり。比は五月廿日あまりのまだよひの事なるに、鵼ただ一声おとづれて、二声ともなかざりけり。目さすとも知らA=ぬ闇ではあり、すがたかたちもみえざれば、矢つぼをいづくともさだめがたし。頼政はかりことに、まづ大鏑をとってつがひ、鵼の声しつる内裏のうへへぞ射あげたる。鵼、鏑のおとにおどろいて、虚空にしばしひひめいたり。二の矢に小鏑とってつがひ、ひいふっと射きって、鵼と鏑とならべて前にぞおとしたる。禁中ざざめきあひ、御感bなのめならず、御衣をかづけさせ給ひけるに、其時は大炊御門の右大臣公能公これを給はりついで、頼政にかづけ給ふとて、「昔の養由は、雲外の雁を射き。今の頼政は、雨の中に鵼を射たり」とぞ感ぜられける。

　五月闇名をあらはせるこよひかな

と仰せられかけたりければ、頼政、

　たそかれ時も過ぎB=ぬと思ふに

と仕り、御衣を肩にかけて、退出す。

（『平家物語』による）

（注）※鵼…頭は猿、胴は狸、手足は虎の化鳥。夜、口笛に似た鳴き声で鳴くので不吉とされ、「黄泉つ鳥」ともいわれた。

※高倉院…第八十代天皇。　※弓箭の冥加…弓矢の運を神仏がお守り下さること。
※八幡大菩薩…八幡宮の主神。源氏の氏神。　※養由…弓の名人、養由基（ようゆうき）。
※二条院…第七十八代天皇。　※宸襟…天皇の御心。　※目さすとも…目をこらしても。
※矢つぼ…矢のねらい所。
※先例…以前、宮中に変化のものが現れた際に、源義家（よしいえ）や頼政が追い払ったこと。
※ひひめいたり…「ひひ」と声を立てた。

問一　〰〰部ａ「禄」、ｂ「なのめならず」の本文中の意味をそれぞれ書きなさい。
問二　‖‖部Ａ、Ｂの助動詞「ぬ」の意味として最も適切なものを次のア～カの中からそれぞれ一つ選び、記号で答えなさい。
ア　完了　イ　存続　ウ　意志　エ　推量　オ　打消　カ　婉曲
問三　――部１「さりなむ」を「さり」の内容を明らかにして現代語訳しなさい。
問四　――部２について、頼政がこのように思ったのはなぜか。その理由を六十字以内で説明しなさい。
問五　頼政はどのように矢を放ち、鵺を退治したか。Ⅰ・Ⅱの文章に関する説明として最も適切なものを次のア～エの中から一つ選び、記号で答えなさい。
ア　Ⅰでは、高倉院が指示した方角に矢を放って命中させ、Ⅱでは、大鏑と小鏑の二種類の矢を放って命中させた。
イ　Ⅰでは、八幡大菩薩を念じながら矢を放って命中させ、Ⅱでは、内裏の屋根に上って矢を二本放って命中させた。

ウ　Ⅰでは、鵼の鳴き声がする方に矢を放って命中させ、Ⅱでは、一本目の矢で鵼を驚かせて二本目の矢を命中させた。

エ　Ⅰでは、鳴き声を真似して鵼を誘い出して命中させ、Ⅱでは、大鏑が届かなかったので小鏑に変えて命中させた。

問六　――部3、4について、和歌の解釈を、次のようにまとめたとき、空欄[i]、[ii]に入る適切な言葉をそれぞれ書きなさい。ただし、[i]は十五字以内、[ii]は五字以内で書きなさい。

双方に用いられている修辞技法を踏まえると、それぞれ次の二つの意味で解釈することができる。 ・「郭公がなお空高く飛び上がり鳴き声を響かせる」という意味と、「[i]」という意味。 ・「弓張月が雲に入る」という意味と、「[ii]」という意味。

問七　ⅠとⅡの文章では、やり取りされた和歌が異なっている。二つの文章から読み取れる頼政の人物像を、それぞれ三十五字以内で書きなさい。

(☆☆☆◎◎◎)

【中学校】

【二】次の文章を読んで、以下の問いに答えなさい。なお、[1]～[16]は、それぞれの段落の番号を表している。

[1]　一般的に観光資源と言えば、「気候、風土、文化、食」をいう。そのいずれにおいても日本は非常に高い潜在力を持っている。

2 ユーラシア大陸の東の端に位置する海に浮かんだ東西、南北に連なる列島で、その地勢を反映して四季は変化に富んでいる。火山列島であるから、国土の大半は山で、その六七パーセントは森林で覆われている。山から海へと無数の川が、へちまの筋のような密度で流れ出しており、良質な水源が豊富にある。また、火山列島であるため、いたるところに温泉が湧き出している。

3 千数百年にわたって、ひとつの国であり続けた文化的A蓄積も膨大である。いかにも古そうに見えるフランスも、仮に五世紀のフランク王国あたりをその始まりと数えるなら、日本の飛鳥(あすか)・白鳳(はくほう)・奈良時代ということになろうか。日本の歴史の深度も相当なものである。

4 食については、季節ごとにその地に産するものを、旬を大事に考えて調理する文化が、料亭やレストランのみならず家庭料理の中にも受け継がれており、味付けもカツオや昆布の出汁、つまり「うまみ」という独特の風味を基調として工夫されてきた。今日、世界中の感度のいい料理人たちはこぞって「うまみ」に注目している。

5 まさに可能性に満ちた、累々たる観光資源であるが、現在に至るまで国を成り立たせる資源として本気で考えられたことはなかった。一部の例外をaノゾいて、日本国内の人々が「生産」にいそしんだ心身の疲れを癒(いや)し、宴会で羽を伸ばすための逸楽や歓楽を提供する産業として、温泉街や観光旅館がそこそこに栄えたにすぎなかった。そのような観光を決して否定も軽視もするつもりはないが、発想の異なる観光というものがある。未来の日本列島においては「気候、風土、文化、食」を基軸に、新次元の観光が開花しようとしているのである。

6 日本という国が世界の舞台にデビューして、約一五〇年が過ぎたが、1日本人は富国の資源として観光を正視したことはなかった。

7 明治維新においては、合理性に立脚した西洋の科学技術と産業思想を目の当たりにした驚愕（きょうがく）と焦りがまずあった。したがって自国の文化を放擲（ほうてき）して、徹底的に西洋化に舵（かじ）を切る方針が生まれた。二一世紀という遠い未来の文脈を見据えて、日本固有の文化を資源ととらえる余裕などなく、欧米列強に追いつくべく殖産興業と富国強兵にいそしんだわけである。うかうかしていると、欧米列強に組み敷かれてしまいかねない危機感の中ではこれは仕方がなかった。日清戦争に勝利し、当時の日本の国家予算の三倍もの[b]バイショウ金を清国から得たことによって、日本は多数の才能を欧米へ留学させ、結果として短期間のうちに[2]近代を身にまとうことができたのである。

8 しかし、どうにか日本が国としての体裁を保ったように見えた時には、はやる勢いを抑えきれず、軍国主義の台頭を許し、結果として日中戦争、そして太平洋戦争へと戦火を拡大し、国土は焼け野原になってしまった。

9 焦土からの戦後復興は厳しい道のりだったが、懸命に工業立国へと舵を切り、資本主義が隆盛する世界の環境下で日本は活路を見出した。製造というハードウェアに、エレクトロニクスを組み合わせることで、小型で性能の良い製品を大量生産するという工業化モデルが生まれ、それは、生真面目な日本人気質にも合致して、日本は高度成長へと突き進んだ。したがって当時の列島の運用ヴィジョンは「国土の工場化」であった。石油や鉄鉱石などの原料を輸入し、クルマや船舶、半導体やテレビ、白物家電を作る産業へと、国を挙げてシフトしたのである。海辺は港湾施設や石油化学コンビナートで覆われ、都市に人口を集め、都市間は高速鉄道・高速道路、そして航空路線で結ばれた。地方は道路や鉄道が敷かれるのを待ち望み、政治はその希望を叶（かな）えるために働いた。[3]こうして日本列島は「ファクトリー」へと改造されていったのである。

10 それでは、日本の文化はどこへ行ったのだろうか。

11 文化というものは、いかなる状況でも、その種火を絶やすまいとしてこれを守る人々によって、持続され命脈を保つものである。したがって、工業化ヴィジョンを強力に進める環境下においては、表立った動きはなかったけれども、目に見えないところで、地下水脈がそれなりに豊かに水をたたえるように、地道に受け継がれてきた。旅館や料亭など、もてなしの価値に評価があつまる領域において、空間の冴(さ)えや季節のしつらい、花や庭、茶の湯や書といった伝統の美や技芸が、ひそやかに受け継がれてきた。日本の美意識や感受性は、目立たないけれども強靱(きょうじん)に、これらの営みによって命脈を保ってきたと考えられるし、これらを大切に感じる日本人たちの誇りや尊厳も、決して失われることはなかった。

12 一方で、産業は、国同士の通商によって活性化するものであるから、国と国、会社と会社の国際的な交流が必要になるが、そういう局面においてはそれぞれの国の「文化」が、もてなしの具として利用される。戦後日本においては、文化をハンドリングするのは、工業の手であり政治の手であった。したがって、その扱い方は端的に言って無骨で、短絡的で、乱暴であった。

13 「フジヤマ・ゲイシャ」とは、日本人自身による日本紹介の浅薄さをB揶揄(やゆ)する言葉であり、法被(はっぴ)を着て、提灯(ちょうちん)をぶら下げ、和太鼓を激しく打ちならすパフォーマンスを繰り広げつつ、寿司や天ぷらを食べさせ、折り紙をcヒロウするとか、緋毛氈(ひもうせん)を敷いて赤い和傘をさしかけ、その下で抹茶を供するなど……、いずれも和の伝統に立脚したものであるが、紋切り型の羅列には感受するべき奥行きがない。富士山はあらためて見直しても立派な日本のシンボルであるし、芸者も素晴らしい民衆文化であり、寿司も日本が誇る食の華である。しかし「フジヤマ・ゲイシャ・スシ・オリガミ……」と連なると、やや印象が変わってくる。個別文化の典型を連ねて、エキゾチシズムで異国の人々の目を引こうとするのは、自らの文化のたたき売りのようなものである。これは、たたき売りをする側も承知のことだと思うが、ポスト工業化社会に移行しつつある世界の中では、そろそろ、4この愚行のマイナス面に気づかなくてはならない。

14 日本文化は世界のいずれの文化と比較しても、実に独特であり、その本質は簡単には理解されない。理解にたどり着くには少し時間がかかる。しかし、それでいいのである。初見の「ちょんまげ」で驚かせるのではなく、少し時間が経ったのちにやってくる「分かる衝撃」こそ、より深く強い興味を喚起する引き金なのだ。

15 情報過多と言われる今日、人々は何に対しても、「知ってる、知ってる」と言う。英語で言うと「I know! I know!」。なぜか「知ってる、知ってる」と二回言う。しかし何をどれだけ知っているのか。情報の断片に触れただけで知っているつもりになっているように見える。だから今日、効果的なコミュニケーションは、情報を与えることではなく、「いかに知らないかを分からせる」ことである。既知の領域から未知の領域へと対象を引き出すこと。これができれば人々の興味は自ずと呼び起こされてくるのである。

16 政治も経済も、考えられる限りの知恵を絞って、この島国の趨勢を切り盛りしてきたことには、それなりに納得がいく。しかしながら、そろそろ、僕らは未来の日本を運営するためのリアルな資源を視野に捉えていかなくてはならない。

（原研哉『低空飛行―この国のかたちへ』による。ただし、一部に省略等がある。）

問一　═══部a～cのカタカナをそれぞれ漢字で書きなさい。漢字は楷書で丁寧に書くこと。

問二　───部A「蓄積」と熟語の構成が同じものを、次のア～オの中から一つ選び、記号で答えなさい。

ア　東西　　イ　良質　　ウ　豊富　　エ　立脚　　オ　未知

問三　───部B「揶揄する」の意味を文脈に即して説明しなさい。

問四　───部1「日本人は富国の資源として観光を正視したことはなかった」について、これまで日本人は観光をどのようなものとして捉えてきたか。四十字以内で説明しなさい。

問五 ——部2「近代を身にまとうことができた」について、次の(1)、(2)の問いに答えなさい。

(1) ——部2で用いられている表現技法を答えなさい。

(2) この表現技法を用いることで得られる効果を理解させるために授業で指導する際、具体的にどのような工夫が考えられるか。説明しなさい。

問六 ——部3「こうして日本列島は『ファクトリー』へと改造されていった」について、その過程で起きた出来事として、最も適切なものを、次のア～エの中から一つ選び、記号で答えなさい。

ア 小型で高性能の製品を大量生産するという工業化モデルへの転換が、日本人の生真面目な気質を形作っていった。

イ 国を挙げた工業化を推進するために、大量生産に必要な人や物の移動を効率的に行う交通網や設備が整えられた。

ウ 資本主義が広がる世界で生き残るために、巨額の予算を投じて優秀な人材を海外に留学させ、工業化を実現した。

エ 急速な工業化の反動で、伝統的な日本の美意識や感受性が改めて注目され、継承しようとする動きが表面化した。

問七 ——部4「この愚行のマイナス面」を、本文に即して六十字以内で説明しなさい。

問八 〰〰部「新次元の観光」について、筆者が考える「新次元の観光」のあり方とはどのようなものか。本文全体の主旨を踏まえて九十字以内で説明しなさい。

問九 本文の論の展開に関する説明として適切でないものを、次のア～エの中から一つ選び、記号で答えなさい。

ア　第[1]段落では日本が高い潜在能力を秘めた観光資源を有することを指摘し、第[2]～[4]段落では欧米の文化の詳細な例を挙げて比較しながら、日本の観光資源が持つ可能性を説明している。

イ　第[6]段落では日本が観光資源に無自覚だったことを論点として提示し、第[7]～[9]段落では日本が国際社会の舞台に登場してから一五〇年間の状況を時系列的に述べ、背景を整理している。

ウ　第[10]段落では読者に問いかけることで、第[7]～[9]段落で整理した内容を受けて、第[6]段落で示された論点に異なる方向からアプローチし核心に迫っていく論の流れに読者を誘導している。

エ　第[14]段落では日本文化の本質が簡単には理解されないからこそよいのだという逆説的な主張を展開し、さらに第[15]段落で現代人の傾向について考察を加えることで、結論につなげている。

問十　「書くこと」の授業(中学校は〔第1学年〕、高等学校は〔現代の国語〕)で、「地域の方に学校行事の案内文を書く」という言語活動を行う際、どのようなことを指導することが考えられるか。学習指導要領(＊)の指導事項を踏まえて書きなさい。

〔＊「中学校学習指導要領」(平成29年3月告示)、「高等学校学習指導要領」(平成30年3月告示)〕

(☆☆☆◎◎◎)

【二】次の漢文は、魏の許允（きょいん）とその妻の話である。許允の妻は魏の賢人である阮（げん）氏の娘であった。この漢文を読んで、あとの問いに答えなさい。ただし、設問の都合上、〈本文〉においては送り仮名や返り点の省略、一部の改変がある。〈現代語訳〉においても一部の省略や改変がある。

〈本文〉

桓果語許云、「阮家既嫁醜女与卿、故当有意。卿宜察之。」許便回入内、既見婦、即欲出。婦料其此出、無復入理、便捉裾停之。許因謂曰、「婦有四徳、卿有其幾。」婦曰、「新婦所乏唯容爾。然士有百行、君有幾。」許云、「皆備。」婦曰、「夫百行以徳為首。君好色不好徳。何謂皆備。」允有慚色、遂相敬重。

許允為吏部郎、多用其郷里。魏明帝遣虎賁収之。其婦出誡允曰、「明主可以理奪、難以情求。」既至、帝覈問之。允対曰、「挙爾所知。臣之郷人、臣所知也。陛下検校為称職与不。若不称職、臣受其罪。」既検校、皆官得其人。於是乃釈。允衣服敗壊、詔賜新衣。初、允被収、挙家号哭。阮新婦自若云、「勿憂、尋還。」作粟粥待。頃之、允至。

(『世説新語』による)

(注) ※桓…桓範。許允の友人。
※四徳…婦人が学ぶべき規範。「婦徳(貞順)」「婦言(言葉づかい)」「婦容(しとやかさ)」「婦功(糸麻の仕事)」の四つ。

※百行…多くの行い。
※魏明帝遣虎賁収之…明帝は、許允が役人を異動させたのが、順序通りではないことを疑った。虎賁は明帝の家臣。
※挙爾所知…孔子が賢人の登用の仕方を尋ねられた際に、「爾の知る所を挙げよ。爾の知らざる所は、人其れ諸を舎てんや。」と答えたことをさす。

〈現代語訳〉

桓は果たして許に語って言った「（　省略　）、（　省略　）。君はそのことをよく考えるがいい。」と。許はそこで引き返して部屋に入ったが、妻を見ると、すぐに出て行こうとした。妻は夫がここで出て行ってしまったら、再び部屋に来るはずがないと思い、すぐさま裾をつかんで引き留めた。許はそこで言った「（　省略　）。」と。妻が言った「（　省略　）。ところで、男性には百行があるといいますが、（　省略　）。（　省略　）。」と。許は言った「みな備わっている。」と。妻が言った「そもそも百行は徳を第一とします。（　省略　）。（　省略　）。」と。允は決まり悪そうな様子となり、以後、妻を敬重するようになった。

許允は吏部郎になると、自分の郷里の者を多く登用した。魏の明帝は虎賁を派遣してこれを捕らえさせた。允の妻は出てきて允を戒めて言った「明主は道理をもって説き伏せることができても、人情をもって説き伏せることは難しいものです。」と。允がいくと、明帝が彼を取り調べた。そこで允は答えて言った「『爾の知る所を挙げよ。』と申します。私の郷里の人間は、私のよく知っている者です。（　省略　）。（　省略　）、私はその罪をお受け致します。」と。調べてみると、（　省略　）、その罪を許した。そして、允の衣服が古くなって破れていたので、新しい衣服を下賜された。初めに允が捕らえられると、一家の者はみな泣きわめいたが、新妻の阮氏は落ち着きはらって言った「心配はいりません。まもなくお帰りになります。」と。粟粥を作って待っていた。しばらくして、允が帰ってきた。

問一　~~~~部a～cの漢字の読みを、すべてひらがなで書きなさい。ただし、現代仮名遣いで書くこと。

問二　――部1「当有意」をすべてひらがなで書き下しなさい。

問三　――部2「婦料其此出、無復入理」について、書き下し文にしたときに「婦其の此に出でなば、復た入るの理無からんことを料り」となるように、返り点を施しなさい。

問四　――部3「卿有其幾」を「其」の内容を明らかにして現代語訳しなさい。

問五　――部4「相敬重」とあるが、妻に対する許允の態度が変わったのはなぜか。書き出しの「妻の指摘を受けて、」に続けて、五十字以内で説明しなさい。

妻の指摘を受けて、[　　　　]

問六　――部5「可以理奪」とあるが、この妻の言葉を受けて、許允はどうしたか。六十字以内で具体的に説明しなさい。

問七　許允の妻はどのような人物か。次のア～エの中から最も適切なものを一つ選び、記号で答えなさい。

ア　夫の力量を見極め、その場の状況を冷静に判断しながら、道理をわきまえた発言ができる人物。

イ　夫の力量を見限り、どんな事態に陥っても自分には無関係なこととして動じない、薄情な人物。
ウ　夫の意見を常に肯定しながらも、不利な状況においては適切に助言し、内助の功に努める人物。
エ　夫の意見を常に批評し、無理な要求を突きつけて意のままに事を運ぼうとする、利己的な人物。

問八　次の文は、「中学校学習指導要領」（平成29年3月告示）「第2章　各教科　第1節　国語　第1　目標」の一部である。空欄（　①　）、（　②　）にあてはまる適切な言葉を、それぞれ書きなさい。

> （3）　言葉がもつ（　①　）を認識するとともに、言語感覚を豊かにし、我が国の（　②　）に関わり、国語を尊重してその能力の向上を図る態度を養う。

（☆☆☆◎◎◎）

【高等学校】

【一】次の文章を読んで、以下の問いに答えなさい。なお、1 ～ 16 は、それぞれの段落の番号を表している。

1　一般的に観光資源と言えば、「気候、風土、文化、食」をいう。そのいずれにおいても日本は非常に高い潜在力を持っている。

2　ユーラシア大陸の東の端に位置する海に浮かんだ東西、南北に連なる列島で、その地勢を反映して四季は変化に富んでいる。火山列島であるから、国土の大半は山で、その六七パーセントは森林で覆われている。山から海へと無数の川が、へちまの筋のような密度で流れ出しており、良質な水源が豊富にある。また、火山列島であるため、いたるところに温泉が湧き出している。

3 千数百年にわたって、ひとつの国であり続けた文化的[A]蓄積も膨大である。いかにも古そうに見えるフランスも、仮に五世紀のフランク王国あたりをその始まりと数えるなら、日本の飛鳥(あすか)・白鳳(はくほう)・奈良時代ということになろうか。日本の歴史の深度も相当なものである。

4 食については、季節ごとにその地に産するものを、旬を大事に考えて調理する文化が、料亭やレストランのみならず家庭料理の中にも受け継がれており、味付けもカツオや昆布の出汁、つまり「うまみ」という独特の風味を基調として工夫されてきた。今日、世界中の感度のいい料理人たちはこぞって「うまみ」に注目している。

5 まさに可能性に満ちた、累々たる観光資源であるが、現在に至るまで国を成り立たせる資源として本気で考えられたことはなかった。一部の例外を[a]ノゾいて、日本国内の人々が「生産」にいそしんだ心身の疲れを癒(いや)し、宴会で羽を伸ばすための逸楽や歓楽を提供する産業として、温泉街や観光旅館がそこそこに栄えたにすぎなかった。そのような観光を決して否定も軽視もするつもりはないが、発想の異なる観光というものがある。未来の日本列島においては「気候、風土、文化、食」を基軸に、新次元の観光が開花しようとしているのである。

6 日本という国が世界の舞台にデビューして、約一五〇年が過ぎたが、[1]日本人は富国の資源として観光を正視したことはなかった。

7 明治維新においては、合理性に立脚した西洋の科学技術と産業思想を目の当たりにした驚愕(きょうがく)と焦りがまずあった。したがって自国の文化を放擲(ほうてき)して、徹底的に西洋化に舵(かじ)を切る方針が生まれた。二一世紀という遠い未来の文脈を見据えて、日本固有の文化を資源ととらえる余裕などなく、欧米列強に追いつくべく殖産興業と富国強兵にいそしんだわけである。うかうかしていると、欧米列強に組み敷かれてしまいかねない危機感の中ではこれは仕方がなかった。日清戦争に勝利し、当時の日本の国家予算の三倍もの[b]バイショウ金を清国から得たことによって、日本は多数の才能を欧米へ留学させ、結果として短期間のうちに[2]近代を身にまとうことができたのである。

8　しかし、どうにか日本が国としての体裁を保ったように見えた時には、はやる勢いを抑えきれず、軍国主義の台頭を許し、結果として日中戦争、そして太平洋戦争へと戦火を拡大し、国土は焼け野原になってしまった。

9　焦土からの戦後復興は厳しい道のりだったが、懸命に工業立国へと舵を切り、資本主義が隆盛する世界の環境下で日本は活路を見出した。製造というハードウェアに、エレクトロニクスを組み合わせることで、小型で性能の良い製品を大量生産するという工業化モデルが生まれ、それは、生真面目な日本人気質にも合致して、日本は高度成長へと突き進んだ。したがって当時の列島の運用ヴィジョンは「国土の工場化」であった。石油や鉄鉱石などの原料を輸入し、クルマや船舶、半導体やテレビ、白物家電を作る産業へと、国を挙げてシフトしたのである。海辺は港湾施設や石油化学コンビナートで覆われ、都市に人口を集め、都市間は高速鉄道・高速道路、そして航空路線で結ばれた。地方は道路や鉄道が敷かれるのを待ち望み、政治はその希望を叶(かな)えるために働いた。[3]こうして日本列島は「ファクトリー」へと改造されていったのである。

10　それでは、日本の文化はどこへ行ったのだろうか。

11　文化というものは、いかなる状況でも、その種火を絶やすまいとしてこれを守る人々によって、持続され命脈を保つものである。したがって、工業化ヴィジョンを強力に進める環境下においては、表立った動きはなかったけれども、目に見えないところで、地下水脈がそれなりに豊かに水をたたえるように、地道に受け継がれてきた。旅館や料亭など、もてなしの価値に評価があつまる領域において、空間の冴(さ)えや季節のしつらい、花や庭、茶の湯や書といった伝統の美や技芸が、ひそやかに受け継がれてきた。日本の美意識や感受性は、目立たないけれども強靱（きょうじん）に、これらの営みによって命脈を保ってきたと考えられるし、これらを大切に感じる日本人たちの誇りや尊厳も、決して失われることはなかった。

12 一方で、産業は、国同士の通商によって活性化するものであるから、国と国、会社と会社の国際的な交流が必要になるが、そういう局面においてはそれぞれの国の「文化」が、もてなしの具として利用される。戦後日本においては、文化をハンドリングするのは、工業の手であり政治の手であった。したがって、その扱い方は端的に言って無骨で、短絡的で、乱暴であった。

13 「フジヤマ・ゲイシャ」とは、日本人自身による日本紹介の浅薄さをB揶揄（やゆ）する言葉であり、法被（はっぴ）を着て、提灯（ちょうちん）をぶら下げ、和太鼓を激しく打ちならすパフォーマンスを繰り広げつつ、寿司や天ぷらを食べさせ、折り紙をcヒロウするとか、緋毛氈（ひもうせん）を敷いて赤い和傘をさしかけ、その下で抹茶を供するなど……、いずれも和の伝統に立脚したものであるが、紋切り型の羅列には感受するべき奥行きがない。富士山はあらためて見直しても立派な日本のシンボルであるし、芸者も素晴らしい民衆文化であり、寿司も日本が誇る食の華である。しかし「フジヤマ・ゲイシャ・スシ・オリガミ……」と連なると、やや印象が変わってくる。個別文化の典型を連ねて、エキゾチシズムで異国の人々の日を引こうとするのは、自らの文化のたたき売りのようなものである。これは、たたき売りをする側も承知のことだと思うが、ポスト工業化社会に移行しつつある世界の中では、そろそろ4この愚行のマイナス面に気づかなくてはならない。

14 日本文化は世界のいずれの文化と比較しても、実に独特であり、その本質は簡単には理解されない。理解にたどり着くには少し時間がかかる。しかし、それでいいのである。初見の「ちょんまげ」で驚かせるのではなく、少し時間が経ったのちにやってくる「分かる衝撃」こそ、より深く強い興味を喚起する引き金なのだ。

15 情報過多と言われる今日、人々は何に対しても、「知ってる、知ってる」と言う。英語で言うと「I know! I know!」。なぜか「知ってる、知ってる」と二回言う。しかし何をどれだけ知っているのか。情報の断片に触れただけで知っているつもりになっているように見える。だから今日、効果的なコミュニケーションは、情報を与えることではなく、「いかに知らないかを分からせる」ことである。既知の領域から未知の領域へと対象を引き出すこと。これができれば人々の興味は自ずと呼び起こされてくるのである。

16 政治も経済も、考えられる限りの知恵を絞って、この島国の趨勢を切り盛りしてきたことには、それなりに納得がいく。しかしながら、そろそろ、僕らは未来の日本を運営するためのリアルな資源を視野に捉えていかなくてはならない。

（原研哉『低空飛行―この国のかたちへ』による。ただし、一部に省略等がある。）

問一　═線部a～cのカタカナをそれぞれ漢字で書きなさい。漢字は楷書で丁寧に書くこと。

問二　──部A「蓄積」と熟語の構成が同じものを、次のア～オの中から一つ選び、記号で答えなさい。

ア　東西　　イ　良質　　ウ　豊富　　エ　立脚　　オ　未知

問三　──部B「揶揄する」の意味を文脈に即して説明しなさい。

問四　──部1「日本人は富国の資源として観光を正視したことはなかった」について、これまで日本人は観光をどのようなものとして捉えてきたか。四十字以内で説明しなさい。

問五　──部2「近代を身にまとうことができた」について、次の(1)、(2)の問いに答えなさい。

（1）──部2で用いられている表現技法を答えなさい。

（2）この表現技法を用いることで得られる効果を理解させるために授業で指導する際、具体的にどのような工夫が考えられるか。説明しなさい。

問六　――部3「こうして日本列島は『ファクトリー』へと改造されていった」について、その過程で起きた出来事として、最も適切なものを、次のア～エの中から一つ選び、記号で答えなさい。

ア　小型で高性能の製品を大量生産するという工業化モデルへの転換が、日本人の生真面目な気質を形作っていった。

イ　国を挙げた工業化を推進するために、大量生産に必要な人や物の移動を効率的に行う交通網や設備が整えられた。

ウ　資本主義が広がる世界で生き残るために、巨額の予算を投じて優秀な人材を海外に留学させ、工業化を実現した。

エ　急速な工業化の反動で、伝統的な日本の美意識や感受性が改めて注目され、継承しようとする動きが表面化した。

問七　――部4「この愚行のマイナス面」を、本文に即して六十字以内で説明しなさい。

問八　～～～部「新次元の観光」について、筆者が考える「新次元の観光」のあり方とはどのようなものか。本文全体の主旨を踏まえて九十字以内で説明しなさい。

問九　本文の論の展開に関する説明として適切でないものを、次のア～エの中から一つ選び、記号で答えなさい。

ア　第1段落では日本が高い潜在能力を秘めた観光資源を有することを指摘し、第2～4段落では欧米の文化の詳細な例を挙げて比較しながら、日本の観光資源が持つ可能性を説明している。

イ　第6段落では日本が観光資源に無自覚だったことを論点として提示し、第7～9段落では日本が国際社会の舞台に登場してから一五〇年間の状況を時系列的に述べ、背景を整理している。

ウ　第10段落では読者に問いかけることで、第7～9段落で整理した内容を受けて、第6段落で示された論点に異なる方向からアプローチし核心に迫っていく論の流れに読者を誘導している。

エ　第14段落では日本文化の本質が簡単には理解されないからこそよいのだという逆説的な主張を展開し、さらに第15段落で現代人の傾向について考察を加えることで、結論につなげている。

問十　「書くこと」の授業(中学校は〔第1学年〕、高等学校は〔現代の国語〕)で、「地域の方に学校行事の案内文を書く」という言語活動を行う際、どのようなことを指導することが考えられるか。学習指導要領(＊)の指導事項を踏まえて書きなさい。

〔＊「中学校学習指導要領」(平成29年3月告示)、「高等学校学習指導要領」(平成30年3月告示)〕

(☆☆☆◎◎◎)

【二】春秋時代の晋の政治家である趙簡子(ちょうかんし)は、都で政務を執る間、領地の晋陽(しんよう)を家臣の尹鐸(いんたく)に治めさせた。次の漢文は尹鐸が趙簡子に留守中の指示を仰いだ場面に続くものである。これを読んで、以下の問いに答えなさい。ただし、設問の都合上、送り仮名や返り点を省略したところや、表現を一部改めたところがある。

簡子曰、「往而夷夫塁。我将往、往而見塁、是見中行寅与范吉射也。」鐸往而増之。簡子上之晋陽、望見塁、而怒曰、【1「譆、鐸也欺我。」】於是乃舎於郊、【2将使人誅鐸也。】

孫明進諫曰、「以臣私之、鐸可賞也。鐸之言固曰、『見楽則淫侈、見憂則諍治、此人之道也。今君見塁念憂患、而況群臣与民乎。夫便国而利於主、3雖兼於罪、鐸為之。』夫順令以取容者、衆能之。而況鐸歟。君其図之。」簡子曰、「4微子之言、寡人幾過。」於是乃以免難（A）之賞賞尹鐸。人主太上喜怒必循理。其次不循理、必数（a）更。雖未至大賢、猶足以蓋濁世矣。簡子当此。

（『呂氏春秋』による）

（注）※塁…砦。
※中行寅・范吉射…人名。ともに晋の有力者。かつて二人は共謀して晋陽の砦を包囲し、趙簡子を苦しめた。
※舎於郊…晋陽に入らず郊外にとどまる。 ※孫明…人名。趙簡子の家臣。
※淫侈…楽しみに溺れて怠惰になる。 ※諍治…心に戒めて気を引き締める。
※取容…機嫌を取る。

問一 〰〰部a「数」の漢字の読みを、ひらがなで書きなさい。ただし、現代仮名遣いで書くこと。

問二 ══部A「難」と異なる意味の「難」が用いられている熟語を、次のア～オの中から一つ選び、記号で答えなさい。
ア　非難　イ　災難　ウ　苦難　エ　遭難　オ　受難

問三　――部1「譆、鐸也欺我。」とあるが、尹鐸が取った行動とその理由を次のような形でまとめたとき、空欄［Ⅰ］、［Ⅱ］に入る適切な言葉をそれぞれ十字以内で書きなさい。

> 尹鐸は、［Ⅰ］という行動をとって、君主と人民に［Ⅱ］ことで、気を引き締めさせ、国家と君主の利益につなげようと考えた。

問四　――部2「将使人誅鐸也」を、すべてひらがなで書き下しなさい。

問五　――部3「君其図之。」とあるが、この内容を説明したものとして最も適切なものを次のア～エの中から一つ選び、記号で答えなさい。
ア　命令に従って君主の機嫌を取り、出世する人は多いのに、まるでその気がない尹鐸の無欲さを称賛すべきだ。
イ　命令に従って君主の機嫌を取り、出世する人は多いのに、それをよしとしない尹鐸の潔癖さを見習うべきだ。
ウ　命令に従って君主の機嫌を取るのはたやすいのに、尹鐸があえて命令に背いたことの真意を推し量るべきだ。
エ　命令に従って君主の機嫌を取るのはたやすいのに、君主ではなく国の安泰を願う尹鐸の思いをくむべきだ。

問六　――部4「微子之言、寡人幾過。」を現代語訳しなさい。

問七　この文章では、趙簡子をどのような人物だと評価しているか。理由も含めて六十字以内で説明しなさい。

問八　次の文は、「高等学校学習指導要領」(平成30年3月告示)「第2章　各学科に共通する各教科　第1節　国語　第2款　各科目　第6　古典探究　1　目標」の一部である。空欄(　①　)、(　②　)にあてはまる適切な言葉を、それぞれ書きなさい。

> (3)　言葉が持つ(　①　)への認識を深めるとともに、生涯にわたって古典に親しみ自己を向上させ、我が国の言語文化の(　②　)としての自覚を深め、言葉を通して他者や社会に関わろうとする態度を養う。

(☆☆☆◎◎◎)

解答・解説

【中高共通】

【一】問一　a　ほうび　b　並一通りではない　問二　A　オ　B　ア　問三　ぜひ頼政に射させよう　問四　小さい鳥は明るい昼でさえ射ることは難しいのに、五月の梅雨空は暗く、雨までも降っていて、射ることはより困難だと思ったから。(六十字)　問五　ウ　問六　i　頼政が宮中での評判を上げる(十三字)　ii　弓を射る(四字)　問七　I　武芸に優れるだけでなく、和歌の素養も備えた文武両道に長けた人物。(三十二字)　II　優れた武芸を持っていながら、出世の時機を逃してしまった不遇の人物。(三十三字)

〈解説〉問一　a「禄」(ろく)は、「人の労をねぎらい、与える褒美」。「平家物語」では、「御衣をかづけさせ給ひけり」とある。b「なのめならず」の「なのめなら」は、「なのめなり」(形容動詞)の未然形で、「世間並み、平凡」の意。これに打消の助動詞「ず」が付いている。　問二　Aは、打消の助動詞「ず」の連体形で「闇」を飾している。Bは完了の助動詞「ぬ」の終止形。　問三　1「さりなむ」は、「さ(然)り」(ラ変)の連用形「さり」に完了の助動詞「ぬ」の未然形「な」＋意志の助動詞「む」が付いた形。そうするのに適している「ぜひ頼もう」と訳す。「さり」は、弓の名手である頼政に鵺を射るのを依頼すること。　問四「弓箭の冥加」とは、「弓矢をとる武士への神仏の加護」をいう。神仏の加護が絶えた、というのである。昼間でも鵺は小さな鳥で射にくく、まして闇深い五月の空から雨が降っている。頼政の武人としての決意である。　問五　Ⅰでは、「声をたづねて」とある。Ⅱでは、「大鏑」の矢で鵺を驚かせ、二の小鏑の矢で射落している。　問六　掛詞は、「同音異義語を利用して一語に両様の意味をもたせる和歌の修辞法」である。3の和歌は、「くも」に「雲の彼方」と「宮中」、4の和歌は、「いる」に「入る」と「射る」が掛けてある。　問七　二つの文章ではともに、頼政は弓の名手として紹介されている。和歌では、Ⅰの中納言により「雲居に名をもあぐる」と評価されているが、Ⅱの歌では頼政の「たそかれ時も過ぎぬ」に不遇な悩みが表出されている。

【中学校】

【一】問一　a　除(いて)　b　賠償　c　披露　問二　ウ　問三　皮肉を言って相手をからかう。
問四　日本国内の人々が「生産」に励んだ心身の疲れを癒すために歓楽を提供する産業。(三十七字)
問五　(1)　擬人法　(2)「近代を身にまとうことができた」と「近代化を遂げた」という表現を比較し、擬人法を用いることで生じた印象の違いを生徒に考えさせる。　問六　イ　問七　文化の典型を連ねて異国の人々の目を引くことには、奥行きある日本文化の本質の理解にはたどり着かないという問題があること。

（五十九字）　問八　観光資源を未来の日本を運営するための資源として捉え、断片的な情報に触れただけで知ったつもりになっている人々を、既知の領域から未知の領域へ引き出し、より深い興味を喚起するあり方。（八十八字）　問九　ア　問十　目的や意図に応じて、集めた材料を整理し、伝えたいことを明確にすること。

〈解説〉問一　異字同訓・同音異義語、類似の字形に注意すること。　問二　A「蓄積」は、類義語の組合せ。アは対義語の組み合わせ。イは修飾・被修語、ウは類義語の組合せ、エは　述語・目的語、オは否定詞・動詞。問三　B「揶揄する」の「揶」も「揄」も、「からかう」の意。　問四　第5段落において、日本国内の人々が、生産に励んだ心身の疲れを癒すための、逸楽や歓楽を提供する観光産業のことが述べられている。問五　2　(1)「近代を身にまとう」は、人間以外のものを人間のように扱って表現する修辞法で、擬人法という。　(2)「近代を身にまとう」と同じ内容の別の表現を示して、その表現のニュアンスの違いと表現効果を考えさせる。例えば、「近代的発展」「近代化」などを示し、端末で自分の考えを発表する授業を工夫する。グループによる対話学習なども考えてみよう。　問六　「ファクトリー」は、工場と訳す。「日本の工場化」への改造である。傍線部3の前で筆者は、戦後の日本が工業立国への道を歩きはじめた経緯を述べ、電子工学の開発による産業国へのシフトとともに、都市化現象、都市間の交通機関の整備、および海辺の港湾施設、石油化学コンビナート(企業結合)などを例示し、「国土の工場化」を説明している。　問七　傍線部4の「この愚行」の指示内容は、直前の「個別文化の典型を連ねて、エキゾチシズムで異国の人々の目を引こうとする」「文化のたたき売り」のような行為。これがなぜ「愚行」かというと、三文前に書かれているとおり「紋切り型の羅列には感受するべき奥行きがない」から。次の第14段落に書かれているとおり日本文化の独特の本質は、簡単には理解されないものなのに、安易にパターン化された個別文化の典型を羅列して示すだけでは、そうした奥深い本質にたどりつくことができないのである。　問八　「新次元の観光」とは、筆者が提唱する新しい「観光」。まず筆者は日本が「気候、風土、文化、食」に関して、「非常に高い潜在力」（第1段落）を持っており、第5段落では、「可能性に満ちた、累々たる観光資源」であるのに、「国を成り立たせる資源」として本気で考えられてこなかったと述べている。以上の批判を踏まえると、逆に筆者が求める観光は〈可能性に満ちた観光資源を、国を成り立たせる資源として捉える〉ものなのである。そして、第15段落で「情報の断片に触れただけで知っているつもりになっている」ように見える人々に対して、「既知の領域から未知の領域へと対象を引き出す」ことを通じて、「より深く強い興味」（第14段落）を喚起させることが、「新次元の観光」だ、という論点が浮かび上がる。以上をまとめること。　問九　「欧米の文化の」以降の説明が不適切。

問十　「書くこと」の授業は、「思考力、判断力、表現力等」の内容の一領域であり、教科目標に「適切に表現する資質、能力」と示されている。「地域の方に学校行事の案内文を書く」という学習の指導事項では、学習指導要領の中学校第一学年では、「B　書くこと」の指導事項アに「目的や意図に応じて、日常生活の中から題材を決め、集めた材料を整理し、伝えたいことを明確にする」と示されている。どの指導事項で設問に答えるかを工夫する必要がある。中学のアは、「題材の設定、情報の収集、内容の検討」の指導事項である。

【二】問一　a　つい(に)　b　も(し)　c　な(かれ)　問二　まさにいあるべし　問三　婦料[三]其此出、無[二]復入理[一]　問四　あなたは四徳のうちいくつを備えているのか　問五　(妻の指摘を受けて、)外見の美しさを好んでいた自分には徳がなかったと気づかされ、妻に対する尊敬の念が湧いてきたから。(四十七字)

問六　郷里の者を登用したのはその能力をよく知っているからだと説明し、その人が役職にふさわしい人物であることを明帝に確認させた。(六十字)　問七　ア　問八　①　価値　②　言語文化

〈解説〉問一　a「遂」は、「ついに」と読む。「その結果」の意。b「若」は、「もし」と読む。「仮に。万一」

の意。c「勿」は、「なかれ」と読む。禁止を表す助辞で、「莫・無・毋」が同義。　問二　1「当ニシレ有ルレ意」の書き下し文。再読文字「当」(まさニ～ベシ)に注意する。　問三　漢文の構造を古典文(和文)で日本文の構造になるように訓読するために返り点だけをつける設問である。述語「料」、返読文字「無」に注意し、一・二・三点で返り点をつける。　問四　3「卿有其幾」の「卿」(ケイ)は、「二人称代名詞」。「其」は「四徳」を指示する代名詞。「幾」は、「どれほど」の意。「あなたは四徳のうちどれほど身につけていますか」と訳す。問五　「相敬重」の「相」は、「相互に」の意。「敬重」は、「うやまい尊重する」こと。妻の許允への「士有百行、君有幾」の質問に彼は「皆備」と答えたものの、妻から「君好色不好徳。何謂皆備。」と逆に詰問され、女性の容姿の美しさを好み、徳に欠如している自分を深く恥じ、妻への敬重の念が生じたのである。問六　「可以理奪」は「明主を説得するために道理によって説き伏せなさい」という妻のアドバイスである。許允は、妻の言葉を受けて明帝の取り調べに対し、「陛下検校為称職与不」と述べ、自分が登用した郷里の者たちが役職に適任かどうかを明帝に「検校」(検討することを進言した。その結果「皆官得其人」とあるように明帝は、許允が郷里の者をその能力により登用したことを確認し、その罪を許している。　問七　許允の妻は、許允の性格および能力および生き方をよくとらえた賢夫人である。好色家の許允、徳のなさを自首する善良な人間性、役人としてその彼の力量を見抜いた上で、状況に応じて適切なアドバイスをする人物である。問八　中学校学習指導要領は、これからの予測困難な社会を変化に対応し主体的に生きる人間の育成を目指し、教科目標を(1)知識及び技能　(2)「思考力、判断力、表現力等」　(3)「学びに向かう力、人間性等」の三つの柱で整理している。①に「価値」、②に「言語文化」が入る。

【高等学校】

【二】問一　a　除(いて)　b　賠償　c　披露　問二　ウ　問三　皮肉を言って相手をからかう。

問四　日本国内の人々が「生産」に励んだ心身の疲れを癒すために歓楽を提供する産業。(三十七字)

問五　(1)　擬人法　(2)「近代を身にまとうことができた」と「近代化を遂げた」という表現を比較し、擬人法を用いることで生じた印象の違いを生徒に考えさせる。　問六　イ　問七　文化の典型を連ねて異国の人々の目を引くことには、奥行きある日本文化の本質の理解にはたどり着かないという問題があること。(五十九字)　問八　観光資源を未来の日本を運営するための資源として捉え、断片的な情報に触れただけで知ったつもりになっている人々を、既知の領域から未知の領域へ引き出し、より深い興味を喚起するあり方。(八十八字)　問九　ア　問十　事柄が的確に伝わるよう、説明の仕方を考えるとともに、表現の仕方を工夫すること。

〈解説〉問一　異字同訓・同音異義語、類似の字形に注意すること。　問二　A「蓄積」は、類義語の組合せ。アは対義語の組み合わせ。イは修飾・被修語、ウは類義語の組合せ、エは 述語・目的語、オは否定詞・動詞。

問三　B「揶揄する」の「揶」も「揄」も、「からかう」の意。　問四　第5段落に、日本国内の人々が、生産に励んだ心身の疲れを癒すための、逸楽や歓楽を提供する観光産業のことが述べられている。

問五　2　(1)「近代を身にまとう」は、人間以外のものを人間のように扱って表現する修辞法で、擬人法という。　(2)「近代を身にまとう」と同じ内容の別の表現を示して、その表現のニュアンスの違いと表現効果を考えさせる。例えば、「近代的発展」「近代化」などを示し、端末で自分の考えを発表する授業を工夫する。グループによる対話学習なども考えてみよう。　問六　「ファクトリー」は、工場と訳す。「日本の工場化」への改造である。傍線部3の前で筆者は、戦後の日本が工業立国への道を歩きはじめた経緯を述べ、電子工学の開発による産業国へのシフトとともに、都市化現象、都市間の交通機関の整備、および海辺の港湾施設、石油化学コンビナート(企業結合)などを例示し、「国土の工場化」を説明している。問七　傍線部4の「この愚行」の指示内容は、直前の「個別文化の典型を連ねて、エキゾチシズムで異国の人々の目を引こうとする」「文化のたたき売り」のような行為。これがなぜ「愚行」かというと、三文前に書かれているとおり「紋切り型の羅列には感受するべき奥行きがない」から。次の第14段落に書かれているとおり日本文化の独特の本質は、簡単には理解されないものなのに、安易にパターン化された個別文化の典型を羅列して示すだけでは、そうした奥深い本質にたどりつくことができないのである。　問八　「新次元の観光」とは、筆者が提唱する新しい「観光」。まず筆者は日本が「気候、風土、文化、食」に関して、「非常に高い潜在力」(第1段落)を持っており、第5段落では、「可能性に満ちた、累々たる観光資源」であるのに、「国を成り立たせる資源」として本気で考えられてこなかったと述べている。以上の批判を踏まえると、逆に筆者が求める観光は〈可能性に満ちた観光資源を、国を成り立たせる資源として捉える〉ものなのである。そして、第15段落で「情報の断片に触れただけで知っているつもりになっている」ように見える人々に対して、「既知の領域から未知の領域へと対象を引き出す」ことを通じて、「より深く強い興味」(第14段落)を喚起させることが、「新次元の観光」だ、という論点が浮かび上がる。以上をまとめること。　問九　「欧米の文化の」以降の説明が不適切。　問十　「書くこと」の授業は、「思考力、判断力、表現力等」の内容の一領域であり、高校では、教科目標に「効果的に表現する資質・能力」と示されている。「地域の方に学校行事の案内文を書く」という学習の指導事項では、学習指導要領の高校の「現代の国語」の「B　書くこと」の指導事項ウには、「自分の考えや事柄が的確に伝わるよう、根拠の示し方や説明の仕方を考えるとともに、文章の種類や、文体、語句などの表現の仕方を工夫すること」と示してある。どの指導事項で設問に答えるかを工夫する必要がある。高校のウは、「構成の検討、考えの形成、記述」の指導事項である。そのため、「B　書くこと」の指導事項の内容について理解を深めておくことが大切である。

【二】問一　しばしば　問二　ア　問三　Ⅰ　砦を増築する(六字)　Ⅱ　苦しみを思い出させる(十字)　問四　まさにひとをしてたくをちゅうせしめんとす　問五　ウ　問六　もしあなたの言葉がなかったならば、私はもう少しであやまちを犯すところだった。　問七　非常に優れた賢者ではないが、家臣の諫言を聞いて道理に合わないことを改めることができるので、乱世を治めるのには十分な人物。(六十字)

問八　①　価値　②　担い手

〈解説〉問一　a「数」は「しばしば」と読む。「たびたび。くりかえすの」の意。　問二　A「難」は、「わざわざ」の意。「なじる」意の「非難」とは異なる。　問三　尹鐸は、簡子から晋陽の壁(砦)を壊すように命令されたのにもかかわらず砦を増築している。そのため簡子は、「鐸也欺我」と怒ったのである。簡子が尹鐸を誅殺しようとしたのに対し、家臣の孫明は簡子を諫め、尹鐸の言葉「見楽則淫侈、見憂則諍治～今君見壘念憂患而況群臣与民乎」をのべ、「鐸可賞也」と進言している。　問四　「将ニ使メント二人ヲシテ誅セレ鐸ヲ也」の書き下し文。　問五　「君其図之」の之は、その前の文「夫順令以取容者、衆能之。而況鐸歟」を指す。「順令以取容」は「人君の命令従って人君の関心を得ること」の意。尹鐸も人君の御機嫌取りができないはずはないのにそれをしなかった尹鐸の心情を推察してください、という孫明の進言である。　問六　「子の言なかりせば、寡人ほとんど過たんとす」の現代語訳である。「子」は二人称代名詞。孫明のこと。「寡人」は、諸侯の自称である。

問七　この文章の終わりに「簡子当此」とある。「此」の指示する内容は、「其次不循理、必数更、雖未至大賢、猶足以蓋濁世矣」である。自分の命令に従わなかった尹鐸を誅殺しようとしたことを孫明に諫められ、悔い改めた簡子は、大賢君とは言えないが乱世を治めるには十分だというのである。　問八　「古典探究」は、共通必履修科目「言語文化」により育成された資質・能力のうち、「伝統的な言語文化に関する理解」をより深めるため、ジャンルとしての古典を学習対象とし、古典の意義や価値について探求する資質・能力の育成を重視した選択科目である。また目標は、教科目標と同じで、これからの予測困難な社会を変化に対応し主体的に生きぬく力の育成を目ざしている。(3)の目標は、「学びに向かう力、人間性等」であり、「古典探究」において育成を目指す資質・能力の三つの柱の一つである。

二〇二二年度　実施問題

【中高共通】

【一】次の文章を読んで、以下の問いに答えなさい。なお、1〜13は、それぞれの段落の番号を表している。

1 異なる人々の対話を難しくする要因は国籍や文化、ジェンダーだけに留まりません。同じ大学のなかでも専門分野ごとに分かれた教育を行っていると、対話が難しくなることがあります。わかりやすい例としては、イギリスのC・P・スノウが一九五〇年代に「二つの文化」と呼んだ文系と理系の相互不理解という問題があるでしょう。この問題は、とりわけ一部の理工系の大学において近年強く意識されています。先端的な科学・技術が社会にますます影響を及ぼすようになる現代社会において、その開発者が根本的な社会への理解を欠いているのは危険であるからです。また、理工系のリベラル・アーツ教育の場合、イノベーションに^{a}コウケンする人材の教育という発想が強いのも特徴的です。そのためには枠に囚われない発想を持ち、異分野の人々と協働できる人材の育成がはかられています。

2 有名なのは、アメリカのマサチューセッツ工科大学で行われるようになったリベラル・アーツ教育の取り組みです。理工系を専門とする学生に対し、取得単位の四分の一程度を人文社会系科目として課しています。それに加えて、各科目の中で^{b}テッテイしてライティングとプレゼンテーションが重視されています。目指されているのは、自分で学び思考する方法と、それを適切に他者に伝える技術の習得です。今すぐ役立つ技術や最先端の科学と異なり、そうした方法や技術は古びることがありません。

3　日本における理工系に特化した大学の取り組みとしては、東京工業大学の事例がよく知られています。新入生はまず、大教室講義と少人数制講義が組み合わさった授業を履修しなければなりません。千人以上が参加する大教室講義では、多様な背景を持つ講師が広い視野を養うための講演をします。その後、三〇人ほどのクラスで四人ずつに別れて議論を行います。同年代で異分野を専攻する学生と議論し、協働作業する経験を持つことで、対話の能力が養われていきます。二年生ではそれぞれ専門の授業を取りますが、三年生になると「教養卒論」という授業があり、独自のテーマに基づく五〇〇〇―一〇〇〇〇字ほどの文章を作成することになっています。

4　理工系と比べると、人文社会系に特化したリベラル・アーツの取り組みというのはあまり目立ちません。ただ、いわゆるリベラル・アーツ・カレッジの仕組みに近い、文理の枠に縛られない教育をする学部は近年増えています。また、プログラミングなど情報技術に関しては人文社会系の教養としてカリキュラムに取り込んでいこうとする動きもあります。

5　文理の枠を超えた教育の取り組みが進む中、「文系と理系を分けることはもう意味がない」という声を聞くことがあります。ただ、スノウの言う「二つの文化」がこれで消えてしまうのかといえば、そう簡単な話でもないでしょう。対話は違いを消すために行うものではありません。むしろ、「違うものは違う」ことを認識するためにあるかもしれないのです。つまり、リベラル・アーツにおける対話志向というのは「様々な分野ごとの違いを認識した上で、適切に連携出来るようにする」ためのものではないでしょうか。

6　たとえを出します。車のブレーキとアクセルは同じ車体の中にあるべきですが、一体化できるものではありません。そのように、諸科学には全く違う役割を担う存在が内包されており、連携することで初めて真理や正しさの適切な探求が可能になる。そういった認識を私自身は持っています。そして実際に、1そのような考え方を前提とした教育が盛んになりつつあるようにも思います。

7　これは自然科学や社会科学がどのように発展したのかを踏まえると説得力のある考え方です。歴史を辿（たど）ると、いわゆる文系と呼ばれる諸分野の核にある方向性と、理系と呼ばれる諸分野の核にある方向性とが、相当に異なる方向を向いていることが見えてくるからです。

8　近代的な自然科学と社会科学の形成は、それぞれ、中世の大学の権威が揺らいだことで生じた[2]二つの潮流に端を発しています。一方には、自然的なものをより正確に捉えていこうとする動きがありました。全てを疑ったあと、「我思う、ゆえに我在り」にたどり着き、そこから確かな知としての数学を見いだした一七世紀の哲学者、ルネ・デカルトは有名です。彼はそのあと、人間が確実な知識を得られるのは自然現象に関してであろうとの見解を持ちました。ちょうどガリレオが肉眼ではなく望遠鏡を使って、新たな天体現象を発見していた時代のことです。こうして、人間のバイアスを廃して、なるべく確実なかたちで世界の姿を捉えようとする営みが形作られていきました。この確実性の探求は、おおよそ自然科学の歴史につなげて考えることができます。

9　他方に、数学的あるいは自然科学的な営みで確実に答えが出ない問題をどうすればよいかという議論もありました。デカルトやガリレオが十分には手をつけなかった問題を考えた人々がいたのです。それは、同時代を生きたガッサンディやメルセンヌなどの哲学者でした。彼らは、「良識」など道徳(moral)の問題は何によりどころを持つのかと考えました。確実とはいわずとも、せめてそういった問題において確からしい判断をしたいと思ったのです。一七世紀の時点で既にキリスト教は[A]絶対のよりどころではなくなっていましたが、世俗の権威、たとえば国王などに従っても答えはでません。そこで彼らは、人間社会が基準となる人間のための規範や倫理を作ろうとしました。先に述べた、人間をバイアスの源泉とみなすのとは、全く異質の発想といえます。たとえば、近代国家を支える人権という概念や、それを支える自由・平等と言った重要な概念も、その葛藤の中からcツムがれ、成熟していきました。そして彼らの後継者たちは、社会について考える経済学や、社会学のような社会科学的諸学問を生み出すに至りました。

10 人間はバイアスの源泉だと捉えるような形で発展した学問もあれば、むしろ人間の視点こそが価値をつくる大事なものとみなして発展した諸分野もあるわけです。このように、諸学問というのは、ほとんど相容Bれない方向性を持ちながらも補完し合い、いわばそれによって互いに支え合う関係にあるのではないでしょうか。

11 私がここで違いを踏まえた「支え合い」を強調するのには、歴史研究者として、3この違いが無視されていた時代に対する反省があるからです。実は社会科学が登場した当初から、自然の科学と社会の科学は一つであるべきとする考え方がありました。とりわけ一九世紀には、自然科学的な手法で観察された現象をそのまま社会の規範にしてしまう考え方がしばしばみられたのです。

12 たとえば、統計学の先駆的業績で知られるアドルフ・ケトレは、人間の平均的身長の値を求めて、それが「人間のそうあるべき姿」だと考えてしまいました（ケトレの「平均人」）。しかし二〇世紀以降には、観察された事実をそのまま「自然な規範」として論じることは誤りであり、むしろ偏見を助長するという認識が様々な分野で提起されました。そして、そのような考え方は過去のものとなっていきました。

13 このような過去の反省を踏まえつつ、文系・理系の教育に関しても、違いを認め合って他者と出会うことがなされるべきでしょう。すなわち、お互いを尊重しながら適切に役割分担できる対話の能力を高めることが4「リベラル・アーツ」として求められているのだと思います。

（隠岐さや香「歴史の日からみた二一世紀のリベラル・アーツ―対話と倫理的思考」による。）

ただし、一部に省略等がある。）

問一　══部a～cのカタカナをそれぞれ漢字で書きなさい。漢字は楷書で丁寧に書くこと。

問二　――部A「絶対」と熟語の構成が同じものを、次のア～オの中から一つ選び、記号で答えなさい。

ア　船出　　イ　刻印　　ウ　否認　　エ　搭乗　　オ　動静

問三　――部B「相容れない」の意味を書きなさい。

問四　～～～部「イノベーション」とあるが、あなたが授業で外来語の特徴や使い方を指導する際、具体的にどのような工夫が考えられるか、説明しなさい。

問五　――部1「そのような考え方」とは、どのような考え方か。最も適切なものを、次のア～エの中から一つ選び、記号で答えなさい。

ア　様々な分野ごとの違いを対話を通して一体化することで、真理や正しさに到達できるという考え方。

イ　それぞれの科学には分野ごとに違う役割があり、役割に応じたそれぞれの違いを大切にするという考え方。

ウ　様々な分野の異なる役割を適切に連携させることで、真理や正しさを追求することができるという考え方。

エ　諸科学が内包するそれぞれの正しさを適切に連携させて、真理を研究しようという考え方。

問六　――部2「二つの潮流に端を発しています」とは、どのようなことか。八十字以内で具体的に説明しなさい。

問七　――部3「この違いが無視されていた時代に対する反省」について次のような形で説明したとき、空欄

Ⅰ、Ⅱに入る適切な言葉を書きなさい。ただし、Ⅰは二十五字以内、Ⅱは十字以内で書きなさい。

自然科学と社会科学を同一視する考え方から発展した、Ⅰという考え方が、Ⅱという点で誤りであったと省みること。

問八 ――部4「『リベラル・アーツ』」とあるが、筆者の言う「『リベラル・アーツ』」とはどのようなものか。本文全体の主旨を踏まえて八十字以内で説明しなさい。

問九 本文の表現に関する説明として最も適切なものを、次のア～エの中から一つ選び、記号で答えなさい。

ア 2段落の「有名なのは」は、アメリカの例を出して日本の教育との相違点を明らかにし、優れた教育のあり方を提示する働きをしている。

イ 5段落の「という声を聞くことがあります」は、1段落の「C・P・スノウ」の考えを補足して、主張の論拠を明示する働きをしている。

ウ 8段落の「『我思う、ゆえに我在り』」と11段落の「『支え合い』」は、他者の言葉を引用することで、主張の説得力を高める働きをしている。

エ 10段落の「あるのではないでしょうか」は、疑問の表現を用いて読者に投げかけることで、婉曲的に筆者の考えを示す働きをしている。

問十 「読むこと」の授業(「中学校学習指導要領」(平成29年3月告示)における〔第3学年〕、「高等学校学習指導要領」(平成30年3月告示)における〔現代の国語〕)で、複数の文章を比較して読み、理解したことや考えたこと、解釈したことをまとめる言語活動を行う際、どのようなことを指導することが考えられるか。「読むこと」の指導事項を踏まえて書きなさい。

（☆☆☆◎◎◎）

【二】次の文章は、『大和物語』の一節である。これを読んで、以下の問いに答えなさい。

※兼盛、陸奥の国にて、※閑院の三のみこの御むすこにありける人、黒塚といふ所にすみけり。そのむすめどもに 1おこせたりける。

Ⅰ　みちのくの安達が原の黒塚に※鬼こもれりと聞くはまことか

といひたりけり。かくて、「そのむすめをえむ」といひければ、親、「まだいと若くなむある。いま 2さるべからむをりにを」といひければ、京にいくとて、山吹につけて、

Ⅱ　花ざかりすぎもやするとかはづなく※井手の山吹うしろめたしも

といひけり。

※かくて、名取の御湯といふことを、恒忠の君の妻よみたりけるといふなむ、この黒塚のあるじなりける。

Ⅲ　大空の雲のかよひ路見てしかなとりのみゆけばあとはかもなし

となむよみたりけるを兼盛のおほきみ聞きて、おなじ所を、

Ⅳ　塩竈の浦にはあまや絶えに Aけむなど※すなどりの見ゆる時なき

となむよみける。

さて、この心かけ Bしむすめ、こと男して、京にのぼりたりければ、聞きて、兼盛、「3のぼりものしたまふなるを告げたまはせで」といひたりければ、「井手の山吹うしろめたしも」といへりける文を、「これなむ陸奥の国のつと」とて 4おこせたりければ、男、

V　年を経てぬれわたりつる衣手を今日の涙にくちやしぬらむ

といへ<u>り</u>ける。（C）

(注)　※兼盛…平兼盛。三十六歌仙の一人。　※閑院の三のみこ…清和天皇皇子貞元親王の第三子。

※「鬼こもれり」…黒塚という所に、鬼が住んでいたという伝説から、奥深くに住んでいる娘たちを鬼にたとえてたわむれている。

※「井手」…京都府綴喜郡井手町で、蛙と山吹で有名。女を山吹にたとえている。

※「かくて、名取の御湯～」から「～となむよみける。」までは、前文の話から連想された調子を持つ。

※すなどり…漁をすること。　※衣手…袖の古語。

問一　═══部A「けむ」、═══部B「し」、═══部C「り」の助動詞の意味と活用形の組み合わせとして最も適切なものを、次のア～クの中からそれぞれ一つずつ選び、記号で答えなさい。

ア　受身・終止形　イ　過去推量・連体形　ウ　完了・連用形　エ　過去・連体形

オ　存続・終止形　カ　推量・連体形　キ　尊敬・連用形　ク　過去推量・終止形

問二　――部1「おこせ」、――部4「おこせ」の主語は誰か。次のア～オの中からそれぞれ一つずつ選び、記号で答えなさい。

ア　兼盛　イ　閑院の三のみこの御むすこ　ウ　むすめ　エ　恒忠の君の妻　オ　こと男

問三　――部2を「さる」の内容を明らかにして現代語訳しなさい。

問四　Ⅱの歌について、次の(1)、(2)の問いに答えなさい。
(1)　歌の中にある「かはづなく井手の」は、「山吹」を導く働きをしていることばである。このような和歌の修辞法を何というか、書きなさい。
(2)　この歌に込められた兼盛の心情を次のような形で説明したとき、空欄□に入る適切な言葉を書きなさい。

自分が京にいる間に□と不安に思う心情。

問五　Ⅲ・Ⅳの歌について、次の(1)、(2)の問いに答えなさい。
(1)　Ⅲの歌は何句切れであるか、書きなさい。
(2)　Ⅲ・Ⅳの歌には共通のことばが隠されている。そのことばをひらがな六字で書きなさい。
問六　――部3を現代語訳しなさい。
問七　Ⅴの歌は、誰の、どのような様子を表しているか。六十字以内で書きなさい。
問八　本文の内容として、最も適切なものを、次のア～エの中から一つ選び、記号で答えなさい。
ア　兼盛は陸奥の国にいるときにむすめに求婚したが、身分違いの恋に悩んだむすめは求婚を断った。
イ　黒塚のあるじは、恒忠の君の妻であったが、かつて兼盛が歌を詠みかけ、求婚したことがあった。
ウ　ほかの男と一緒になって上京したむすめは、兼盛が詠んだ「井手の山吹」の歌をそのまま返した。
エ　兼盛の気持ちに気づいたむすめは、ほかの男と結婚したことを後悔し、涙が枯れるほどに泣いた。

（☆☆☆◎◎◎）

【中学校】

【一】次の漢文を読んで、以下の問いに答えなさい。ただし、設問の都合上、〈本文〉においては送り仮名や返り点の省略、一部の改変がある。〈現代語訳〉においても一部の省略や改変がある。

〈本文〉

貞観十八年、太宗謂侍臣曰、「古有胎教世子者。朕則不暇。但近自建立太子、遇物必有誨諭。見其臨食将飯、謂曰、『汝知飯乎。』対曰、『不知。』曰、『凡稼穡艱難、皆出人力。不奪其時、常有此飯。』見其乗馬、又謂曰、『汝知馬乎。』対曰、『不知。』曰、『能代人労苦者也。以時消息、不尽其力、則可以常有馬也。』見其乗舟、問曰、『汝知舟乎。』対曰、『不知。』曰、『舟所以比人君、水所以比黎庶。水能載舟、亦能覆舟。爾方為人主。可不畏懼。』見其休於曲木之下、謂曰、『汝知此樹乎。』対曰、『不知。』曰、『此木雖曲、得縄則正。為人君、雖無道、受諫則聖。此亦傳説所言。可以自鑑。』」

(『貞観政要』による)

(注) ※稼穡…農業。　※黎庶…万民。　※縄…墨縄。大工が木を切るときに直線を引くための道具。
※傳説…殷の高宗に仕えた賢相。

〈現代語訳〉

貞観十八年に、太宗が左右の侍臣たちに語って言われた、「昔には世子に胎教を行った者があった。しかし、私には胎教を施す暇がなかった。（　省略　）、物にあうごとに必ず教えさとしている。（　省略　）、太子に言った『汝はこの飯を知っているか』と。太子が『知りません』と答えると、教えて言った『すべて農業の辛苦は、みな民の力によるものである。その耕作の時を妨げなければ、いつもこの飯を食べることができる』と。太子が馬に乗るのを見て、また太子に言った『汝は馬を知っているか』と。太子が『知りません』と答えると、教えて言った『（　省略　）』と。太子が舟に乗るのを見て、太子に問うて言った『汝は舟を知っているか』と。太子が『知りません』と答えると、教えて言った『（　省略　）。汝は人君となるべきものである。（　省略　）』と。太子が曲がった木の下に休むのを見て、太子に言った『汝はこの木を知っているか』と。太子が『知りません』と答えると、教えて言った『（　省略　）。これは傅説の言葉である。この言葉を自分の手本とするべきである』」と。

問一　〰〰部a～cの漢字の読みを、すべてひらがなで書きなさい。ただし、現代仮名遣いで書くこと。

問二　――部1「見其臨食将飯」の返り点と書き下し文の組み合わせとして最も適切なものを、次のア～エの中から一つ選び、記号で答えなさい。

ア　見㆓其臨㆑食将㆑飯　　其の食に臨みて将に飯せんとするを見て

イ　見㆑其臨㆑食将㆑飯　　其れを見て食に臨みて将に飯せんとするを

ウ　見㆓其臨㆑食将㆒飯　　其の食に臨みて将に見て飯し

エ　見二其臨レ食レ将飯一　其の将に食に臨み飯せんとするを見て

問三　——部2「汝知馬乎。」とあるが、馬とはどのようなものであると太宗は述べているか。次のような形にまとめたとき、空欄［Ⅰ］、［Ⅱ］に入る適切な言葉を書きなさい。ただし、［Ⅰ］は十五字以内、［Ⅱ］は二十字以内とする。

> 馬とは［Ⅰ］もので、［Ⅱ］、いつでも働いてくれるものだ。

問四　——部3について、次の(1)、(2)の問いに答えなさい。

(1)「可不畏懼。」を現代語訳しなさい。

(2)太宗が「可不畏懼。」と言っている理由を次のような形にまとめたとき、空欄に入る適切な言葉を四十字以内で書きなさい。

> 舟は水の力によって浮かび進むこともできるが、転覆させられることもあるように、［　　］から。

問五　——部4「可以自鑑。」とあるが、君主としてどのようなことが必要だと太宗は述べているか。「曲木」と「縄」のたとえを踏まえながら七十字以内で説明しなさい。

問六　次は、中学校学習指導要領(平成29年3月告示)における第1学年及び第2学年の指導事項の一部である。空欄(　①　)・(　②　)にあてはまる適切な言葉を、それぞれ書きなさい。

第1学年〔知識及び技能〕(3)我が国の言語文化に関する事項
ア　音読に必要な文語のきまりや訓読の仕方を知り、古文や漢文を音読し、（　①　）を通して、古典の世界に親しむこと。
第2学年〔知識及び技能〕(3)我が国の言語文化に関する事項
ア　（　②　）を生かして朗読するなどして、古典の世界に親しむこと。

（☆☆☆◎◎◎）

【高等学校】

【一】次の漢文を読んで、以下の問いに答えなさい。ただし、設問の都合上、送り仮名や返り点を省略したところや、表現を一部改めたところがある。

管子曰、善罪身者、民不得罪也。不能罪身者、民罪之。故称※身之過者強也。治身之節者恵※也。不以不善帰人者仁也。故明王有過、則反之於身、有善、則帰之於民。有過而反之於身、則身懼。有善而帰之於民、則民喜。往喜民、来懼身。此明王之所以治民也。今夫桀※紂則不然。有善、則反之於身、有過、則帰之於民。有過而帰之於民、則民怒。有善而反之於身、則身驕。往怒民、来驕身。此其所以失身也。故明王、懼声以感耳、懼気以感目。以此二者有天下矣。可毋慎乎。匠人有以感斤欘。故縄可得料也。羿有以感弓矢。故彀可得中也。造父有以感轡筴。故遫獣可及、遠道可致也。天下者無常乱、無常治。不善人在則乱、善人在則治。在於既善所以感之也。

（『管子』による）

（注）称…自分から言い立てる。　恵…賢明である。
桀紂…「桀」は中国古代、夏王朝最後の王。「紂」は殷王朝最後の王。　匠人…すぐれた大工。
斤欘…おのを手に持つときに握る柄の部分。　羿…人名。弓の名人。　彀…的の中央。
造父…人名。御者の達人。　轡筴…「轡」は手綱。「筴」はむち。　遫…「速」の意。

問一　～～部a「不能」、～～部b「者」の漢字の読みを、必要に応じて送り仮名を補って、すべてひらがなで書きなさい。ただし、現代仮名遣いで書くこと。

問二　――部1「不以不善帰人者仁也。」について、書き下し文にしたときに「不善を以て人に帰せざる者は仁なり。」となるように、返り点を施しなさい。

不　以　不　善　帰　人　者　仁　也。

問三　――部2「此明王之所以治民也。」とあるが、この内容を説明したものとして最も適切なものを、次のア～エの中から一つ選び、記号で答えなさい。
ア　人民が喜んで自分自身を慎み戒めることが、賢明な君主が人民を統治する理由として必要である。
イ　人民が喜んで自分自身を慎み戒めることが、人民を統治する賢明な君主となるための方策となる。
ウ　人民を喜ばせ君主自身を慎み戒めさせることが、賢明な君主が人民を統治するために求められる。
エ　人民を喜ばせ君主自身を慎み戒めさせることが、賢明な君主が人民を統治するための方法である。
問四　――部3「桀紂則不然」とあるが、「桀紂」はどのような君主だったか。五十字以内で具体的に説明しなさい。
問五　――部4「可毋慎乎。」を現代語訳しなさい。
問六　═══部「明王、懼声以感耳、懼気以感目」とあるが、これはどういうことか。本文全体を踏まえて四十五字以内で書きなさい。
問七　本文における表現上の特徴を説明したものとして適切なものを、次のア～カの中から二つ選び、すべて記号で答えなさい。
ア　体言止めを多用して、筆者の主張を明確に伝えている。
イ　対句を用いて、筆者の主張をわかりやすくしている。
ウ　擬人法を多用して、筆者の主張の説得力を高めている。
エ　擬音語を用いて、筆者の主張に親しみやすくしている。
オ　比喩を用いて、筆者の主張をイメージしやすくしている。
カ　倒置を多用して、筆者の主張を強く印象づけている。
問八　次は、「高等学校学習指導要領」(平成30年3月告示)国語の「第6　古典探究　3　内容の取扱い」の一部である。空欄（ ① ）、（ ② ）にあてはまる適切な言葉を、それぞれ書きなさい。

> 第6　古典探究
> 3　内容の取扱い
> (3)教材については、次の事項に留意するものとする。
> ア　内容の〔思考力、判断力、表現力等〕の「A読むこと」の教材は、古典としての古文及び漢文とし、（ ① ）を含めるとともに、（ ② ）に考える力を伸ばすよう、古典における（ ② ）な文章を取り上げること。

（☆☆☆◎◎◎）

解答・解説

【中高共通】

【一】問一　a　貢献　b　徹底　c　紡　問二　イ　問三　考え方や立場が違うために、互いに相手を受け入れることができない。　問四　漢語表現に置き換えたときの印象を話し合わせ、文章の種類や場面の違いに応じた適切な使い分けについて考えさせる。　問五　ウ　問六　自然科学が人間のバイアスを廃して自然現象を正確に捉えようとしたことから始まり、社会科学が人間社会を基準に規範と倫理を作ろうとしたことから始まったということ。(七十八字)　問七　Ⅰ　自然科学の方法で観察した現象を社会の規範にする(二十三字)　Ⅱ　偏見を助長する(七字)　問八　文理の相互不理解という問題に対して、諸分野の違いを消すのではなく、互いの違いを認めて尊重し、適切に連携することができるようにするための対話の能力を高めるもの。(七十九字)　問九　エ　問十　文章の構成や論理の展開について評価すること。

〈解説〉問一　漢字の表意性を踏まえ、文脈に適した漢字を楷書で書くこと。　問二　「絶対」は、述語・目的語の構成。アは、主・述関係、イは述語・目的語、ウは否定、エは同義語、オは対義語。　問三　「相容れない」とは、(二つのものの考え方、立場、内容が)相反していていっしょに成り立つことができないという意味。問四　外来語の「イノベーション」は、「①革新。新機軸。②技術革新」と翻訳されている。表音文字の平仮名での翻訳のむずかしさに比べ、表意文字である漢字の特徴について理解させ、今日のデジタル化社会での情報機器の利便性を踏まえ、これからの社会や教育、その他の分野での技術革新について、グループによるアクティブラーニングで対話学習を行い、考えさせる。　問五　傍線部1は、第5段落の「リベラル・アーツにおける対話志向(異分野の違いの認識と協働)」を第六段落で例証し、それについて確認的に述べた「考え方」である。　問六　傍線部2の直後の「一方には、自然的なものを～」と第9段落の「他方に、数学的あるいは～」に続く文章から、近代的な自然科学と社会科学の形成について考える。　問七　傍線部3の「この違い」とは、諸科学(諸学問)には全く違う役割を担う存在が内包されているための違いである。「この違いが無視されていた」とは、「自然の科学と社会の科学は一つであるべき」という考え方から「自然科学的な手法で観察された現象をそのまま社会の規範」とする考え方をさす。「反省」とは、この自然科学と社会科学を同一視する考え方が、バイアス(偏見)を助長する点で、誤りであることの反省である。　問八　文系と理系の相互不理解という問題は、これからの先端的な科学・技術に携わる開発者が実社会への理解を欠くことによる危険性に関わる。

そのため、特定の枠に囚われない発想で、異分野の人々と協働する必要がある。ここに対話能力を向上させるためのリベラル・アーツ教育の目的がある。諸分野の違いを認識し、尊重し合い、適切に連携できるようにするための対話能力(伝え合う力)の育成である。以上の内容を八十字以内にまとめる。　問九　アは、後半が不適切。イは、C・P・スノウの考え方への批判である。ウの第8段落のデカルトの言葉は、近代的自然科学の動きを代表する哲学者の紹介であり(自己の主張を高めるが)、第11段落の『支え合い』は、筆者の考えである。
問十　「読むこと」は、「話すこと・聞くこと」「書くこと」とともに、現行の学習指導要領では、教科目標の三つの柱の中の「知識及び技能」及び「思考力、判断力、表現力等」の内容に構成し直された。これは、生徒たちが未来社会を切り拓くための資質・能力を一層確実に育成することをより具体的に示したものである。中学校の教科目標は、「(言葉による見方・考え方を働かせ)言語活動を通して、国語で正確に理解し適切に表現する資質・能力」の育成を図ることを示し、高校では中学での学習を踏まえ、言語活動を通して、国語で的確に理解し効果的に表現する資質・能力の育成を目標としている。設問の言語活動は、中学校第3学年の場合「C　読むこと」の「精査・解釈」の指導事項、ウ「文章の構成や論理の展開、表現の仕方について評価すること」を踏まえての言語活動、高校では、「現代国語」の「C　読むこと」の指導事項ア「文章の種類を踏まえて、内容や構成、論理の展開などについて叙述を基に的確に捉え、要旨や要点を把握すること」に従い、グループによる主体的、対話的なアクティブラーニングを行う言語活動を考えてみよう。

【二】問一　A　イ　B　エ　C　ウ　問二　1　ア　4　ウ　問三　結婚するのにふさわしいような年ごろになったときにでも　問四　(1)　序詞　(2)　むすめと結婚する時期を逃してしまうのではないか　問五　(1)　三句切れ　(2)　なとりのみゆ　問六　京に上りなさるということをお知らせにならないで　問七　兼盛の、むすめを長年にわたって思い涙を流し続けてきたが、その思いがむすめに通じず、

袖も朽ち果てるほど涙を流す様子。（五十七字）　問八　ウ

〈解説〉問一　A「けむ」は、過去推量の助動詞。「あまや絶えにけむ」は、疑問の係助詞「や」に呼応して、「けむ」の連体形を結辞とした係り結び。　B「し」は、過去の助動詞「き」の連体形。「むすめ」を修飾している。　C「り」は、完了の助動詞「り」の連用形。過去の助動詞「けり」の連体形が接続している。問二　1「おこせ」は、「遣(おこ)す」(サ行下二段活用)の連用形で、「送ってくる」の意。　1の前の文「そのむすめども」(閑院の三のみこの御むすこのむすめたち)に兼盛が和歌を送ったのである。　4「井手の山吹うしろめたしも」と詠んだ兼盛の文(和歌)を、「これなむ陸奥の国のつと(みやげ)」と言って、「むすめ」が兼盛に送り返したのである。　問三「さるべからむをりにを」の「さるべからむ」は、ラ変動詞「さり」の連体形に、適当・当然の意の助動詞「べし」の未然形に、婉曲の助動詞「む」がついた形で、「それにふさわしい」の意を表す。婚期にふさわしいと解釈する。「をり」は、「年ごろ」の意。「まだいと若くなむある」というむすめの親の判断を踏まえている。　問四　(1)「序詞」は、和歌の修辞技巧の一つである。意味的・音的な類縁性の関連を利用した修辞で、「枕詞」と機能は同じであるが五音一句の枕詞と異なり、序詞は二句以上にわたる長いものである。　(2)　Ⅱの歌の「花ざかりすぎもやする」の「花ざかり」は、「女の容色の一番美しい年ごろ」をいう。女の婚期である。「すぎもやする」の「や～する」は、疑問の係助詞「や」と「す」(為)の連体形「する」を結辞とする係り結びで、「(むすめとの結婚の期待を)見逃してしまうのではないか」という疑問文である。空欄には、この歌意を書く。　問五　(1)　句切れは、和歌の韻律に関わる修辞技巧で、結句以外の句で終止していることをいう。初句切れ、二句切れ、三句切れ、四句切れがある。Ⅲの歌は、「見てしかな」で切れており、三句切れである。　(2)　Ⅲは、「名取りの御湯」を詠んだ恒忠の君の妻の歌である。兼盛がこの歌を聞き知り、「おなじ所」を詠んだ歌がⅣである。Ⅲの第三句と第四句の「なとりのみゆ」

とⅣの歌の第四句と第五句の「などすなどりの見ゆる」に共通のことばが隠されている。　問六　「のぼりものしたまふなるを告げたまはせで」の「のぼりものし」の「ものし」は「ものす」の連用形で、「のぼり」の補助動詞。「京に上る」の意。「たまふなる」の「たまふ」は、「告げたまはせで」の「たまは」と同じく尊敬の補助動詞。「なる」は伝聞の意の助動詞「なり」の連体形。「で」は接続助詞。　問七　Ⅴの歌の「年を経てぬれわたりつる衣手」は、兼盛がむすめを長年にわたり恋慕し、悲嘆の涙に暮れたことをいう。衣手は袖の古語。「今日の涙にくちやしぬらむ」の「や～らむ」は、係り結び。「今日の君恋しさの涙で袖は朽ち果ててしまうでしょう」という兼盛の心情である。　問八　文中の「この心かけしむすめ、こと男して」「『井手の山吹うしろめたしも』といへりける文を」「『これなむ陸奥の国のつと』とておこせたりければ」からウが適切である。

【中学校】

【二】問一　a　た(だ)　b　およ(そ)　c　まさ(に)　問二　ア　問三　Ⅰ　人間の労苦に代わることができる(十五字)　Ⅱ　時々休息を与え、力を出し尽くさせなければ(二十字)　問四　(1)　恐れずにいられようか。いや、恐れずにはいられない。　(2)　君主は万民に支えられて国を治めることもできるが、万民によって倒されることもある(から。)(三十九字)　問五　曲がった木も墨縄を当てて切ればまっすぐになるように、君主として道理に外れていたとしても、家臣たちの諫言を聞き入れ自分の考えを顧みて正すこと。(七十字)　問六　①　古典特有のリズム　②　作品の特徴

〈解説〉問一　a　「但ダ」は、「ただ」と読む。もっぱら、ひたすらの意。　b　「凡ソ」は、「およそ」と読む。おおかた、大体の意。　c　「方ニ」は、「まさに」と読む。いま、現在の意。　問二　漢文の構造を踏まえ、返り点と書き下し文を参照しながら適切なものを選ぶ。　問三　馬について太宗は、A「能代人労苦者也」とのべ、さらにB「以時消息、不尽其力(則可以常有馬也)」と語っている。　問四　(1)「可不畏懼」は、「畏

懼せざるべけんや」と書き下す。これは反語文である。「畏懼」の「畏」も「懼」も「恐」と同義。「恐れずにいられようか、いや恐れずにはいられない。」と訳す。（2）太宗の言に「舟所以比人君、水所以比黎庶」とある。舟を人君、水を万民にたとえ、国を治める君主も万民の支えが必要であることを述べている。君主が悪政を行えば、万民の支持を失い追放される恐れがあるという理由である。　問五　文中、「此木雖曲、得縄則正」と「人君雖無道、受諫則聖」という傳説の言葉の内容は、曲木も墨縄を当てて切ることでまっすぐになるように、君主も道理に外れていても、家臣たちの諫言を受け入れ、自らを省みることで、生き方を正すことが必要だということを述べている。　問六　現行の学習指導要領は、これからのグローバル化による予測困難な社会を主体的に生きるために、「確かな学力」の定着を図り、生徒たちが未来社会を切り拓くための資質・能力の育成をめざしている。このことを念頭に置いて、指導事項を理解し、実践することが大切である。〔知識及び技能〕（3）「我が国の言語文化に関する事項」は、「我が国の言語文化に親しみ、愛情を持って享受し、その担い手として言語文化を継承・発展させる態度を小・中・高等学校を通じて育成するため、伝統文化に関する学習を重視することが必要である」という中央教育審議会の答申を受け、「伝統的な言語文化」「言葉の由来や変化」「書写」「読書」に関する指導事項に整理された。

【高等学校】

【二】問一　a　あたわざる　b　は　問二　不㆘以㆓不善㆒帰㆖人者仁也。　問三　エ
問四　善いことがあれば自分の手柄にし、過失があれば人民のせいにしたことで、人民を怒らせて滅びた傲慢な君主。（五十字）　問五　慎重でないはずがあろうか。いや、慎重にしなければならない。　問六　賢明な君主は、天下を保つために、自身を慎み戒めさせる人民の声や気配を感じ取るということ。（四十四字）
問七　イ、オ　問八　①　日本漢文　②　論理的

〈解説〉問一　a　「不能」は、「あたわざる」と読む。主格を表す「者」を修飾するために、「あたわず」ではなく、打消の助動詞「ず」の連体形「ざる」と読む。　b　「者」は、主格を提示するために、「は」と読む。問二　「不以不善帰人者仁也」の返読文字「不」「以」に注意し、書き下し文に従い、一・二点と上・下点の返り点をつける。　問三　「此明王之所以治民也」の「此」は、「明王有過、則反於身～往喜民、来懼身」までの明王の治世術である。明王の過ちへの自省と善きことは民に帰す善政について述べたものを選ぶ。問四　「桀紂則不然」は、桀と紂の両者は、賢明な名君ではなかったことをいう。「有善、則反之於身、有過則帰之於民。」「有善而反之於身、則身驕」の治世術が桀紂の王としての生き方であり、暴虐な君主を象徴する。問五　「可毋慎乎」は、「慎むことなかるべけん(や)」と書き下す反語文。「慎み深くないはずがあろうか、いや、慎み深くなければならない」と訳す。　問六　「明王、懼声以感耳、懼気以感目」の「懼声」「懼気」は、君主に対する人民の自省を求める声や雰囲気であり、それを明王は耳や目で感じとる、というのである。この明王の心構えが、以下の文「以此二者有天下」の治世術である。　問七　明王の治世術と桀紂の治世術の対比では、対句法が多く用いられ、また、すぐれた大工、弓の名人、御者の達人を例示し、自説を強調している。この二つの表現上の特徴を踏まえて適切な説明を選ぶ。　問八　「古典探究」は、共通必履修科目「言語文化」により育成された資質・能力のうち、「伝統的な言語文化に関する理解」をより深めるために、ジャンルとしての古典を学習対象とし、古典を主体的に読み深めることを通して伝統と文化の基盤としての古典の重要性を理解し、自分と自分を取り巻く社会にとっての古典の意義や価値について探究する資質・能力の育成を重視して新設した選択科目である。また、〔思考力、判断力、表現力等〕は、教科目標を受けた指導内容であるが、今日のグローバル化社会を主体的に生きるための「確かな学力」を構成する資質・能力である。そのための「A　読むこと」の教材についての留意事項である。

二〇二一年度　実施問題

【中高共通】

【一】次の文章を読んで、あとの問いに答えなさい。なお、1～15は、それぞれの段落の番号を表している。

1 自由の権利の追求が、他者や社会とのつながりを断ち切ることによって、コミュニティや国家の物語を壊していくこともある。とくに戦後の日本では、高度経済成長の時期に多くの人びとが田舎のむら・まちを出て都会に行き、そこで、だれにも邪魔されない「自分だけの自由な時間と空間」をもつことを望んだ。そうやって自由を求めてきたことは、現在のむら・まちの[a]カソ化にみられるコミュニティの弱体化や、都会のなかでの孤独死の一因となっている。このように、他者を立ち入らせない個人の自由のみを求めるならば、それは、むら・まちの歴史(物語)や、国の歴史(物語)、そして人類の歴史(物語)と切れた生き方をもたらすことになるだろう。

2 [1]そのときの自由は「相互[b]フカシン」、つまり、互いになるべく関わらずふれあわないようにする、というふうにイメージされている。しかし互いの自由を尊重し承認することは、じっさいには、ふれあわないようにして得られるものではない。私の考えでは、[2]〈対話の関係〉によってこそ、自由の承認は豊かに育まれていくのである。

3 私たちは、ていねいに語りあい聴きあうことを通じて、互いの想いを〃わかりあって〃いく。[A]予想もしなかったある人の気持ちにびっくりしたり、自分の想いを言葉にしながらあらためて自覚したり、またそれを相手にわかってもらうことができる。そうした言葉による想いの交換をとおして、私たちは、固有な想いと人生とをもつ他者の存在を実感し、そうした実感をもつことではじめて、「他者の自由」を尊重することができる。

4 これは、「人権は大切」という一般的で標語的な理解とは異なって、一人の生きた人間の想いを実感することによって、その人を無視できなくなり尊重せざるを得なくなる、というきわめて具体的な体験である。このような具体的な体験なしには、人権の尊重は十分なものにはならない。目の前の具体的な人の想いをわかることを通じて、目の前にいない人びとにも、それぞれの想いがあることがわかってくる。そうしたことによって、知らない人の人権も大切だという感覚が生まれてくるのである。

5 なんらかのテーマについて、ていねいに語りあい聴きあうことによって、それぞれの想いを了解しようとすることを、〈対話の関係〉と呼ぶことにしよう（そのさい二人に限らず、集団での語りあいも含むことにしたい）。〈対話の関係〉は、相手の想いを実感するだけでなく、自分の想いを受け取ってもらえることによって、その場（相手や仲間たち）に対する信頼をもたらす。そうした信頼のうえで、たとえば「このサークルを心地よくやっていくためにはどうしたらよいか」をともに考えたり具体的な工夫をすることもできるようになる。

6 このように、〈対話の関係〉が生き生きと展開することによって、権利の対等やルール決定の権限の対等のような近代的正義が、単なる理念としてではなく、実質的な生きられるものとなっていく。だからこそ、小さな集団における対話的関係の経験が、人権や民主主義の実質化のためには必須であると私は考えている。いま教育現場で対話的な学びが重要視されているのは、それが単なる学習法の一つではなく、正義の感覚の醸成につながることが直観されているからだろう。

7 そして重要なことは、このような〈対話の関係〉を通じて、個々人の物語や共同体の物語が育まれ再構築されていく、ということである。

8 哲学の対話や、小説や映画の感想の交換や、社会的な事件についての意見交換などは、多くの場合、互いの間に共振性を生み出す。つまり、相手の想いがまっすぐに自分に届いてくるような感触をもたらす。

9 もしその感触が不十分であっても、相手にさまざまに尋ねてみることができる。「ここのところがよくわからないのですが、もう少し言葉を足してくれませんか」(尋ねる)。「あなたのいいたいことは～だと私は理解したのですが、それで合っていますか？」(確かめる)。また、「―さんの意見はだいたい理解したと思うのですが、なぜ―さんがそのように考えるのかが、まだよくわからないのです。その考え方がどういうところから出てきたのか、教えてくれませんか」(考えの由来を尋ねる)。

10 これらはすべて、相手の発言を「腑に落ちるようにして」理解するための方法だが、相手の言葉を字義どおりの意味に受け取ってすますのではなく、その言葉を相手自身の体験世界に即して理解しようとするために行われるもの、ということができる。相手の言葉が「わからない」のは、多くの場合、その言葉を発するさいの相手の「想い」――その人の独自な体験から生まれてきて、その言葉の背景となっている気持ち――がわからないのである。逆からいえば、ていねいな尋ねあいと確かめあいが行われる〈対話の関係〉のなかでは、そうした言葉を発する相手の〈体験世界〉をかいま見て、「あたかも自分が体験したかのように」感じることが起こってくる。そのような事態を共振性と呼ぶこともできるだろう。

11 ある人の言葉を、その背景にあるその人の想いと(物語を伴った)体験世界にふれることは、振り返って、自分自身の体験世界と自分自身の物語(自分自身がいつのまにかつくってきた価値観)に気づかされることでもある。それは、自分の見方が偏っていた、という気づきであったり、また、彼我の生の条件のちがいに対する気づきであったりするだろう。また、こうしたちがいにもかかわらず、互いに共通する感情のあり方への気づきであるかもしれない。

12 このように〈対話の関係〉によって他者の視点を実感的に捉えることは、[3]共振性の体験であるだけでなく、自分を「ともに生きているみんなのなかの一人 one of them」として捉えること、つまり、自分の生と他者の生とを公平に見る俯瞰的な視野を獲得することでもある。

13 議論によって、「みんなにとってよいこと」（※一般意志）を取り出してルールをつくっていこうとする民主主義は、当然のことだが、このような互いの想いを受けとめあおうとする〈対話の関係〉によってほんらい進められるべきものである。そしてこのような姿勢は、地方議会や国会のような場さえあれば獲得できるものではなく、むしろ教室や部活やサークルや地域での活動のような、顔の見える場での〈対話の関係〉の体験によって、獲得されなくてはならないだろう。

14 そして、このような俯瞰的で一般的な視野の獲得は、人間の生の条件の多様性を知ることにつながるだけでなく、自分自身の物語（価値観）をより元気の出るものへと形作っていくことにもつながる。たとえば私が※先に指摘した「自分と他者との互恵的な関わり」の可能性を、具体的な場面で広げていくこともできるはずである。——これを逆からいえば、〈対話の関係〉をもたなければ、人は自分の物語を[4]相対化したり書き換えたりしていくことは難しい、といえる。

15 〈対話の関係〉のもたらすものは、こうした個人の物語の書き換えに[B]寄与するだけでなく、集団や共同体の物語の書き換えにも寄与する。集団のなかで生き生きとした対話の関係が成り立つとき、それぞれが「みんなにとって必要なこと」、つまり〈一般意志〉とは何かを考え、それを何かのルールや具体的な方策として実現しようとする態度が生まれるからである。民主主義とは、まさしくこのような態度によって可能になるものだが、それは集団や共同体の物語を少しずつ書き換えていく行為であるともいえる。

（西研『哲学は対話する　プラトン、フッサールの〈共通了解をつくる方法〉』による。ただし一部に省略等がある。）

※一般意志…個々の利己心をすてた一体としての人民の意志。フランスの思想家ルソーの用語で、彼はこれを主権の行使の基礎とした。
※先に指摘した「自分と他者との互恵的な関わり」…「自分と他者との互恵的な関わり」とは、自分と他者との相互の承認関係のこと。筆者は、本文より前のところで、「自分と他者の互恵的な関わり」を、個人の物語を育てていくさいの大きなポイントの一つとして示している。

問一　═══部a、bのカタカナを漢字で書き、═══部cの漢字の読みをひらがなで書きなさい。漢字は楷書で丁寧に書くこと。

問二　───部A「予想」と熟語の構成が同じものを、次のア～オの中から一つ選び、記号で答えなさい。

ア　激動　　イ　山岳　　ウ　未知　　エ　是非　　オ　帰宅

問三　───部B「寄与する」の意味を書きなさい。

問四　───部１「そのときの自由」とは、どのようなことか。最も適切なものを、次のア～エの中から一つ選び、記号で答えなさい。

ア　国家や社会の関与を制限することで、だれもが基本的な権利を自由に行使できること。
イ　社会の経済的な発展のため、個人の意志で住む場所や職業を自由に決定できること。
ウ　地域社会や国のあり方について、だれにも邪魔されずに自由に構想できること。

エ　他者や社会と接点をもたず、他から干渉されない生き方を自由に選択できること。

問五　――部２「〈対話の関係〉によってこそ、自由の承認は豊かに育まれていく」とは、どのようなことか。本文中の言葉を用いて六十五字以内で説明しなさい。

問六　――部３「共振性の体験」の例として、本文ではどのように感じる体験が挙げられているか。二つ書きなさい。

問七　――部４「相対化」とあるが、言葉の特徴や使い方に関する事項の指導に当たって、授業の中で「相対化」という抽象的な概念を表す語句を用いた例文を作らせた場合、どのような学習効果が期待できるか、書きなさい。

問八　～～部「個々人の物語や共同体の物語が育まれ再構築されていく」とは、どのようなことか。本文の主旨を踏まえて八十字以内で説明しなさい。

問九　本文の表現や論の展開に関する説明として最も適切なものを、次のア～エの中から一つ選び、記号で答えなさい。

ア　5の段落の「(そのさい二人に限らず、集団での語りあいも含むことにしたい)」は、対話に関する筆者の願望を提示するものであり、集団での対話を実践するよう読者に求めている。

イ　9の段落の「(尋ねる)」「(確かめる)」「(考えの由来を尋ねる)」は、質問の仕方を類型化したものであり、相手の言葉を字義どおりに理解することの重要性へと論を展開している。

ウ　10の段落の「――その人の独自な体験から生まれてきて、その言葉の背景となっている気持ち――」は、直前の語句に関して説明を補足する挿入句であり、読者の理解を促している。

エ　12の段落の「ともに生きているみんなのなかの一人 one of them」は、英語を取り入れた表現であり、個人よりも集団や共同体を優先するべきであるという筆者の考えを強調している。

問十　「話すこと・聞くこと」の授業(中学校は第3学年、高等学校は現代の国語)で、合意形成を目的として議論をする言語活動を行う際、どのようなことを指導することが考えられるか。「話すこと・聞くこと」の指導事項を踏まえて書きなさい。

(☆☆☆◎◎◎◎)

【二】次の文章は、『西行物語』の一節で、西行が娘と久しぶりに再会する場面である。娘は出家した母とも別れ、※冷泉殿(れいせんどの)のもとで育てられていた。これを読んで、あとの問いに答えなさい。

西行、冷泉殿あたりなりける所に行きて、主(あるじ)を語らひて、かの娘を乞ひければ、「わが父こそ、さやうに道心起(おこ)し給ひたると聞きしか」と思ひて、急ぎ行きて見れば、[a]墨染の衣にやせやせとし給ひたる有様、見も慣(なら)はぬ心地してけれども、わが父と聞くからに、涙もとどまらず。西行も、「ありし※佳遊(かいう)の姿にも似ず、よにけだかくも[1]ねびたる物かな」と、あはれにおぼえけり。西行申しけるは、「[2]年頃は、たがひに行方も知らざりしに、今こそ見奉れ。そもそも親となり子となる事、前世の契り浅からず。されば、[3]わが教訓に付き給ひてむや」といふ。「親にて渡らせ給へば、いかでか違(たが)へ奉るべき」といへば、喜びて、「いまだいときなかりし時は、心ばかりはいかにもてなしかしづき、院・内裏へも参らせむなどこそ思ひしに、わが身かやうになる上は、力及ばず。されば、かく捨てながらも、常に心の乱るるは、ただ御上なり。さしもなき宮仕へは、人にあなどら[A]るる事なり。この世は、思へば夢幻(ゆめまぼろし)のごとし。若く盛んなるもの、老い衰ふるにほどもなし。ただ尼になりて、母と一つ所にて、後の世を助かり給へ。[4]われ、極楽に詣でなば、急ぎ迎へ奉るべし」といへば、しばしうち案じて、涙を押さへて、「わが身幼くよりして、父母にも添ひ奉らず、よろづ卑しき身となり侍る。されば、5いかならむ便（たより）もがな、様変へむと思ひ侍りつるに」といへば、西行喜びて、「しかじかの日、bめのとのもとへ」とぞ契りて帰りける。

その日にもなれば、髪など洗ひて待つほどに、迎への車寄せたりければ、すでに出でBむとしたりけるに、いかが思ひけむ、「しばらく」とて内へ入り、冷泉殿をつくづくと見守（まぼ）りて、涙ぐみて出でにけり。

さて待ちかねて、冷泉殿より迎へにやりたりければ、「はや、様変へて出でにけり」と聞えて、「6この児（ちご）、六つの年より片時立ち離るる事なくて、類なくこそ思ひしに、わが思ふほどはなかりけり」と恨み給ひにけり。「ただし出でざまに、われをつくづくと見守りし事こそあはれなれ」とて、泣き悲しみ給ひにけり。

7消えにける本（※もと）の雫（しづく）を思ふにも誰かは末（※）の露の身ならぬ

(注)　※冷泉殿…未詳。本作品では、九条刑部卿顕頼（あきより）の娘とされている。
　※佳遊の姿…はなやかな遊び姿。　※本…根元。　※末…こずえ。

問一　～～～部a「墨染」の読みを現代仮名遣いで書き、＝＝＝部b「めのと」を漢字で書きなさい。

問二　＝＝＝部A「るる」、＝＝＝部B「む」の助動詞の意味として最も適切なものを、ア～キの中からそれぞれ一つずつ選び、記号で答えなさい。

　ア　完了　イ　打消　ウ　可能　エ　推量　オ　受身　カ　意志　キ　尊敬

問三　――部1「ねび」、――部2「年頃」の本文中の意味をそれぞれ書きなさい。

問四　――部3「わが教訓に付き給ひてむや」とあるが、娘に対する西行の願いを、次のような形でまとめたとき、空欄［Ⅰ］、［Ⅱ］に入る適切な言葉を、それぞれ二十字以内で書きなさい。

かつては娘を［Ⅰ］と思っていたが、今は［Ⅱ］ということ。

問五　――部4「われ、極楽に詣でなば、急ぎ迎へ奉るべし」を現代語訳しなさい。

問六　――部5「いかならむ便もがな」から、娘のどのような心情が読み取れるか。「便」の内容を明らかにしながら、二十五字以内で書きなさい。

問七　――部6とあるが、このときの冷泉殿の心情を、六十字以内で説明しなさい。

問八　――部7「消えにける本の雫を思ふにも誰かは末の露の身ならぬ」について、次の(1)、(2)の問いに答えなさい。

(1)　この和歌には、縁語が用いられている。縁語とはどのような表現技法か。その効果を含めて説明しなさい。

(2)　この和歌は、西行が詠んだものとされている。「誰かは末の露の身ならぬ」から、西行のどのような心情が読み取れるか。三十字以内で書きなさい。

（☆☆☆◎◎◎◎）

【中学校】

【二】次の文章は、※宰我(宰予)に対する孔子の対応の是非を論じたものである。これを読んで、あとの問いに答えなさい。ただし、設問の都合上、〈本文〉においては送り仮名や返り点の省略、一部の改変がある。〈現代語訳〉においても一部の省略や改変がある。

宰我昼寝。子曰、「朽木不可雕也、糞土之墻不可杇也。於予、予何誅。」是悪宰予之昼寝。問曰、昼寝之悪也、小悪也。朽木糞土、敗毀不可復成之物、大悪也。責小過、以大悪、安能服人。使宰我、性不善、如朽木糞土、不宜得入孔子之門、序在四科之列。使性善、孔子悪之、悪之太甚、過也。「人之不仁、疾之已甚、乱也。」孔子疾宰予、可謂甚矣。使下愚之人、渉耐罪之獄、吏令以大辟之罪、必冤而怨邪、将服而自咎也。使宰我愚、則与渉耐罪之人同志、使宰我賢、知孔子責之、幾微自改矣。明文以識之、流言以過之、以其言示端而已、自改。自改不在言之軽重、在宰予能更与否。

（『論衡』による）

（注）※宰我…孔子の弟子。姓は宰、名は予、字は子我。
※四科…孔子学団は、徳行・言語・政事・文学の四科に分かれ、宰我は言語科に属した。

〈現代語訳〉

宰我が昼の日なか寝室に入っていた。孔子の言葉に、「朽ちた木には細かい彫刻はできない。また、ぼろ土の壁には上塗りは掛けられない。宰予に対しては、（　省略　）」と。これは孔子が、宰予が昼の日なか寝室に入っていたことを憎んだものだ。問題は、昼の日なか寝室に入っていたことの悪いのは、小悪だ。朽ちた木やぼろ土はぼろぼろで、もうどうにもならない物で、いわば大悪だ。（　省略　）。宰我の（　省略　）ものなら、孔子に入門し、四科の序列に入れそうもないはずだ。もし（　省略　）のに、孔子が（　省略　）。「（　省略　）」といわれる。（　省略　）。もし救いようのない愚かな人が、ちょっとした刑罰にふれ、役人が死刑の罪を命ずるならば、きっと無実だとして怨むだろうか。それとも罪を受けて自分をとがめるだろうか。宰我がもし愚か者なら、軽罪にふれた人と同じ考えをするだろうが、（　省略　）、かすかなきざしを見て（　省略　）。あらわに言って気がつかせてもよいし、うわさを言いふらして止めてもよいし、言葉の糸口を示す（　省略　）。（　省略　）。

問一　〰〰部a～cの漢字の読みを、すべてひらがなで書きなさい。ただし、現代仮名遣いで書くこと。

問二　═══部A「服」と同じ意味の「服」が用いられている熟語を、次のア～オの中から一つ選び、記号で答えなさい。

ア　被服　　イ　服薬　　ウ　着服　　エ　心服　　オ　服喪

問三　───部1「朽木不可雕也、糞土之墻不可杇也。於予、予何誅」について、孔子が伝えようとしている内容として最も適切なものを、次のア～エの中から一つ選び、記号で答えなさい。

ア　朽ちた木やぼろ土の壁を加工することができないように、宰我の人格を高めることはできないということ。

イ　朽ちた木やぼろ土の壁は建材に適さないように、宰我にも向いていることと不向きなことがあるということ。

ウ　朽ちた木やぼろ土の壁を修復することが困難なように、宰我の失敗をなかったことにはできないということ。

エ　朽ちた木やぼろ土の壁の粗末さを憂えても無駄なように、宰我が自分の愚かさを悔やんでも仕方ないということ。

問四　――部2「不宜得入孔子之門、序在四科之列」を漢字仮名交じりで書き下しなさい。

問五　――部3「人之不仁、疾之已甚、乱也」について、筆者がこの言葉を引用した意図を、次のような形でまとめたとき、空欄［Ⅰ］、［Ⅱ］、［Ⅲ］に入る適切な言葉を、それぞれ簡潔に書きなさい。

「道に外れた人を［Ⅰ］と、秩序を乱す」という言葉を示すことで、宰我に対する孔子の対応は［Ⅱ］という主張に［Ⅲ］をもたせる意図。

問六　――部4「使宰我賢、知孔子責之」について、書き下し文にしたときに「宰我をして賢にして、孔子の之を責むるを知らしめば」となるように、返り点を施しなさい。

問七　本文において、筆者の考える、宰我に対する望ましい対応とはどのようにすることか。孔子の実際の対応を踏まえながら、五十字以内で説明しなさい。

問八　「読むこと」の授業で「漢詩」を教材として扱う際、どのようなことをねらいとして、どのような言語活動を行うことが考えられるか。中学校学習指導要領(平成29年3月告示)の指導事項を踏まえて、具体的に書きなさい。

(☆☆☆◎◎◎◎)

【高等学校】

【二】次の漢文を読んで、あとの問いに答えなさい。ただし、設問の都合上、送り仮名や返り点を省略したところや、表現を一部改めたところがある。

為民立君、a所以※養之也。養民之道、在愛其力。民力足則※生養遂、生養遂則教化行而風俗美。故為政以民力為重也。※1春秋凡用民力必書。其所興※作、不時害義、A固為罪也。雖時b且義必書、見労民為重事也。後之人君知此義、則知慎重於用民力矣。然2有用民力之大而不書者。※為教之意深矣。※僖公修※泮宮、復※閟宮、3非不用民力也。然而不書、二者復古興廃之大事、為国之先務。c如是而用民力、4乃所当用也。人君知此義、知為政之先後軽重矣。

（『近思録』による）

(注) ※養…不自由なく生活できるようにすること。　※生養…生きて身を養う。
※春秋…魯国の記録に孔子が手を加えて成ったとされる歴史書。　※興作…工事をする。
※不時害義…不適当な時期で道にはずれている。　※為教之意…示している教えの意味。
※僖公…魯の君主。　※泮宮…諸侯の学校。賢才を養成するところ。
※閟宮…宗廟。祖先に奉事するところ。

問一 〰〰部a～cの漢字の読みを、必要に応じて送り仮名を補って、すべてひらがなで書きなさい。ただし、現代仮名遣いで書くこと。

問二 ══部A「固」と同じ意味の「固」が用いられている熟語を、次のア～オの中から一つ選び、記号で答えなさい。

ア 固体　イ 頑固　ウ 固有　エ 凝固　オ 固執

問三 ――部1「春秋凡用民力必書」とあるが、その目的を三十字以内で書きなさい。

問四 ――部2「有用民力之大而不書者」とあるが、「僖公」の行った工事について「春秋」に記載されなかったのはなぜか。最も適切なものを、次のア～ェの中から一つ選び、記号で答えなさい。

ア 僖公の行った工事は国家にとっての大事であり、記録を残すまでもないほど当たり前の行為であるから。

イ 僖公の行った工事は旧習を廃して行われたものであり、過去に例をみないほど革新的なものであるから。

ウ 僖公の行った工事は過去を踏襲したものであり、新たに追記する必要がないほど類似例があるから。

エ　僖公の行った工事は民を養うことが目的であり、記録を残すことはそれほど重要なことではないから。

問五　――部3「非不用民力也」を現代語訳し、――部4「乃所当用也」をすべてひらがなで書き下しなさい。

問六　本文において、政治を行う上で大切なことは、どのようなことだと筆者は述べているか。本文全体を踏まえて五十字以内で書きなさい。

問七　次は、「高等学校学習指導要領」(平成30年3月告示)国語の「第6　古典探究　2　内容」の一部である。空欄(　①　)、(　②　)にあてはまる適切な言葉を、それぞれ書きなさい。

> 第6　古典探究
>
> 2　内容〔知識及び技能〕
>
> (2)　我が国の言語文化に関する次の事項を身に付けることができるよう指導する。
>
> ウ　時間の経過による(　①　)や、古典が現代の言葉の成り立ちにもたらした影響について理解を深めること。
>
> エ　先人のものの見方、感じ方、考え方に親しみ、自分のものの見方、感じ方、考え方を豊かにする(　②　)の意義と効用について理解を深めること。

(☆☆☆◎◎◎◎)

解答・解説

【中高共通】

【二】問一　a　過疎　b　不可侵　c　ひが　問二　ア　問三　なにかのために役に立つこと。
問四　エ　問五　言葉で想いを交換し他者の存在を実感することで、目の前の人の自由だけでなく目の前にいない人の自由をも尊重できるようになること。（六十二字）　問六　・感想や意見を交換する際に、相手の想いがまっすぐに自分に届くように感じる体験。　・尋ねあいを通して、独自な体験から生まれた相手の想いを、自分が体験したかのように感じる体験。　問七　抽象的な概念を表す語句の意味や用法について理解を深める効果。　問八　自他の生を公平に見る俯瞰的視野を獲得することで個人の価値観が捉え直されたり、共同体の全ての人にとって必要なことがルールや具体的方策として実現されたりすること。（七十九字）
問九　ウ　問十　進行の仕方を工夫したり互いの発言を生かしたりすること。
〈解説〉問一　c　「彼我」とは、相手と自分という意味。　問二　「予想」は「予め想う」と前の漢字が後の漢字を修飾する関係になっている。これと同じものは、「激しく動く」となる「激動」が適切である。
問三　「寄与」は「社会などに役立つことを行う。」という意味。　問四　「そのとき」は、1段落で示されている状態である。高度経済成長期を例とした「他者や社会とのつながりを断ち切ること」によって得られた自由である。　問五　「〈対話の関係〉」・「自由の承認」を具体的に説明する。傍線部2の後の3段落冒頭の二文が「対話の関係」をわかりやすく説明している。これを端的に言い表したものが、次の文の「言葉による想いの交換をとおして、私たちは、固有な想いと人生とをもつ他者の存在を実感し」である。また、この直後に「そうした実感をもつことではじめて、『他者の自由』を尊重することができる」とある。この部分は「自由の承認」を言いかえたものであるが、もう少し具体的に述べたのが、4段落の「目の前の具体的な人の想いをわかることを通じて、目の前にいない人びとにも、それぞれの想いがあることがわかってくる。」である。これらを指定字数にまとめる。　問六　共振性の体験の例として、8段落の「哲学の対話や～社会的な事件についての意見交換」と、9・10段落にある「尋ねあい」が挙げられている。それぞれを通して「相手の想いがまっすぐに自分に届いてくるような感触」を得たり、「『あたかも自分が体験したかのように』感じることが起こってくる」とある。この部分を端的にまとめる。　問七　「中学校学習指導要領(平成二十九年告示)解説　国語編　第2章　第2節　2〔知識及び技能〕の内容　(1)言葉の特徴や使い方に関する事項」の「語彙」では、第2学年で、抽象的な概念を表す語句の量を増やすことが求められており、話や文章の中でどのように使用されているか、自分が理解したり表現したりするときにどのように用いればよいかについて考えることが重要だと述べられている。これらを参考に、抽象的な語句を用いて例文を作ることによって得られる学習効果を端的にまとめる。　問八　「個々人の物語や共同体の物語が育まれ」・「再構築されていく」の部分を具体的に説明する。筆者は「〈対話の関係〉によって、他者の存在を実感すると述べている。「自分の生と他者の生とを公平に見る俯瞰的な視野を獲得する」とあるがこの「俯瞰的な視野」を得ると、「人間の生の条件の多様性を知ることにつながるだけでなく、自分自身の物語(価値観)をより元気の出るものへと形作っていく」としている。ここまでが、「個々人の～」の説明である。このような状態は、「集団や共同体の物語の書き換えにも寄与」し、それぞれが「みんなにとって必要なこと」を考え、「ルールや具体的な方策として実現しようとする態度が生まれる」と筆者は述べている。　問九　10段では「相手の『想い』」を説明するために挿入句が織り込まれている。よって、ウが適切である。　問十　中学校学習指導要領(平成二十九年告示)解説　国語編　第2章　第2節　3〔思考力・判断力・表現力等〕の内容「話合いの進め方の検討、考えの形成、共有(話し合うこと」で、話合いを効果的に進め、互いの発言を踏まえて、考えをまとめたり広げたり深めたりすることが示されている。考えを形成することについて、第3学年では「合意形成に向けて、考えをまとめたり広げたり深めたりすること」とある。また、高等学校学習指導要領(平成三十年告示)解説　国語編　第2章　第1節　現代の国語　3　内容〔思考力・判断力・表現力等〕A　話すこと・聞くことの「話合いの進め方の検討、考えの形成、共有(話し合うこと)」でも「オ　論点を共有し、考えを広げたり深めたりしながら、話合いの目的、種類、状況に応じて、表現や進行など話合いの仕方や結論の出し方を工夫すること」とあり、話合いの目的の例として「合意形成」などが挙がっている。

【二】問一　a　すみぞめ　b　乳母　問二　A　オ　B　カ　問三　1　成長し　2　長年の間
問四　Ⅰ　大切に育てて院や内裏へ宮仕えさせたい(十八字)　Ⅱ　尼になり、母と来世での救いを求めてほしい(二十字)　問五　私が極楽に参ったならば、急いでお迎え申し上げよう　問六　出家するのによいつてを何とかして得たいと願う心情。(二十五字)　問七　西行の娘が突然出家したことを知り、自分がかけてきた愛情ほどには自分を大切に思ってくれていなかったことを恨めしく思う心情。(六十字)
問八　(1)　意味上関連のある語を用い、表現に面白みや趣を加える表現技法。　(2)　無常から逃れることのできない人間のはかなさを嘆く心情。(二十七字)
〈解説〉問一　a　「墨染」・「墨染の衣」で僧衣を指す。　問二　A　後に「事」と名詞が続いているため、受身の助動詞「る」の連体形である。　B　「～しよう」という意味があり、後に接続助詞「と」があるため、意志の助動詞「む」の終止形である。　問三　「ねび」は、「ねぶ」(バ行下二段活用)の連用形で、「年を取る。大人びる。」などの意味がある。「年頃」は、現代語の「適する年齢」という意味ではなく、「長い間。長年。」という意味である。　問四　「わが教訓」つまり、西行が娘に何を教えたいかを考える。傍線部3の後の「いまだいときなかりし時」から始まる西行の会話文に着目する。「いときなし」とは「幼い」という意味で、娘が幼い時は「院・内裏へも参らせむなどこそ思ひしに」とある。しかし、世の無常を感じ、今は「ただ尼になりて、母と一つ所にて、後の世を助かり給へ。」と言っている。この部分を指定字数にまとめる。　問五　問四で着目した会話文の続きで、「われ」は西行である。「詣でなば」の「詣で」は「行く」の謙譲語。「なば」は、完了の助動詞「ぬ」の未然形＋接続助詞「ば」で、「参ったならば」と訳す。　問六　「便」はこの場合、「よりどころ。手がかり。」という意味で使われている。また、傍線部5直後に「様変へむ」とある。「様変ふ」とは「出家する」という意味なので、ここでの「便」とは、「出家をするためのよいよりどころ・つて」という内容になる。　問七　傍線部6とその直後に着目する。六歳の頃からそばに置き、「類なくこそ思ひしに」、突然出家してしまったため、「わが思ふほどはなかりけり」と、「恨み給ひにけり」とある。　問八　（1）「消えにける」「雫」「露」が縁語となる。　（2）「誰かは」の「かは」は反語の意味を持つため、「誰が末の露のように消えてしまう身でないものがいるだろうか(いや、いない)」という意味になる。いずれ死を迎え消えてしまう、無常から逃れられない人間のはかなさを表しているのである。

【中学校】

【一】問一　a　いずくんぞ　b　よく　c　のみにして　問二　エ　問三　ア　問四　宜しく孔子の門に入り、序は四科の列に在るを得べからず　問五　Ⅰ　憎みすぎる　Ⅱ　行き過ぎである　Ⅲ　説得力　問六　使㆔宰我賢、知㆓孔子責㆑之　問七　小さな過ちを過剰にとらえずに、きざしや言葉で過ちに気づかせて宰我が自ら改められるようにすること。(四十八字)　問八　古典の世界に親しむことをねらいとして、漢詩を読んで考えたことを伝え合う。

〈解説〉問一　cの「而已」は二文字で「のみ」と読む。　問二　ここでの「服」は「従う」の意味を表している。問三　ここは現代語訳の「朽ちた木に細かい彫刻はできない。また、ぼろ土の壁には上塗りを掛けられない。」にあたる。つまり、宰我自身がよい状態ではないからどうしようもない、というふうに孔子が言っているのである。　問四　上・中・下点がついた「得」「在」「列」は飛ばし、それぞれの読点の中で指示に従って読み進める。なお、「宜」はこの場合再読するため、始めは返り点がないように読む。最後に上・中・下点を読み進め、「得」を読んだ後、返り点にしたがい「宜」「不」を読む。　問五　冒頭で孔子は宰我に対して、「於予、予何誅。怒りをあらわにしている。筆者はそれに対して、傍線部3の直前で「性をして善ならしむるに、孔子之を悪み、之を悪むこと太甚なるは、過ちなり。」と述べている。「人の不仁なる、之を疾むこと已甚しきときは、乱するなりと。」となり、道に外れた人を憎みすぎると乱れるという訳になる。つまり、傍線部3は、宰我に対する孔子の態度についての持論に説得力を持たせるために引用されたといえる。　問六　「使㆓A～㆒」で「Aをして～せしむ」という句法になる。Aの部分は「宰我賢、知」、～の部分が「孔子責之」となる。ただし、「之を責むる」にするので、「責」には一点・レ点を施す。　問七　先に筆者は、宰我は孔子に入門できるような人物であり、昼に寝室に入ったのは小悪だと述べている。傍線部4を含む後の部分「使宰我賢、知孔子責之～而已自改。」では、愚かではないのだから、孔子が自分を責めたと知ったのなら、「幾微自ら改めん」。いろいろなやり方で、「其の言を以て端を示すのみにして自らを改めん」と述べている。このことを指定字数にまとめる。　問八　国語科の目標の(1)は「知識及び技能」に関する目標で、それに対応して第1～3学年では「(1)　社会生活に必要な国語の知識や技能を身に付けるとともに、我が国の言語文化に親しんだり理解したりすることができるようにする。」と示されている。第1学年の内容の(3)の「イ　古典には様々な種類の作品があることを知ること。」で、「様々な種類の作品」として和歌、俳諧、物語、随筆、漢詩、漢文などが挙げられている。小学校から親しんできた様々な種類の古典作品の世界に新たな興味・関心が得られるよう指導することが大切である。

【高等学校】

【一】問一　a　ゆえん　b　かつ　c　かくのごとく(にして)　問二　ウ　問三　民の力を使うことがいかに重大であるかを後の為政者に示すため。(三十字)　問四　ア　問五　3の現代語訳…民の力を用いなかったのではない　4の書き下し…すなはちまさにもちふべきところなり　問六　国家安定の土台となる民の力を大切に考え、事業の優先順位や重要度を適切に判断した上で慎重に用いること。(五十字)

問七　①　言葉の変化　②　読書

〈解説〉問一　a「所以」は「理由、方法」という意味。　b「且」は「さらに、その上に」という意味。　c「如是」は「このように」という意味。　問二「固」を書き下すと「固より」となり、「もちろん」と訳す。「必ず、絶対」という意味を表しているのは「固有」である。　問三　傍線部1の二文後に着目する。民の力を用いたときに書き残すのは、「民を労するを重事と為すを見すなり」とある。　問四　傍線部2の三文後に「二者は古に復り廃れたるを興す大事にして、国を為むる先務なればなり。」とある。二つの事業は国を治めるためには最優先して行わなければならないことであり、民の力が使われることは当然であるため、書かれなかったのである。　問五　3「非不」は二重否定の意味をもち、「～ざるにあらず」と書き下す。　4「当」は再読文字で「まさに～すべし」と読む。また、「乃」は「すなは(わ)ち」と読む。書き下し文にすると、「乃ち当に用ふべき所なり」となる。　問六　政治は民力を養うことを第一にするとある。しかし、傍線部1の後に「時ならずして義を害へば、固より罪と為す」とある。また、国を治めるための基本となる事業は最優先して行わなければならないなど、民力を使うことは慎重・適切に判断しなければならないと筆者は述べている。

問七　古典は、今とは違う言葉づかいで書かれていることを理解すること、まず親しむことが大事であるとが学習指導要領で述べられている。ウは、「言葉の由来や変化、多様性」についてである。「時間の経過による」言葉の変化とは、古典の言葉と現代の言葉には時間的な連続性があり、その間に言葉の意味が移り変わったことを指している。エの「読書」については、長い歴史の中で蓄積されてきた先人の知識や知恵を継承し、豊かな人間性を涵養するのに欠くことができないものとして、その意義と効用について深く認識することで、主体的な読書へとつながるような指導をすることが重要だと述べられている。

二〇二〇年度　実施問題

【中高共通】

【一】次の文章は、『今鏡』で、藤原師実(もろざね)(大殿)が藤原俊綱(としつな)※(修理(すり)の大夫(かみ))の元を訪れる場面である。これを読んで、あとの問いに答えなさい。

大殿(おほとの)の伏見(ふしみ)へおはしましたりけるも、すずろなる所へはおはしますまじきに、雪の降りたりける 1つとめて、「俊綱(としつな)がいたく伏見ふけらかすに、※ 2にはかに行きて見む」とて、a播磨守 師信(もろのぶ)※といふ人ばかり御供にて、にはかに渡らせ給ひたりければ、思ひも寄らぬことにて、門(かど)をたたきけれど、b無期にあけざりければ、人々「いかに」と思ひけり。かばかりの雪の朝(あした)に、さらぬ人の家ならむにてだに、3かやうの折節などは、その用意あるべきに、いはむや殿の渡り給へるに、かたがた思はずに思へるに、開けたる者に、遅く開けたる由、か※ふつありければ、「『雪を踏み侍らじ』とて、山をめぐりて侍る」と申しければ、もとより開け設け、またとりあへず急ぎ開けたらむよりも、ねんに興ある由、人々いひけるとか。

修理の大夫騒ぎ出でて、雪御覧じて御物語などせさせ給ふほどに、師信、「かく渡らせ給ひたるに、いで、しかるべきあるじなど Aつかまつれ」と催しければ、俊綱、「いま贄殿(にへどの)※参り B侍りなむ」と申しければ、「人にも知られで渡らせ給ひたれば、贄殿参ることあるまじ。4日もやうやうたけて、いかでか御設けなくてあらむ」と言ひければ、殿笑はせ給ひて、ただ、「せめよ」など仰せられけるほどに、家の司なるあきまさといひて、光俊(みつとし)・有重(ありしげ)などいふ学生(がくしやう)の親なりしをのこ、けしき聞(きこ)えければ、修理の大夫立ち出でて、「あるじして聞し召さすべきやう侍らざるなり。御台などの新しきも、かく御覧ずる山の5あなたの倉に置きこめて侍れば、便なく取り出づべきやう侍らず。あらはに侍るは、皆人の用ゐたる」よし申しければ、「何の憚りかあらむ。ただ取り出だせ」と仰せられければ、「さば」とて立ち出でて、取り出だされけるに、色々の狩装束したる伏見侍十人、いろいろの※袙に、いひしらぬ染めまぜしたる帷子、括り、かけとぢなどしたる※雑仕十人ひき連れて、倉の鍵持ちたる男、先に立ちて渡るほどに、雪に映えて、わざとかねてしたるやうなりけり。先に跡踏みつけたるを、しりに続きたる男女、同じ跡を踏みて行きけり。かへさには、御台、高坏、白銀の銚子など、一つづつささげて、鍵持ちたるは、この度は後に立ちて帰りぬ。

かかるほどに、c上達部・殿上人、蔵人所の家司、※職事、御随身など、さまざまに参りこみたりけるに、この里かの里、所々にいひしらぬ供へども、目もあやなりけり。師信、「いかにかくは俄にせられ侍るぞ。6かねて夢など見侍りけるか」など、戯ぶれ申しければ、俊綱の君は、「7いかで、かかる山里に、かやうの事侍らむ用意なくては侍るべき」などぞ申されける。

(注) ※修理の大夫…宮中の修理・造営などをつかさどる役所である修理職の長官。
※ふけらかす…自慢する。
※師信…藤原師信。
※かふつ…ここでは「尋ねる」の意味。
※贄殿…ここでは「調理をする人」のこと。
※袙…もとは婦女子の装束の下着で、表衣と肌衣との間に着た。
※雑仕…雑役、走り使いなどに従事した女。

※職事…摂関家の蔵人所の職員。

問一　～～～部a「播磨守」、～～～部b「無期」、～～～部c「上達部」の読みを、それぞれ現代仮名遣いで書きなさい。

問二　══部A「つかまつれ」、══部B「侍り」の敬語の種類と敬意の方向の組み合わせとして最も適切なものを、Aはア～カ、Bはサ～タの中からそれぞれ一つずつ選び、記号で答えなさい。

A
ア　尊敬語　師信から俊綱　　イ　謙譲語　師信から俊綱　　ウ　丁寧語　師信から俊綱
エ　尊敬語　師信から師実　　オ　謙譲語　師信から師実　　カ　丁寧語　師信から師実

B
サ　尊敬語　俊綱から師信　　シ　謙譲語　俊綱から師信　　ス　丁寧語　俊綱から師信
セ　尊敬語　俊綱から師実　　ソ　謙譲語　俊綱から師実　　タ　丁寧語　俊綱から師実

問三　——部1「つとめて」、2「にはかに」、5「あなた」の本文中での意味をそれぞれ書きなさい。

問四　——部3「かやうの折節などは、その用意あるべきに」とあるが、人々はどのような対応を予期していたと考えられるか。第一段落の内容を踏まえて次のような形でまとめたとき、空欄に入る適切な言葉を三十五字以内で書きなさい。

雪が降った折節は、［　　　　］こと。

問五　——部4「日もやうやうたけて、いかでか御設けなくてあらむ」を現代語訳しなさい。

問六　――部6について、師信が「かねて夢など見侍りけるか」と言った理由を説明したものとして最も適切なものを、次のア～エの中から一つ選び、記号で答えなさい。

ア　大殿の来訪を夢で見て知っていたかのように、非常に素晴らしいもてなしだったから。
イ　色とりどりの衣装を身に着けた貴人たちが次々に現れて、夢のように美しかったから。
ウ　自分がとってしまった失礼な態度を、夢で見たこととして忘れてほしいと思ったから。
エ　接待の準備が整ったことは、夢の中の出来事なのではないかとからかいたかったから。

問七　――部7の俊綱の発言を踏まえると、――部「あるじして聞し召さすべきやう侍らざるなり」という発言にはどのような意図があったと考えられるか。わかりやすく説明しなさい。

（☆☆☆◎◎◎）

【中学校】

【一】次の文章を読んで、あとの問いに答えなさい。なお、1～14は、それぞれの段落の番号を表している。

1　一九世紀前半の黎明（れいめい）期から、風景は肖像とともに写真の代表的ジャンルであった。二〇一九年に写真はその公式の発明から一八〇年をaムカえることになるが、この間に起きた技術的な変化のうち、風景写真にとって直接的に関係があるのは1インターネットによる地理情報サービスだろう。具体的にはGPSとグーグルアースであり、また写真を共有するために提供されている、一連の情報サービスである。言うまでもなく、その影響は写真表現にとどまらず、わたしたちの社会生活全般にかかわるものである。

2　当初グーグルは風景を撮影しているのではなく、地球上の空間をスキャンしているだけだったが、そのデータベースを利用して「ストリートビュー」をはじめ人間の視線から見た空間を、さまざまな角度から見ることが出来る「双方向性の風景写真」が生まれている。そこに一般の利用者が撮影した写真が追加されてゆくことによって、いまやインターネット上には地球何個分もの「ビッグデータ」が蓄積されているわけである。これは歴史上生まれたことのなかった、風景写真の超巨大アーカイヴ※である。

3　歴史上の写真をコレクションした巨大アーカイヴはこれまでも存在したが、グーグルアースの写真がそれとは一線を画する「超巨大」版なのは、それが定期的に更新されていることと、いまもまだスキャン領域を拡張しつつあるからである。

4　表現の問題をひとまず措（お）くならば、グーグルアースとその関連サービスによって、風景写真というジャンルは、「社会インフラ」になったとも言えるだろう。もちろん風景写真にアートとしての機能や美しさを求める需要が減ることはないだろうが、あらゆる種類の知的活動に役立つ共有財産という意味で、風景写真は情報化社会を支えるインフラストラクチャーと言えるだろう。

5　このことは肖像写真というジャンルが成立した後、まずフランスやイギリスで身分証明用に使われ、今世紀に入って生体認証システム全般のなかに組み入れられたことと、並行関係にあるように見える。当初は肖像画の形式を引き継いだ肖像写真は、表現としてはひとつのジャンルとして今日も続いている。しかし身分証明用の写真は顔認証技術と合体することによって、銀行から空港、ショッピングセンターとさまざまな場面で利用されており、もはや社会インフラ化していると言っていいだろう。[2]写真のふたつの代表的なジャンルが情報化社会の主役となったこと、それが平成という時代だったと未来の文化史家は認めるのではないだろうか。

6　写真史を振り返れば明らかなように、都市の移り変わりと写真表現は常に深い関係にあった。たとえばパリ大改造とウジェーヌ・アジェ※による記録としての都市写真は、まさに「変わりゆく風景と写真」の代表作だとも言えるだろう。一九九〇年代から進んだ写真のデジタルデータ化とマルチメディア化は、同時期に世界中で進んだ再開発と深い関係にある。冷戦の終結後、世界の都市は新自由主義的経済の爆発的な進行に飲み込まれ、またアジアを中心にいわゆる新興国がかつての日本のような急激な成長期へ入っていった。特にアジアの諸都市の変貌ぶりは凄まじく、北京、上海、香港、バンコクなど中国や東南アジアの大都市は、この二〇年間でほぼ別の都市になったと言っても過言ではない。

7 もちろん日本の高度成長期にも都市再開発は進んだが、一九九〇年代のそれとは比較にならない。再開発はもはやひとつの国で起きる現象ではなく、グローバル化の現象として同時多発的に進行するからである。量的にも質的にも、それまでの歴史が経験したことのないようなものであり、特に大都市ではひとつの町をまるごと建て直すような、極端なスクラップ・アンド・ビルドが進行する。グローバル化の速度に加えて世界規模で似たようなデザインや建材が画一化を推し進め、世界中どこでも似たり寄ったりの非─場所的風景が出現していった。

8 この時期に中国で多くの現代写真家が変わりゆく都市の風景をテーマにしたことは、当然のことだった。北京では胡同と呼ばれる伝統的な居住区がブルドーザーによって次々と取り壊されていった。跡地に建てられた高級マンションからは、過去の痕跡が消え去っている。大都市のコウガイには周辺の景観とまったくそぐわない、規格化された集合住宅が、筍というより竹林のようにして増えていった。そこにかつてどのような風景があったのかを思い出すことは不可能だし、そもそもそのようなことに興味をもつ住人もいない。地球規模での都市への人口集中によって、都市風景の画一化はこれからさらに進むだろう。

9 言い換えれば、風景はいまやヴァーチャル化しながら、忘れられるためにある。それが「写真誕生一八〇〇年」をむかえようとする現代写真の背景だとも言える。だが面白いことに、風景がヴァーチャル化すれば、リアルを取り戻したいという欲求も強くなる。日本の風景写真において、その欲求はブームとなって現れた。

ひとつは廃墟（はいきょ）への広範な関心である。廃墟探検や廃墟ツアーとして雑誌の特集が組まれたり、廃墟のガイドブックが増刷を続け、多くの写真集も出版された。

10 廃墟と風景の関係は長い。一八世紀にはフランスやイギリスの庭園で古代ローマの遺跡風の石組みを配するスタイルが流行し、やがてオリエンタリズム絵画によって、さかんに古代遺跡が描かれた。それは写真にも引き継がれて、ヨーロッパの写真家は考古学者や文学者、商人らと東方へ向かい、ギリシャやエジプトの古代遺跡を撮影した。廃墟趣味はヨーロッパの植民地の拡大と重なっている。

11 二一世紀の廃墟趣味は、どうだろうか。そこで取り上げられる廃墟とは古代社会のものではなく、明治以降の近代建築や昭和時代の産業遺跡である。そこにcキョウシュウを重ねることもできるかもしれないが、それだけが理由でもなさそうである。近代の西欧人が廃墟にギリシャ・ローマ時代への憧憬や、地中海地方への旅行の欲望を重ねたのと、現代の廃墟趣味はどこか根本的にちがうという気がする。

12 そう考えるのは5廃墟ブームとほぼ同時に、工場や工業地帯の写真がブームとなったことと関係がありそうだからである。それらの写真は、一九二〇年代の機械的、構成主義的美学の対象ではなく、ましてや一九七〇年代に撮影された労働現場のドキュメンタリー写真とも違って、工場や工業地帯を人工風景として撮影したものである。「工場萌（も）え」という言葉が生まれたことが示しているように、それは人間の営みではなく、あくまで工場というスケールで見た場合の美学を志向している。廃墟ブームと同様に、工場のほうも夜間の工業地帯見学ツアーが人気となり、場所によっては町興しの火付け役になるくらいの社会現象である。

13 廃墟も工場も、「殺風景」な場所であえて人の近づくところではなかった。だがそんな殺風景への欲望が芽生えたのが平成だったとすれば、何かの理由があるだろう。稼働中の工業地帯と、役目を終えた廃墟とではおよそ共通するものは何もないが、ひとつ考えられるのは、風景の「物理的な手応え」である。

14 生活の均一化と画一化が進み、どこへ行っても同じモノが同じ背景のなかに並ぶ、等質な世界が訪れたのが平成だったとするなら、人間には等質だけでは生きられない生理的な欲求があるのかもしれない。異質なモノの手触りを求めていたとき、それまで等閑視していた「殺風景」に行き当たったのではないだろうか。廃墟や工場は殺風景だからこそ、いいのだ。等質世界の代償として生まれた息苦しさから逃れるため、日本人が無意識のうちに探り当てていた風景だと言えるかもしれない。

（港千尋『風景論――変貌する地球と日本の記憶』による。ただし一部に省略等がある。）

※アーカイヴ…大規模な記録や資料のコレクション。
※ウジェーヌ・アジェ…フランスの写真家。（一八五七―一九二七）
※非―場所…ここでは、均一化された非個性的な現代都市の空間のこと。

問一　＝＝部a～cのカタカナをそれぞれ漢字で書きなさい。漢字は楷書で丁寧に書くこと。
問二　――部A「変貌」と熟語の構成が同じものを、次のア～オの中から一つ選び、記号で答えなさい。
　ア　善悪　　イ　温暖　　ウ　厳守　　エ　非常　　オ　企業
問三　――部B「等閑視」の意味を書きなさい。
問四　1～14の段落を、「情報化社会における写真」「都市の変容と風景」「ブームとなった風景写真」という見出しをつけて三つのまとまりに分けるとどうなるか。最も適切なものを、次のア～エの中から一つ選び、記号で答えなさい。
　ア　1 2 3―4 5 6 7―8 9 10 11 12 13 14

イ　1 2 3 4―5 6―7 8 9 10 11 12 13 14
ウ　1 2 3 4 5―6 7 8―9 10 11 12 13 14
エ　1 2 3 4 5 6―7 8 9 10―11 12 13 14

問五　――部1について、「インターネットによる地理情報サービス」が「風景写真」に及ぼした影響を説明したものとして最も適切なものを、次のア～エの中から一つ選び、記号で答えなさい。

ア　風景がスキャンされ尽くしたことで多角的に活用できるデータベースが生まれた一方で、一般の利用者にとっては風景写真の利用がアーカイヴ上に限定されるようになったこと。

イ　データベースを使うことで風景写真を多様な角度から見られるようになり、一般の利用者によって追加された写真が巨大なアーカイヴとして蓄積されるようになったこと。

ウ　風景写真が巨大なデータベースに収集されることで多方面から注目されるようになり、一般の利用者によって蓄積された写真の巨大アーカイヴが初めて誕生したこと。

エ　企業が風景写真として撮影し始めた画像が人間の視点から見た形でデータベース化され、一般の利用者によるアーカイヴへの参加が従来と一線を画する形で拡大したこと。

問六　――部2「写真のふたつの代表的なジャンルが情報化社会の主役となった」とはどのようなことか。五十字以内で説明しなさい。

問七　――部3「こうした変化に、人間の記憶能力はもはやついていけない」のはなぜか。その理由を七十字以内で具体的に説明しなさい。

問八　――部4「筍というより竹林のようにして増えていった」とあるが、「筍」と「竹林」を並べた表現の効果を生徒に考えさせる際、どのような学習活動が考えられるか、具体的に書きなさい。

問九　――部5について、「廃墟」や「工場」の写真が「ブームとなった」のはなぜだと筆者は考えているか。本文の主旨を踏まえて百字以内で説明しなさい。

問十　次は、「中学校学習指導要領」(平成29年3月告示)における指導事項の一部である。「書くこと」の授業(第3学年)で、資料を引用する際、生徒にどのようなことを検討させるか、指導事項を踏まえて、具体的に書きなさい。

〔第3学年〕
2　内容　〔思考力、判断力、表現力等〕
B　書くこと
ウ　表現の仕方を考えたり資料を適切に引用したりするなど、自分の考えが分かりやすく伝わる文章になるように工夫すること。

(☆☆☆◎◎◎)

【二】次の文章は、前漢の時代、朱雲が佞臣(ねいしん)(主君にへつらう臣下)を斬ると申し出て帝の怒りに触れる場面である。これを読んで、あとの問いに答えなさい。ただし、設問の都合上、〈本文〉においては送り仮名や返り点の省略、一部の改変がある。〈現代語訳〉においても、一部の省略や改変がある。

〈本文〉

雲曰、「今朝廷大臣、上不能匡主、下亡以益民、皆尸位素餐。臣願賜尚方斬馬剣、断佞臣一人、以厲其余。」上問、「誰也。」対曰、「安昌侯張禹。」上大怒曰、「小臣居下訕上、廷辱師傅。罪死不赦。」御史将雲下。雲攀殿檻、檻折。呼曰、「臣得下従龍逢・比干遊於地下足矣。未知聖朝何如耳。」御史遂将雲去。於是左将軍辛慶忌免冠、解印綬、叩頭殿下曰、「此臣素著狂直於世。使其言是、不可誅。其言非、固当容之。臣敢以死争。」慶忌叩頭流血。上意解、然後得已。及後当治檻、上曰、「勿易。因而輯之、以旌直臣。」

（『蒙求』による）

〈現代語訳〉

朱雲がいうには、「今、朝廷の大臣は、高位の者は主君の非を正す（　中略　）、低い位の者も民生を益する事は少しもせず、皆官位にあるだけで、そのつとめを果たさず、ただ俸禄のみを受けている。どうか天子の器物を扱う所にある馬も斬れるような剣を賜わり、その中の佞臣一人を斬って、残りの連中を励ましてやりたいと思います」　帝が「それは誰か」と尋ねると、彼は「安昌侯張禹である」といった。帝は大いに怒り、「お前のような身分の低い者が、下位にいて上位の者をそしり、朝廷において天子の養育役を辱めるとは、（　中略　）」といった。役人は彼を殿上より引き下した。彼が宮殿の手すりにしがみついたので、手すりは折れてしまった。彼は大声で叫んだ。「私は殺されても、あの世に行き、あの忠臣の龍逢や比干と一緒にいられれば結構でございます。しかし、陛下の朝廷がどうなるかが気づかわれます」役人はやっと彼を連れ去った。その時、左将軍の辛慶忌が、冠を脱ぎ将軍の印綬をとり、頭を地面にすりつけ、御殿の下からいった。「（　中略　）」慶忌の地にすりつけた頭からは血が流れ出た。そこで帝の怒りもとけ、彼の処刑も中止となった。その後、こわれた手すりを修理するようになった時、帝はいった。「（　中略　）。前のこわれたのをよせ集めてつくろっておき、（　中略　）」

問一　〰〰部a～cの漢字の読みを、必要に応じて送り仮名を補って、すべてひらがなで書きなさい。ただし、現代仮名遣いで書くこと。

問二　〰〰部d「於」のように、書き下し文にした際読まない字のことを何というか、答えなさい。

問三　‖‖部A、Bの「臣」は本文中の誰のことを指しているか。最も適切なものを次のア～オの中からそれぞれ一つずつ選び、記号で答えなさい。

ア　朱雲　　イ　張禹　　ウ　御史　　エ　辛慶忌　　オ　上

問四　——部1「臣得下従龍逢・比干遊於地下足矣」について、書き下し文にしたときに「臣下龍逢・比干に従つて地下に遊ぶことを得ば足る。」となるように、返り点を施しなさい。

問五　——部2「未知聖朝何如耳」を漢字仮名交じりで書き下しなさい。

問六　――部3「叩頭殿下曰」について、辛慶忌がこのような行動を取ったのはなぜか。最も適切なものを次のア～エの中から1つ選び、記号で答えなさい。

ア　張禹を批判した朱雲に賛同し、自らも張禹の処罰を願い出ようとしたから。
イ　張禹を弁護することで帝の怒りをしずめ、場を丸くおさめようとしたから。
ウ　処罰を覚悟の上で帝を諫める朱雲をかばい、彼の命を救おうとしたから。
エ　朱雲の無礼な行為の責任をとり、部下に代わって罪に服そうとしたから。

問七　――部4「勿易」について、帝がこのように言ったのはなぜか。五十字以内で説明しなさい。

問八　漢文を教材として扱う際、生徒が古典の世界に親しむことができるようにするために、どのような学習活動を行うか。中学校学習指導要領(平成29年3月告示)における〔知識及び技能〕の(3)我が国の言語文化に関する事項の内容を踏まえて、具体的に書きなさい。

(☆☆☆◎◎◎)

【高等学校】

【一】次の文章を読んで、あとの問いに答えなさい。なお、1～14は、それぞれの段落の番号を表している。

1　一九世紀前半の黎明(れいめい)期から、風景は肖像とともに写真の代表的ジャンルであった。二〇一九年に写真はその公式の発明から一八〇年をaムカえることになるが、この間に起きた技術的な変化のうち、風景写真にとって直接的に関係があるのは1インターネットによる地理情報サービスだろう。具体的にはGPSとグーグルアースであり、また写真を共有するために提供されている、一連の情報サービスである。言うまでもなく、その影響は写真表現にとどまらず、わたしたちの社会生活全般にかかわるものである。

2 当初グーグルは風景を撮影しているのではなく、地球上の空間をスキャンしているだけだったが、そのデータベースを利用して「ストリートビュー」をはじめ人間の視線から見た空間を、さまざまな角度から見ることが出来る「双方向性の風景写真」が生まれている。そこに一般の利用者が撮影した写真が追加されてゆくことによって、いまやインターネット上には地球何個分もの「ビッグデータ」が蓄積されているわけである。これは歴史上生まれたことのなかった、風景写真の超巨大アーカイヴである。[※]

3 歴史上の写真をコレクションした巨大アーカイヴはこれまでも存在したが、グーグルアースの写真がそれとは一線を画する「超巨大」版なのは、それが定期的に更新されていることと、いまもまだスキャン領域を拡張しつつあるからである。

4 表現の問題をひとまず措(お)くならば、グーグルアースとその関連サービスによって、風景写真というジャンルは、「社会インフラ」になったとも言えるだろう。もちろん風景写真にアートとしての機能や美しさを求める需要が減ることはないだろうが、あらゆる種類の知的活動に役立つ共有財産という意味で、風景写真は情報化社会を支えるインフラストラクチャーと言えるだろう。

5 このことは肖像写真というジャンルが成立した後、まずフランスやイギリスで身分証明用に使われ、今世紀に入って生体認証システム全般のなかに組み入れられたことと、並行関係にあるように見える。当初は肖像画の形式を引き継いだ肖像写真は、表現としてはひとつのジャンルとして今日も続いている。しかし身分証明用の写真は顔認証技術と合体することによって、銀行から空港、ショッピングセンターとさまざまな場面で利用されており、もはや社会インフラ化していると言っていいだろう。[2]写真のふたつの代表的なジャンルが情報化社会の主役となったこと、それが平成という時代だったと未来の文化史家は認めるのではないだろうか。

6 写真史を振り返れば明らかなように、都市の移り変わりと写真表現は常に深い関係にあった。たとえばパリ大改造とウジェーヌ・アジェ※による記録としての都市写真は、まさに「変わりゆく風景と写真」の代表作だとも言えるだろう。一九九〇年代から進んだ写真のデジタル化とマルチメディア化は、同時期に世界中で進んだ再開発と深い関係にある。冷戦の終結後、世界の都市は新自由主義的経済の爆発的な進行に飲み込まれ、またアジアを中心にいわゆる新興国がかつての日本のような急激な成長期へ入っていった。特にアジアの諸都市の<u>変貌ぶり</u>[A]は凄（すさ）まじく、北京、上海、香港、バンコクなど中国や東南アジアの大都市は、この二〇年間でほぼ別の都市になったと言っても過言ではない。

7　もちろん日本の高度成長期にも都市再開発は進んだが、一九九〇年代のそれとは比較にならない。再開発はもはやひとつの国で起きる現象ではなく、グローバル化の現象として同時多発的に進行するからである。量的にも質的にも、それまでの歴史が経験したことのないようなものであり、特に大都市ではひとつの町をまるごと建て直すような、極端なスクラップ・アンド・ビルドが進行する。グローバル化の速度に加えて世界規模で似たようなデザインや建材が画一化を推し進め、世界中どこでも似たり寄ったりの非※―場所的風景が出現していった。[3]<u>こうした変化に、人間の記憶能力はもはやついていけないだろう。</u>

8　この時期に中国で多くの現代写真家が変わりゆく都市の風景をテーマにしたことは、当然のことだった。北京では胡同（フートン）と呼ばれる伝統的な居住区がブルドーザーによって次々と取り壊されていった。跡地に建てられた高級マンションからは、過去の痕跡が消え去っている。大都市の<u>コウガイ</u>[b]には周辺の景観とまったくそぐわない、規格化された集合住宅が、[4]<u>筍（たけのこ）というより竹林のようにして増えていった。</u>そこにかつてどのような風景があったのかを思い出すことは不可能だし、そもそもそのようなことに興味をもつ住人もいない。地球規模での都市への人口集中によって、都市風景の画一化はこれからさらに進むだろう。

9　言い換えれば、風景はいまやヴァーチャル化しながら、忘れられるためにある。それが「写真誕生一八〇年」をむかえようとする現代写真の背景だとも言える。だが面白いことに、風景がヴァーチャル化すれば、リアルを取り戻したいという欲求も強くなる。日本の風景写真において、その欲求はブームとなって現れた。ひとつは廃墟（はいきょ）への広範な関心である。廃墟探検や廃墟ツアーとして雑誌の特集が組まれたり、廃墟のガイドブックが増刷を続け、多くの写真集も出版された。

10 廃墟と風景の関係は長い。一八世紀にはフランスやイギリスの庭園で古代ローマの遺跡風の石組みを配するスタイルが流行し、やがてオリエンタリズム絵画によって、さかんに古代遺跡が描かれた。それは写真にも引き継がれて、ヨーロッパの写真家は考古学者や文学者、商人らと東方へ向かい、ギリシャやエジプトの古代遺跡を撮影した。廃墟趣味はヨーロッパの植民地の拡大と重なっている。

11 二一世紀の廃墟趣味は、どうだろうか。そこで取り上げられる廃墟とは古代社会のものではなく、明治以降の近代建築や昭和時代の産業遺跡である。そこにcキョウシュウを重ねることもできるかもしれないが、それだけが理由でもなさそうである。近代の西欧人が廃墟にギリシャ・ローマ時代への憧憬や、地中海地方への旅行の欲望を重ねたのと、現代の廃墟趣味はどこか根本的にちがうという気がする。

12 そう考えるのは5廃墟ブームとほぼ同時に、工場や工業地帯の写真がブームとなったことと関係がありそうだからである。それらの写真は、一九二〇年代の機械的、構成主義的美学の対象ではなく、ましてや一九七〇年代に撮影された労働現場のドキュメンタリー写真とも違って、工場や工業地帯を人工風景として撮影したものである。「工場萌（も）え」という言葉が生まれたことが示しているように、それは人間の営みではなく、あくまで工場というスケールで見た場合の美学を志向している。廃墟ブームと同様に、工場のほうも夜間の工業地帯見学ツアーが人気となり、場所によっては町興しの火付け役になるくらいの社会現象である。

13 廃墟も工場も、「殺風景」な場所であえて人の近づくところではなかった。だがそんな殺風景への欲望が芽生えたのが平成だったとすれば、何かの理由があるだろう。稼働中の工業地帯と、役目を終えた廃墟とではおよそ共通するものは何もないが、ひとつ考えられるのは、風景の「物理的な手応え」である。

14 生活の均一化と画一化が進み、どこへ行っても同じモノが同じ背景のなかに並ぶ、等質な世界が訪れたのが平成だったとするなら、人間には等質だけでは生きられない生理的な欲求があるのかもしれない。異質なモノの手触りを求めていたとき、それまで等閑視していた「殺風景」に行き当たったのではないだろうか。廃墟や工場は殺風景だからこそ、いいのだ。等質世界の代償として生まれた息苦しさから逃れるため、日本人が無意識のうちに探り当てていた風景だと言えるかもしれない。

（港千尋『風景論――変貌する地球と日本の記憶』による。ただし一部に省略等がある。）

※アーカイヴ…大規模な記録や資料のコレクション。
※ウジェーヌ・アジェ…フランスの写真家。（一八五七―一九二七）
※非―場所…ここでは、均一化された非個性的な現代都市の空間のこと。

問一　＝＝部a～cのカタカナをそれぞれ漢字で書きなさい。漢字は楷書で丁寧に書くこと。

問二　――部A「変貌」と熟語の構成が同じものを、次のア～オの中から一つ選び、記号で答えなさい。

ア　善悪　　イ　温暖　　ウ　厳守　　エ　非常　　オ　企業

問三　――部B「等閑視」の意味を書きなさい。

問四　1～14の段落を、「情報化社会における写真」「都市の変容と風景」「ブームとなった風景写真」という見出しをつけて三つのまとまりに分けるとどうなるか。最も適切なものを、次のア～エの中から一つ選び、記号で答えなさい。

ア　1　2　3―4　5　6　7―8　9　10　11　12　13　14

イ　1　2　4―5　6―7　8　9　10　11　12　13　14

ウ　1　2　3　4　5―6　7　8―9　10　11　12　13　14

エ　1　2　3　4　5　6―7　8　9　10―11　12　13　14

問五　――部1について、「インターネットによる地理情報サービス」が「風景写真」に及ぼした影響を説明したものとして最も適切なものを、次のア～エの中から一つ選び、記号で答えなさい。

ア　風景がスキャンされ尽くしたことで多角的に活用できるデータベースが生まれた一方で、一般の利用者にとっては風景写真の利用がアーカイヴ上に限定されるようになったこと。

イ　データベースを使うことで風景写真を多様な角度から見られるようになり、一般の利用者によって追加された写真が巨大なアーカイヴとして蓄積されるようになったこと。

ウ　風景写真が巨大なデータベースに収集されることで多方面から注目されるようになり、一般の利用者によって蓄積された写真の巨大アーカイヴが初めて誕生したこと。

エ　企業が風景写真として撮影し始めた画像が人間の視点から見た形でデータベース化され、一般の利用者によるアーカイヴへの参加が従来と一線を画する形で拡大したこと。

問六　――部2「写真のふたつの代表的なジャンルが情報化社会の主役となった」とはどのようなことか。五十字以内で説明しなさい。

問七　――部3「こうした変化に、人間の記憶能力はもはやついていけない」のはなぜか。その理由を七十字以内で具体的に説明しなさい。

問八　――部4「筍というより竹林のようにして増えていった」とあるが、「筍」と「竹林」を並べた表現の効果を生徒に考えさせる際、どのような学習活動が考えられるか、具体的に書きなさい。

問九　――部5について、「廃墟」や「工場」の写真が「ブームとなった」のはなぜだと筆者は考えているか。本文の主旨を踏まえて百字以内で説明しなさい。

問十　次は、「高等学校学習指導要領」(平成30年3月告示)における指導事項の一部である。「書くこと」の授業(現代の国語)で、根拠を示す際、生徒にどのようなことを検討させるか、指導事項を踏まえて、具体的に書きなさい。

> 第1　現代の国語
> 2　内容　〔思考力、判断力、表現力等〕
> B　書くこと
> ウ　自分の考えや事柄が的確に伝わるよう、根拠の示し方や説明の仕方を考えるとともに、文章の種類や、文体、語句などの表現の仕方を工夫すること。

(☆☆☆◎◎◎)

【二】次の漢文を読んで、あとの問いに答えなさい。ただし、設問の都合上、送り仮名や返り点を省略したところや、表現を一部改めたところがある。

※公ノ於イテ※修ムルニ※唐書ヲ、最後ニ置キ※局ヲ、専ラ修ムル※紀志ヲ而已。※列伝ハ則チ※宋尚書祁(き)修メタリ也。朝廷以テ一書出デテ於※両手ニ体不ルヲ能ハ一ナル、遂ニ詔シテ公ニ※看詳シ列

伝、令刪修為一体。公雖受命、退而嘆曰、「宋公於我為前輩。且人所見多不同。豈可悉如己意。」於是一無所易。

及書成奏御、吏白、「旧制修書、只列書局中官高者一人姓名、云某等奉勅撰。而公官高、当書。」公曰、「宋公於列伝、用功深而為日久。豈可掩其名而奪其功乎。」於是紀志書公姓名、列伝書宋姓名。

此例皆前未有。自公為始也。宋公聞而喜曰、「自古文人不相譲、而好相淩掩。此事前所未聞也。」

（『宋名臣言行録』による）

（注）※公…欧陽脩のこと。字は永叔。
※修…書籍を編む。
※唐書…旧唐書を作り変えて作った新唐書をいう。
※局…修史局。
※紀志…紀伝体の史書における本紀と志。

※列伝…紀伝体の歴史で、人臣の伝記をつらね記した部分。
※宋尚書祁…宋祁のこと。字は子京。工部尚書となったのでいう。
※両手…二人の手。
※看詳…詳しく目を通す。
※删修…不用の文字を削って整理する。
※宋公…宋祁。
※奏御…天子に申しあげる。
※淩掩…人をしのぎ人の功をおおう。

問一　～～～部a～cの漢字の読みを、必要に応じて送り仮名を補って、すべてひらがなで書きなさい。ただし、現代仮名遣いで書くこと。

問二　═══部A「自」と同じ意味の「自」が用いられている四字熟語を、次のア～オの中から一つ選び、記号で答えなさい。

ア　悠々自適　　イ　茫然自失　　ウ　自家撞着　　エ　自今以後　　オ　無為自然

問三　───部1「遂詔公看詳列伝、令删修為一体」について、朝廷がこのような命令を出したのはなぜか。最も適切なものを、次のア～エの中から一つ選び、記号で答えなさい。

ア　欧陽脩に新旧の唐書の重複した内容を削除させることで、一冊にまとめようとしたから。
イ　欧陽脩と宋祁との間で記述の仕方が異なっているので、欧陽脩に統一させようとしたから。
ウ　宋祁が担当した列伝に一部誤った内容があったので、欧陽脩に訂正させようとしたから。

エ　欧陽脩と宋祁に協力して編纂作業をさせることで、組織の一体感を高めようとしたから。

問四　――部2「豈可悉如己意」を現代語訳し、――部5「所未聞也」をすべてひらがなで書き下しなさい。

問五　――部3「旧制」について、従来行ってきたことはどのようなことか。三十五字以内で書きなさい。

問六　――部4「宋公聞而喜曰」について、宋祁が喜んだのはなぜか。七十字以内で具体的に書きなさい。

問七　次は、「高等学校学習指導要領」(平成30年3月告示)国語の「第6　古典探究　1　目標」の一部である。空欄(　①　)、(　②　)にあてはまる適切な言葉を、それぞれ書きなさい。

> 第6　古典探究
>
> 1　目標
>
> 言葉による(　①　)を働かせ、言語活動を通して、国語で的確に理解し効果的に表現する資質・能力を次のとおり育成することを目指す。
>
> (1)　生涯にわたる社会生活に必要な国語の知識や技能を身に付けるとともに、我が国の(　②　)に対する理解を深めることができるようにする。

(☆☆☆◎◎◎)

解答・解説

【中高共通】

【二】問一　a　はりまのかみ　b　むご　c　かんだちめ　問二　A　オ　B　ス　問三　1　早朝　2　突然　5　むこう　問四　あらかじめ門を開けておいたり、客が来訪したらすぐに門を開けたりする(三十三字)　問五　日も次第に高く昇って、どうしておもてなしがなくてすみましょうか、いや、すみはしません　問六　ア　問七　十分なもてなしができないように思わせておきながら、見事なもてなしをすることで師実と師信を驚かせようとする意図。

〈解説〉問一　a　播磨は現在の兵庫県西部に当たる。　b　「無期(むご)」は、長期間にわたること、いつ終わるか分からないことを意味する。　c　「上達部」は摂政や関白など、および三位以上の貴族を指す。
問二　A　「つかまつる」は、お仕えする、致すという意味の謙譲語。話者である師信から主である師実への敬意を表す。　B　この「侍り」は丁寧語の補助動詞。話者である俊綱から聞き手の師信への敬意を表す。
問三　1　「つとめて」(名詞)は、早朝、翌朝を意味する。　2　「にはかなり」(形容動詞)は、急に、突然という意味。　5　古文の「あなた」(代名詞)は、あちら、むこう、を意味する。　問四　普通の人は「もとより開け設け、またとりあへず急ぎ開け」るものだが、俊綱は雪を踏み荒らさないために、わざわざ時間をかけたのである。　問五　この「いかでか」は「どうして…か、いや、そんなはずはない」という反語の意味。
問六　「にはかに行きて見む」と前触れなしに訪問したのに、素晴らしいもてなしだったので「夢のお告げでもあったのか」と尋ねたのである。　問七　7は「どうして、このような山里で、このような場合に備えていないわけがありましょうか」という意味。おもてなしできそうにない、と言っておきながら完璧な応対をすることで、来客を驚かせようとしたのである。

【中学校】

【二】問一　a　迎　b　郊外　c　郷愁　問二　オ　問三　いい加減に扱うこと。物事をなおざりにすること。から一つ　問四　ウ　問五　イ　問六　風景写真と肖像写真が、共有財産としてさまざまな場面で利用され、情報化社会のインフラになったこと。（四十八字）　問七　かつての風景を思い出せないほど、町をまるごと建て直すような大規模で急激な都市再開発と、画一的な都市風景の出現とが世界規模で進行しているから。（七十字）　問八　「筍」と「竹林」が対比的な表現であることに触れて、それぞれから連想する建物の様子の違いを生徒に話し合わせる。　問九　風景の画一化とヴァーチャル化が進む中、物理的な手応えを持つ廃墟や工場の殺風景さが、異質さやリアルを取り戻したいという日本人の欲求を満たし、等質な世界が生み出す息苦しさから逃れさせてくれるから。（九十六字）　問十　客観性や信頼性の高い資料を選んでいるか。

〈解説〉問二　「変貌」は「貌を変ずる」、「企業」は「業を企てる」のように、後の漢字の意味が前の漢字の目的になっている構成の熟語。　問三　「等閑」は「なおざり」とも読み、いい加減なさまを意味する。　問四　第一段落から第五段落までは「情報化社会における写真」、第六段落から第八段落までは「都市の変容と風景」、第九段落から第十四段落までは「ブームとなった風景写真」について、それぞれ論を展開している。　問五　傍線部1について説明されている、第二段落に注目する。　問六　第四段落では風景写真、第五段落では肖像写真が、それぞれ社会インフラ化したことについて述べられている。　問七　「こうした変化」について、同じ第七段落で述べられている。この内容をまとめる。　問八　筍は竹の若芽であること、「筍」「竹林」からそれぞれどのような都市の様子がイメージされるかを考えて、授業に生かすことにつなげる。　問九　廃墟と工場はともに「殺風景」であること、風景の「物理的な手応え」を感じさせる場所であることが、第十三・十四段落で述べられている。　問十　表現の仕方を考える際に、目的や意図、題材に合わせ、第3学年までに学習した表現に係る様々なことを活用しながら工夫することが重要である。表現の仕方を選んだり、外部の資料を引用したりすることで、より分かりやすく伝えることができる。外部の資料を適切に引用するためには、客観性や信頼性の高い資料を選んで用い、自分の考えの根拠としてふさわしいかどうかを検討する。

【二】問一　a　あたわず　b　こたえて　c　ここにおいて　問二　置き字　問三　A　ア　B　エ　問四　臣得㆘従㆓龍逢・比干㆒遊㆗於地下㆖足矣。　問五　未だ聖朝の如何を知らざるのみ　問六　ウ　問七　壊れた手すりを残しておくことで、国を思って命がけで帝に直言した家臣のことを後世に語り継ぎたいから。(四十九字)　問八　音読や暗誦を行って古典特有のリズムを感じられるようにする。

〈解説〉問一　a　歴史的仮名遣いでは「あたはず」。　b　「こたえる」は「対」の表外読みの一つ。　c　「是に於いて」は、この時に、こういうわけで、といった意味。　問二　「而」「焉」「矣」なども置き字である。　問三　ここでの「臣」は一人称であり、それぞれの話者を指す。　問四　一二点を挟んでさらに返って読む場合は上下点を用いる。　問五　「未」は「いまだ…ず(ざる)」と読む再読文字。「何如」は「いかん」、「耳」は「のみ」と読む。　問六　辛慶忌は、処刑されそうになった雲のために命乞いをしている。　問七　命がけで帝をいさめようとした雲が手すりにしがみついたため、その手すりがこわれた。帝は雲の忠義を語り伝えるために、こわれた手すりを残すよう命じたのである。　問八　中学校学習指導要領の当該項目(第一学年　ア)に「音読に必要な文語のきまりや訓読の仕方を知り、古文や漢文を音読し、古典特有のリズムを通して、古典の世界に親しむこと」とあるのを生かすとよい。

【高等学校】

【二】問一　a　迎　b　郊外　c　郷愁　問二　オ　問三　いい加減に扱うこと。物事をなおざりにすること。から一つ　問四　ウ　問五　イ　問六　風景写真と肖像写真が、共有財産としてさまざまな場面で利用され、情報化社会のインフラになったこと。（四十八字）　問七　かつての風景を思い出せないほど、町をまるごと建て直すような大規模で急激な都市再開発と、画一的な都市風景の出現とが世界規模で進行しているから。（七十字）　問八　「筍」と「竹林」が対比的な表現であることに触れて、それぞれから連想する建物の様子の違いを生徒に話し合わせる。　問九　風景の画一化とヴァーチャル化が進む中、物理的な手応えを持つ廃墟や工場の殺風景さが、異質さやリアルを取り戻したいという日本人の欲求を満たし、等質な世界が生み出す息苦しさから逃れさせてくれるから。（九十六字）　問十　文章で示すのと、図表やグラフを用いて示すのとでは、根拠の示し方としてどちらが適切か。

〈解説〉問二　「変貌」は「貌を変ずる」、「企業」は「業を企てる」のように、後の漢字の意味が前の漢字の目的になっている構成の熟語。　問三　「等閑」は「なおざり」とも読み、いい加減なさまを意味する。　問四　第一段落から第五段落までは「情報化社会における写真」、第六段落から第八段落までは「都市の変容と風景」、第九段落から第十四段落までは「ブームとなった風景写真」について、それぞれ論を展開している。　問五　傍線部1について説明されている、第二段落に注目する。　問六　第四段落では風景写真、第五段落では肖像写真が、それぞれ社会インフラ化したことについて述べられている。　問七　「こうした変化」について、同じ第七段落で述べられている。この内容をまとめる。　問八　筍は竹の若芽であること、「筍」「竹林」からそれぞれどのような都市の様子がイメージされるかを考えて、授業に生かすことにつなげる。　問九　廃墟と工場はともに「殺風景」であること、風景の「物理的な手応え」を感じさせる場所であることが、第十三・十四段落で述べられている。　問十　このウは、自分の考えや事柄が的確に伝わるよう、根拠の示し方や説明の仕方を考え、文章の種類や、文体、語句などの表現の仕方を工夫することを示している。根拠の示し方には、文章で示すか図表やグラフを用いて示すかといった、示す方法に関することと、自分の実体験に基づくか、聞き書きなど他者の体験の引用によるか、新聞等で得られた情報を利用するかといった情報の種類に関わることの両方が含まれている。想定する読み手や伝えたい情報の種類などを検討し、最もふさわしい方法を選択する必要がある。

【二】問一　a　のみ　b　ここにおいて　c　り　問二　エ　問三　イ　問四　2　どうしてすべてを自分の思い通りにできようか、いや、できない　5　いまだきかざるところなり　問五　歴史書を編纂する際は、書局の高位の者一名の名前だけを代表して記すこと。(三十五字)　問六　文人は他人の功績を隠しがちなのに、欧陽脩が宋祁の書いた列伝を書き直さず、列伝に宋祁の姓名を記すという、宋祁の功績を評価する行動をとったから。(七十字)　問七　①　見方・考え方　②　伝統的な言語文化

〈解説〉問一　a　「而已」以外に「耳」も「のみ」と読む。b　「是に於いて」は、この時に、こういうわけで、などの意味。　c　「吏」は役人を意味する。　問二　「自」には「みずから」のほか「時間や場所の起点」という意味がある。　問三　1の直前に「一書両手に出でて一なるあたはざる」とある。欧陽脩と宋祁の二人で『新唐書』を編纂した結果、統一がとれていなかったので欧陽脩に修正を命じたのである。

問四　2　「豈に悉く己が意のごとくすべきや」と訓読する。「豈」は「どうして…できようか、いや、できない」という反語を作る。　5　「未」は「いまだ…ず(ざる)」と読む再読文字。　問五　「旧制」に続く吏の言葉を簡潔にまとめる。　問六　列伝に宋祁の姓名を記すという欧陽脩の行動と、それを喜んだ宋祁の言葉の内

容を簡潔にまとめる。　問七　「古典探究」は、共通必履修科目「言語文化」により育成された資質・能力のうち、「伝統的な言語文化に関する理解」をより深めるため、古典の重要性を理解し、自分と自分を取り巻く社会にとっての古典の意義や価値について探究する資質・能力の育成を重視して新設した選択科目である。

二〇一九年度　実施問題

【中高共通】

【一】次の文章を読んで、あとの問いに答えなさい。なお、[1]～[11]は、それぞれの段落の番号を表している。

[1] 現在のマス・メディアが、※クラウスが直接対峙(たいじ)していたものと同様の影響力をもっていないという見方は、多分に疑わしい。自分の主張として他者の言葉をそのまま反復することは、まさにソーシャル・メディア・サービスの恩恵を受ける現在の方が遙(はる)かに簡単である。実際、いま急速に拡大しているのは、他者の言葉に対する何の留保もない相乗りと反復に過ぎないのではないか。秒単位のタイムスタンプが押された言説がリアルタイムで無数に流れる状況にあっては、言葉を発する方も受ける方も、自他の言葉に耳を澄ますどころか、時間に追い立てられ、タイミングよく言葉を流す即応性に支配されているのではないか。「リツイート」や「シェア」等の反射的な引用・拡散や、「いいね」等の間髪入れない肯定的反応のaルイセキがもたらすのは、それによって単に重量を増した言葉が他の言葉を押しのけるという力学であり、かつてない速度と規模をもつデマや煽動(せんどう)の生産システムではないのか。称賛も非難も、議論や煽(あお)り合いも、結局のところ常套句(じょうとうく)(あるいは、それよりさらに寿命が短く適用範囲の狭い流行語)の使用へと硬直化し、その反復や応酬の勢いと熱量が、物事の真偽や価値の代用品となってしまっているのではないか。そうして、我々が向かおうとしているのは、重量と勢いと熱量のある声への――その声を代表する誰かへの――「迷い」なき同調と一体化の空間なのではないか。つまり、我々は結局、誰かに対して、マス・メディアを介することすらなく、じかに身を任せるように

なりつつあるだけではないか。否、むしろ我々は、誰かですらないような、空気や雰囲気や流れといった曖昧な何かに、じかに融け込みつつあるだけではないのか。

2 これらの問いすべてにイエスと答えることは、あまりにシニカルで悲観的に過ぎるだろう。情報技術の革命的な進歩と、それを個々人に開放するプラットフォームの整備と、それと共に立ち現れてきた社会の新たな様相に対して、不信を振り撒いているだけなのかもしれない。しかし、これらの問いを杞憂と言い切ることもできないはずである。誰しも自分の話す言葉に耳を傾け、自分の言葉について思いを凝らし始めなければならない、というクラウスの呼びかけは、まさにいま現在の我々に突きつけられていると言えるだろう。

3 では、我々がこの呼びかけに応えるとすれば、具体的に何をすべきなのだろうか。他者の言葉を全く反復せず、常套句を一切使用しないようにすべきなのだろうか。

4 言うまでもなく、そのようなことは不可能だ。クラウスも、詩人が生み出すような新奇な言葉を日々常に繰り出すことを勧めているわけではない。彼は、「慣用表現の活性化」ないし「決まり文句の鮮度を高めること」を促している。これは大きく分けて二つの事柄を指していると思われる。順に見ていこう。

5 まずひとつは、使い古された言葉が湛える奥行き――様々な言葉やイメージや思考を喚起する可能性――に対して改めて意識的になる、ということである。たとえば、「やばい」という言葉は、現在の日本において多くの場合常套句として濫用されている言葉だと言えるだろう。しかし、常にそうであるわけではない。確かに、いま若い世代の人々は、たとえば食事をしているとき、「かなり旨い」や「すごく美味しい」、「絶妙な風味だ」、「大変オツだ」などとも表現できる場面でしばしば、「やばい」と言う。しかし、こうした用法は必ずしも、多様な言葉を押し潰して平板化させ、実際にはやばくない(危険や不都合が予測されない)現実を歪めている、とは限らない。むしろ、「危険や不都合が予測される」という原義を響かせつつ、「恐ろしいほど旨い」、「取り乱しそうなほど旨い」、「旨すぎて、はまってしまいそう」といった微妙なニュアンスを帯びたかたちで、「やばい」が用いられている場合もある。

6 肝心なのは、この言葉を用いる者自身がそうしたニュアンスに自覚的になれるかどうかである。たとえば、何気なく「これやばい!」と言ったとしても、仮に他人から「いま『やばい』ってどういう意味で言ったの?」と聞かれたとして、いま挙げたようなニュアンスを説明できるのであれば、そのときに用いた「やばい」は常套句ではない。あるいは、そのように明確に言葉にできなくとも、「かなり旨い」や「すごく美味しい」ではどうもしっくりこない、ここでは「やばい」がぴったりだ、という風に感じられるのなら、その場合の「やばい」は常套句とは[B]一線を画している。つまり、[3]そうした場合の「やばい」は、「危険だ」「不都合だ」「恐ろしい」「取り乱しそう」「はまってしまいそう」といった多面性をもった言葉として——他の言葉には置き換えきれない独特の表情をもつ生き生きとした言葉、鮮度の高い言葉として——活性化しうるのである。

7 また、決まり文句の鮮度を高めるというのは、言葉が用いられてきた型通りの仕方を踏まえ、その型を破る、ということも[b]ガンイしているだろう。すなわち、すっかり常套句と化したような無表情な言葉であっても、それをこれまでとは異なる文脈のなかに置いたり、別の様々な言葉と組み合わせたりすることによって、再び生き生きとした表情を宿らせることができる、ということである。

8 たとえば、「最近の若者は……」とか[4]「若者の○○離れ」といった言い回しがたいていの場合平板な常套句であるのは、人々が現にそのように使っているからである。具体的には、当該の問題が若い世代だけではなく明らかに全世代に当てはまるものであるのに(低いマナー、公共空間での暴力、等々)、「最近の若者はマナーが悪い」などと言ったり、あるいは、当該の事物の意味や社会的な位置づけなどが時代と共にかなり変化しているにもかかわらず(車の所有、飲み会、等々)、「若者の深刻な車離れ」などと言う、といった具合である。それは、「若者」と括(くく)られる人々が実際にはどれほど多様な生活を送っているかに連想や想像を広げることなく、手っ取り早く一纏(ひとまと)めにして思考停止し、その単純化されたまがい物の「現実」を嘆いたり批判したりしているに過ぎない。

9 言葉を曖昧に空虚に振り回し、現実を歪めるような、こうした常套句の使用に対して、たとえば絶妙な切り返しがなされているのが、「若者の深刻な犯罪離れ」という言葉である。この言葉は、現実を歪めるのではなく、逆に、現実を突きつけることによって、「若者の○○離れ」という常套句を逆手にとり、むしろこの言葉を活性化させている。たとえば、この言葉から我々は、実際には若年層の凶悪犯罪は以前よりも減少していることや、にもかかわらず、「近頃は若者の凶悪犯罪が増加している」という印象論が蔓延(はびこ)っていることなどを想起できるだろう。また、それをきっかけに、若年層に対する見方や世代論のあり方などについて再考していくことができるだろう。

10 こうした「型破り」な言葉の使用に顕(あらわ)れているのは、知らずと固定化されている一面的な見方をずらすということ、いまの見方を相対化し、別の見方を重ねてみせるということである。それは c トウスイではなく諧謔(かいぎゃく)と批判(クリティーク)の精神であり、ユーモアやウイット、エスプリ※、機転、皮肉、諷刺(ふうし)、等々と呼ばれる精神である。

11 型を破るためには、まず型を身につけなければならない。生ける最大の文化遺産としての言語を継承し、複雑に絡み合う語彙に馴染(なじ)み、自分のものにすること、そのために無数の語彙とともに長く生活を送り、無数の言語的実践に参与することが、まずもって不可欠である。そのうえで、個々の言葉の表情や響きの違いをあらためて吟味し、様々な連想を喚起する力のある生きた言葉をたぐり寄せる必要がある。クラウスの勧める〈言葉の実習〉とは、こうした営みの全体を指していると言えるだろう。

（古田徹也『言葉の魂の哲学』による。ただし一部に省略等がある。）

※　クラウス…オーストリアの作家（一八七四―一九三六）。ナチズムや当時の新聞ジャーナリズムを批判した。

※　エスプリ…機知。才知。

問一　＝＝部a～cのカタカナをそれぞれ漢字で書きなさい。漢字は楷書で丁寧に書くこと。

問二　――部A「濫用」と熟語の構成が同じものを、次のア～オの中から一つ選び、記号で答えなさい。

ア　慶弔　　イ　激増　　ウ　歓喜　　エ　市営　　オ　匿名

問三　――部B「一線を画している」の意味を文脈に即して説明しなさい。

問四　――部1「これらの問い」の内容を次のような形で整理したとき、空欄［Ⅰ］、［Ⅱ］に入る適切な言葉を、本文の言葉を用いて、それぞれ十字以内で書きなさい。

> 他者の言葉を［Ⅰ］することが容易になった現在、反射的な引用・拡散などによって影響力を増した言葉が生み出す雰囲気や流れに［Ⅱ］するようになりつつあるのではないか。

問五　［3］の段落が文章中で果たしている役割を説明したものとして最も適切なものを、次のア～エの中から一つ選び、記号で答えなさい。

ア　前段落の内容を受けて読者に問題を投げかけ、クラウスの説の紹介と具体的な解説へとつなげる役割。

イ　前段落の内容に対して読者に向けて疑義を呈し、クラウスの説への反論と自説の展開へとつなげる役割。

ウ　前段落の内容から一転して全く異なる話題を提示し、クラウスによる解決策の紹介へとつなげる役割。

エ　前段落の内容をふまえて自説に反する意見を示し、クラウスが提示する具体例の紹介へとつなげる役割。

問六　——部2「常套句」の説明として最も適切なものを、次のア～エの中から一つ選び、記号で答えなさい。

ア　若い世代が語義を変えて使用した結果、原義とは異なる意味が付与された言葉。

イ　何気なく使ってはいるが、その背後に自分なりの強いこだわりが隠された言葉。

ウ　他の言葉でも表現できるのに、多様な場面で無自覚に使用される型通りの言葉。

エ　型にはまった使われ方をしていても、奥行きがあり様々なイメージを持つ言葉。

問七　——部3「そうした場合」とは、どのような場合か。八十字以内で書きなさい。

問八　——部4について、「若者の○○離れ」などの「常套句」を使うことの問題点は、どのような点か。「若者の深刻な車離れ」の例に即して、八十字以内で説明しなさい。

問九　〰〰部について、「『慣用表現の活性化』ないし『決まり文句の鮮度を高めること』」とは、どうすることか。本文の主旨を踏まえて八十字以内で説明しなさい。

問十　次は、「中学校学習指導要領」(平成20年3月告示)及び「高等学校学習指導要領」(平成21年3月告示)における指導事項の一部である。「話すこと・聞くこと」の授業(中学校は第3学年、高等学校は国語総合)で、「社会生活の中の話題について意見を述べる」という言語活動を行う際、どのような授業を行うか。指導事項を踏まえて、具体的に書きなさい。

中学校　国語〔第3学年〕
A　話すこと・聞くこと
ア　社会生活の中から話題を決め、自分の経験や知識を整理して考えをまとめ、語句や文を効果的に使い、資料などを活用して説得力のある話をすること。

高等学校　第1　国語総合
A　話すこと・聞くこと
ア　話題について様々な角度から検討して自分の考えをもち、根拠を明確にするなど論理の構成や展開を工夫して意見を述べること。

（☆☆☆◎◎◎）

【二】次の文章は、藤原清輔が著した『袋草紙』で「数奇者（風流に強く執着する人）」たちの逸話が書かれた箇所である。これを読んで、あとの問いに答えなさい。

南院は輔親（すけちか）卿の家なり。月を見んが為に、寝殿の南庇（みなみひさし）を差さずと云々。懐円が「池水は[1]天の川にやかよふらん」とよむは、この所において詠むなり。月の明き夜、歩行（かち）にて行き向へるに、夜更けて人も寝ぬらんと思ふに、寝殿の南面に輔親一人月を見て[a]居て、時に相互に興に乗じてこの歌を詠み、[2]暁更に帰ると云々。

加久夜（かくや）の長（をさ）の帯刀節信（たちはきときのぶ）は数奇者なり。初めて能因に逢ひ、相互に感緒有り。能因云はく、「今日見参の引出物に見るべき物[A]侍り」とて、懐中より錦の小袋を取り出だす。その中に鉋屑(かんなくづ)一筋有り。示して云はく、「これは吾が重宝なり。※長柄の橋造るの時の鉋くづなり」と云々。時に節信喜悦甚だしくて、また懐中より紙に嚢(つつ)める物を取り出だす。これを開きて見るに、※かれたるかへるなり。「これは※井堤(ゐで)の蛙(かはづ)に侍り」と云々。共に感歎しておのおのこれを懐にし、退散すと云々。[3]今の世の人、※嗚呼と称すべきや。

源経兼(つねかね)下野守にて国に[b]在るの時、ある者※便書(びんしょ)を持ちて国府に向ふ。叶はざるの間、[4]術なきの由なんど云ひて、[5]はかばかしきこともせず。冷然として出でて一、二町ばかり行くを、更によびかへしければ、不便なりとて然るべき物など賜ふべきかと思ひて、なまじひに帰り来るに、経兼云はく、「あれ見給へ、※室の八嶋はこれなり。都にて人に語り給へ」と云ふ。[6]いよいよ腹立つ気有りて出で了(おは)んぬと云々。

河内の重如(しげゆき)は山次郎判官代と号す。下賤の者なり。而るに吾より高き女を思ひかけて、艶書を書きて自ら持ち来りてこれを[B]奉る。その状に云はく、

[7]人づてはちりもやすると思ふまにわれがつかひにわれがきたるぞ

女、感歎して身を任すと云々。月夜には河内の国より夜ごとに住の江に行きて夜をあかすと云々。古への歌仙は皆すけるなり。然れば能因は人に、「すき給へ、すきぬれば秀歌はよむ」とぞ申しける。

(注)

※　長柄の橋…淀川の支流の長柄川にかかる橋で、歌枕として著名。

※　かれたるかへる…干からびた蛙。

※　井堤…山城国の歌枕。いまの京都府綴喜郡井手町。

※　嗚呼…ばかげたこと。

※　便書…書状。
※　室の八嶋…下野国の歌枕。いまの栃木市。

問一　〰〰部a「居」、〰〰部b「在る」について、活用の種類と活用形を例にならってそれぞれ答えなさい。

例　「行く」　カ行四段活用・終止形

問二　‖部A「侍り」、‖部B「奉る」の敬語の種類と敬意の方向の組み合わせとして最も適切なものを、Aはア～カ、Bはサ～タの中からそれぞれ一つずつ選び、記号で答えなさい。

A
ア　尊敬語　能因から節信　　イ　謙譲語　能因から節信　　ウ　丁寧語　能因から節信
エ　尊敬語　筆者から節信　　オ　謙譲語　筆者から節信　　カ　丁寧語　筆者から節信

B
サ　尊敬語　重如から女　　シ　謙譲語　重如から女　　ス　丁寧語　重如から女
セ　尊敬語　筆者から女　　ソ　謙譲語　筆者から女　　タ　丁寧語　筆者から女

問三　――部1の現代語訳として最も適切なものを、次のア～エの中から一つ選び、記号で答えなさい。

ア　天の川に通っていてほしい
イ　天の川に通っているのだろうか
ウ　天の川に通っているにちがいない
エ　天の川には通っていないだろう

問四　――部2「暁更に帰る」、――部5「はかばかしきこともせず」の主語を、本文中よりそれぞれ抜き出しなさい。

問五　――部3について、筆者がこう感じたのは、節信や能因の、どのような点に対してか。五十字以内で答えなさい。

問六　――部4「術なきの由」の本文中の意味を答えなさい。

問七　――部6とあるが、「ある者」が「いよいよ」腹を立てたのはなぜか。七十字以内で説明しなさい。

問八　――部7の和歌の解釈として最も適切なものを、次のア～エの中から一つ選び、記号で答えなさい。

ア　人を頼りにしていたのではこの恋も終わってしまうのではないかという不安をよそに、わたしの使いがわたしのことを導いてくれたのです。

イ　人から伝え聞いただけで慕っていくあなたへの思いのため、使いを出すことさえもどかしく、使いより先にわたしが来てしまったのです。

ウ　人からもれ聞いただけのあなたに恋い焦がれる気持ちをお伝えしたいので、使いの者についてわたしの元へどうか会いに来てほしいのです。

エ　人を介したのではもれるかもしれないと心配なものですから、あれこれ思っている間に、わたしの使いにわたし自身がやって来たのです。

（☆☆☆◎◎◎）

【中学校】

【一】次の漢文を読んで、あとの問いに答えなさい。ただし、設問の都合上、〈本文〉においては送り仮名や返り点の省略、一部の改変がある。〈現代語訳〉においても一部の省略や改変がある。

〈本文〉

季孫相魯、子路為郈令。魯以五月起衆、為長溝。当此之為、
子路以其私秩粟為漿飯、要作溝者於五父之衢而餐之。孔
子聞之、使子貢往覆其飯、撃毀其器曰、「魯君有民、子奚為
乃餐之。」子路怫然怒、攘肱而入、請曰、「夫子疾由之為仁義
乎、所学於夫子者仁義也、仁義者与天下共其所有、而同其
利者也、今以由之秩粟而餐民、不可何也。」
孔子曰、「由之野也、吾以女知之、女徒未及也、女故如是之
不知礼也、女之餐之、為愛之也。夫礼、天子愛天下、諸侯愛境
内、大夫愛官職、士愛其家、過其所愛曰侵。今魯君有民、而子
擅愛之、是子侵也、不亦誣乎。」言未卒、而季孫使者至、譲曰、「肥
也起民而使之、先生使弟子令徒役而餐之、将奪肥之民耶。」
孔子駕而去魯。

（『韓非子』による）

（注）
※子路…孔子の弟子。名は由。　※郈…地名。　※子貢…孔子の弟子。
※肥…季孫の本名。　※徒役…人夫。

〈現代語訳〉

魯で季孫が宰相のとき、子路が郈の代官になった。その年の五月に朝廷は人民を召集して長い堀川を造った。この工事の際に子路は己の俸禄の穀物で飯と酒をつくり、五父の辻という所に出迎えて、その堀川を造る人々にふるまった。孔子はそれを聞きつけると、すぐ子貢を五父の辻にやって、その飯をひっくりかえし、器物を打ち壊して、言わせた、「（　省略　）」と。子路はむらむらと腹を立て、孔子のもとに押しかけ、袖をまくりながら入って、（　省略　）言うには、「先生は私が仁義を行うのを憎みなさるのか、先生に学んでおることは仁義です、（　省略　）、いま私が己の禄米を出して民に食わせるのに、それがいけないとは（　省略　）」と。

孔子は答えた、「由の粗雑なことよ。（　省略　）それを仁義などと言うのはとんでもないことだ」と。そして孔子がそう言いも終えぬうちに季孫から使者が来た。そして責めて言うには、「（　省略　）」と。そこで孔子は早速馬車のしたくをして魯から立ち退いたのである。

問一　～～～部a～cの漢字の読みを、必要に応じて送り仮名を補って、すべてひらがなで書きなさい。ただし、現代仮名遣いで書くこと。

問二 ═══部A、Bの助字「於」の文中での意味として最も適切なものを、次のア～オの中からそれぞれ一つずつ選び、記号で答えなさい。

ア 対象　イ 場所　ウ 比較　エ 範囲　オ 受身

問三 ――部1「子奚為乃餐之」、――部3「吾以女知之」について、「之」の内容を明らかにしながらそれぞれ現代語訳しなさい。

問四 ――部2「仁義」について、子路の考える「仁義」とはどのようなことか。三十字以内で書きなさい。

問五 ――部4「女故如是之不知礼也」について、孔子が子路の行為を「不知礼」と考えるのはなぜか。その理由として最も適切なものを、次のア～エの中から一つ選び、記号で答えなさい。

ア 自分が可能な限り広い範囲の相手を愛することが礼であるのに、子路の行為は特定の範囲の者だけを愛する行為であるから。

イ 自分が可能な限り広い範囲の相手を愛することが礼であるのに、子路の行為は孔子が愛すべき範囲をせばめる行為であるから。

ウ それぞれが定められた範囲の者を愛することが礼であるのに、子路の行為は自分が愛すべき範囲を放棄する行為であるから。

エ それぞれが定められた範囲の者を愛することが礼であるのに、子路の行為は他の者が愛すべき範囲に踏み込む行為であるから。

問六 ――部5「季孫使者至、譲曰」について、季孫が使者を通じて孔子に訴えようとしたのは、どのようなことか。簡潔に答えなさい。

問七 次は、「中学校学習指導要領」(平成20年3月告示)国語における第3学年の「2 内容」の〔伝統的な言語文化と国語の特質に関する事項〕の一部である。空欄（①）・（②）にあてはまる適切な言葉を、それぞれ書きなさい。

ア　伝統的な言語文化に関する事項

（ア）（①）などに注意して古典を読み、その世界に親しむこと。

（イ）古典の一節を（②）するなどして、古典に関する簡単な文章を書くこと。

（☆☆☆◎◎）

【高等学校】

【一】次の漢文を読んで、あとの問いに答えなさい。ただし、設問の都合上、送り仮名や返り点を省略したところや、表現を一部改めたところがある。

※晏子使于魯、比其返也、景公使国人起※大台之役、※歳寒不已。※凍餒之者郷有焉、国人望晏子。晏子至、已※復事。公延坐、飲酒楽。晏子曰、「君 a若賜臣、1臣請歌之。」歌曰、「庶民之言曰、凍水洗我、若之何。※太上※靡散我、若之何。」歌終、※喟然歎而流涕。公就止之曰、「b夫子曷為至此。殆為大台之役

夫。[2]寡人将速罷之。」晏子再拝、出而不言、遂如大台、[A]執朴鞭其不務者曰、「吾細人也、皆有蓋廬、以避燥湿。君為壱台而不速成、何為。」国人皆曰、「[3]晏子助天為虐。」晏子帰、未至、而君出令趣罷役。車馳而人趨。

仲尼聞之、喟然歎曰、「古之善為人臣者、声名帰之君、禍災帰之身。入則切磋其君之不善、出則高誉其君之徳義。[C]是以[4]雖事惰君、能使垂衣裳、朝諸侯、不敢伐其功。[5]当此道者、其晏子是耶。」

（『晏子春秋』による）

（注）※晏子…晏嬰。春秋時代の斉の名臣。　※大台之役…大きな楼台を造営する労役。
※歳寒…寒い季節。　※凍餒…凍え飢える。　※復事…復命する。　※太上…景公のこと。
※靡散…滅ぼすこと。　※喟然…深いため息をつく。　※朴…樹皮のついたままの木。
※細人…つまらない人。　※蓋廬…住まい。　※燥湿…乾燥や湿気。

※車馳而人趨…伝令の乗った車や人々でごった返すこと。　※仲尼…孔子のこと。
※垂衣裳、朝諸侯…ことさらなことをせずとも諸侯が慕い寄るように朝貢してくることをいう。理想的な君主のあり方のこと。
※伐…誇る。

問一　〰〰部a～cの漢字の読みを、必要に応じて送り仮名を補って、すべてひらがなで書きなさい。ただし、現代仮名遣いで書くこと。
問二　══部A「執」と同じ意味の「執」が用いられている熟語を、次のア～オの中から一つ選び、記号で答えなさい。
ア　執着　　イ　執事　　ウ　執筆　　エ　執行　　オ　執念
問三　――部1「臣請歌之」を現代語訳し、――部4「雖事惰君」をすべてひらがなで書き下しなさい。
問四　――部2「寡人将速罷之」について、景公の発言した内容を説明したものとして最も適切なものを、次のア～エの中から一つ選び、記号で答えなさい。
ア　晏子がすぐにでも宰相の座を辞任すべきだということ。
イ　景公が今すぐに工事を中止すると決断したということ。
ウ　晏子が今にも物見台を完成させるであろうということ。
エ　景公が晏子に早く工事を終えるよう命じたということ。
問五　――部3「晏子助天為虐」について、国民がこのように言ったのはなぜか。国民の晏子に対する心情の変化を踏まえて、五十字以内で書きなさい。

問六　――部5「当此道者、其晏子是耶」とあるが、孔子は、晏子のどのような点を高く評価していると考えられるか。晏子の具体的な行動を取り上げて、六十字以内で書きなさい。

問七　次は、「高等学校学習指導要領」(平成21年3月告示)国語の「第6　古典B　2　内容」の一部である。空欄(　①　)、(　②　)にあてはまる適切な言葉を、それぞれ書きなさい。

> 第6　古典B
> 　2　内容
> 　　(1)　次の事項について指導する。
> 　　ウ　古典を読んで、人間、社会、自然などに対する思想や感情を的確にとらえ、ものの見方、(　①　)、考え方を豊かにすること。
> 　　エ　古典の内容や表現の特色を理解して読み味わい、(　②　)について考察すること。

(☆☆☆◎◎◎)

解答・解説

【中高共通】

【一】問一　a　累積　b　含意　c　陶酔　問二　イ　問三　はっきりと区別されている　問四　Ⅰ　自分の主張として反復　Ⅱ　迷いなく同調し一体化　問五　ア　問六　ウ　問七　言葉の使用者が、言葉にもたせている意味の微妙な違いを説明できたり、使う場面にぴったりだと感じられたりするなど、言葉のニュアンスに自覚的になっている場合。（七十六字）　問八　車を所有する意味や社会的な位置づけが変化しているのに、実際の若者の多様な生活に連想や想像を広げることなく思考停止し、現実を歪めてとらえることにつながる点。（七十六字）　問九　使い古された言葉のもつ多面性を改めて意識したり、型通りの仕方とは異なる用い方をして別の見方を再考したりすることで、言葉に生き生きとした表情を宿らせること。（七十七字）　問十　新聞記事の中から共感したり疑問をもったりした話題を選び、その話題についての自分の考えを、記事を引用して話したり、根拠となる資料を提示したりしながら発表し合う。

〈解説〉問一　漢字は文意に整合するように書くこと。「含意」は、「表面に現れない意味を含みもつこと。」という意味。　問二「濫用」は、修飾・被修飾の関係である。アは対語関係、イは修飾・被修飾関係、ウは類語関係、エは主語・述語関係、オは述語・目的語関係になっている。　問三「一線を画している」とは、「はっきりとした区別をつける」ことをいう。　問四「これらの問い」を冒頭から追って整理すると、①他者の言葉に対する相乗りと反復の拡大、②秒単位のタイムスタンプが押された言説がリアルタイムで無数に流れる状況での言葉の世界での即応性、③常套句の使用と硬直化、④重量と勢いと熱量のある声への迷いない同調と一体化、等である。　問五　3段落は「では、～すべきなのだろうか。」と疑問の形になっており、それ後の4

段落でクラウスの説を紹介し、その説を具体例を挙げて解説している。波線の「慣用表現の活性化」ないし、「決まり文句の鮮度を高めること」の促進を述べたクラウスの考えを、筆者は二つの事柄に分けて説明を加えているのである。　問六「常套句」とは、「いつも用いていて、ありふれている型通りの言葉のこと」をいう。本文では、「やばい」という言葉が、他の言葉に代わって濫用されていることを例示している。

問七「そうした場合」の指示する内容は、言葉の使用者が言葉の微妙なニュアンスを自覚的に使用している場合である。文中では、「やばい」についての言葉のニュアンスを説明できたり、自分の使った「やばい」という表現が適切と感じられたりする場合が例示されている。　問八「若者の深刻な車離れ」が今日、平板な常套句になっているのは、若者の実際の生活への連想や想像を広げることなく、しかも。車所有の意味や社会の位置づけが時代とともに変化しているにもかかわらず思考が停止し、現実を歪めているからである。車社会の現代、「車」に関する問題以外の様々な問題も全世代に当てはまることを踏まえての筆者の主張である。

問九「慣用表現の活性化」については、5・6段落を要約すること。「決まり文句の鮮度を高めること」は、7段落以降を要約する。前者は、使い古された言葉に対して、その含蓄の深さや多面性に改めて意識的になることで、慣用表現(常套句)を活性化しうることを述べている。また、後者では、型通りの仕方を踏まえて、その型を破ることで「決まり文句」に鮮度を高める(生き生きとした表情を与える)ことができる。「決まり文句」の型を破る方法として、「異なる文脈の中に置くこと」(例えば、「若者の深刻な犯罪離れ)が例示され、固定した若者層に対する見方を相対化し、別の見方を再考することに連動することを述べている。　問十　言語活動の「社会生活の中の話題について意見を述べる」については、中学校第3学年の「A　話すこと・聞くこと」の言語活動例イおよび高等学校の「国語総合」の言語活動例イ「報告や発表をしたり、それらを聞いたりする言語活動」とウ「話し合いや討論をする言語活動」を踏まえて、授業計画を立案すること。グループまたはペアによる学習形態を考え、話題と資料収集の指導、根拠に基づく話し合いによる主体的・対話的な深い学びを計画しよう。また、評価規準についても示しておくこと。

【二】問一 a ワ(行)上一段(活用)・連用(形) b ラ(行)変格(活用)・連体(形) 問二 A ウ B ソ 問三 イ 問四 2 懐円 5 源経兼(経兼) 問五 歌枕に縁があるという理由で、一般的には価値のないかんな屑や干からびた蛙を宝として大切にしている点。(四十九字) 問六 どうすることもできないということ 問七 用件が叶わなかったことに加え、経兼が気の毒がって何かくれるのかと思いきや、歌枕を見て都への土産話にせよとまで言われ、さらにあてが外れたため。(七十字) 問八 エ

〈解説〉問一 a 「居(ゐ)」は「居る」の連用形。接続助詞「て」についている。 b 「在る」は「在り」の連体形。連体修飾語をつくる格助詞「の」についている。 問二 A 「侍り」は「あり」の丁寧語で、「能因云はく」以下の会話文での能因の節信への敬意。 B 「奉る」は「与ふ」の謙譲語。地の文であるから筆者から女への敬意。 問三 「天の川にやかよふらん」の「にや」は、断定の助動詞「なり」の連用形「に」+疑問の係助詞「や」で、結辞を推量の助動詞「らん(む)」の連体形にした係り結びで、「天の川に通っているのだろうか」と訳す。 問四 2 「暁更に帰る」の「暁更」は、「夜明け方」。帰途についたのは輔親の家を訪れていた懐円である。 5 「はかばかしきこともせず」とは、「はかばかしきこと(きちんとした対応)をしない」と訳す。書状を持ってきた「ある者」への対応をきちんとしなかった源経兼が主語。 問五 3の「今の世間の人は、なんとばかげたことだと言わないだろうか。」の内容は、節信と気心の合った能因が、引出物として持参したのは、歌枕の長柄の橋の「鉋屑」、一方、節信の引出物は、歌枕の井堤の「蛙」で、互いに引出物を見せ合って楽しんだのである。 問六 「術なき由」の「術なき」は、「術なし」(形容詞・ク活用)の連体形で、「やりようがない。」の意。その前の「叶はざるの間」は、「無理な頼みなので」の意。無理な頼みなの

で、どうにもならない旨を経兼はある者に伝えたのである。　問七　経兼が、ある者の頼みごとに応ぜず、ある者は興ざめして帰るが、呼び止められたので品物でもくれるのかと思い無理して引き返したところ、経兼に下野国の歌枕「室の八嶋」を見せられ、都人に話してくれと言われたため腹を立てたのである。　問八「ちりもやする」の「散(ち)り」は「外にもれる」の意。「やする」は、疑問の係助詞「や」＋「する」(「す」の連体形)で係り結び、「外にもれはしないか」と訳す。「思ふまに」は「気づかっているうちに」の意。「われがつかひに」は「自分の使いに」、「われがきたるぞ」は「私自身がやってきたのですよ」と訳す。

【中学校】

【一】問一　a　こいて(こうて)　b　なんぞや(と)　c　また　問二　A　イ　B　ア　問三　1　お前はなぜ堀川の工事に従事した人々に飯や酒をふるまうのか　3　私はお前が礼とはどのようなものかを分かっていると思っていたが　問四　天下の人々と財物を共有し、利害を同じように受けること。(二十七字)　問五　エ　問六　自分から人民を横取りしないで欲しいということ。　問七　①　歴史的背景　②　引用

〈解説〉問一　a「請」は後の「曰」との関係で、「請」(こう)の連用形「こい」＋接続助詞「て」となる。B「何也」は疑問の辞。　c「亦」は「～もまた」の意の副詞。「不亦～乎」は、「なんと～ではないか」と訳し、感嘆の意を含む反語の形。　問二　A「場所」(五父之衢)を表す置き字。　B「対象」(孔子)を表す置き字。　問三　1「子奚為乃餐之」(子なんぞすなわち之に餐はしむると)の「奚為」(なんぞ)は、疑問の副詞で「どうして～するのか」と訳す。「之」は、冒頭の文の「起衆為長溝」の「衆」(長い堀川を造る人々)をさす。「餐」は、「飯や酒をふるまうこと」。　3「吾以女知之」は「吾女之を知れりと思へるに」と読む。「吾」は孔子のこと。「之」は「礼」を、「女」は子路をさす。　問四　子路の「仁義」は、二重傍線部Bの後の「仁義者与天下共其所有、而同其利者也」である。「天下の人々と所有を共用し、其の利害を共に受けるこ

と」をいう。　問五「女まことにかくの如くこれ礼を知らざるなり」における「礼をおまえ(子路)が知らない」という孔子の言葉の理由は、「夫礼」「天子」「諸侯」「大夫」「士」はそれぞれに愛する範囲が定められているとし、自分の愛する範囲を越えるのは、(君公に対する)侵害行為だ(過其所愛曰侵)というのである。

問六「季孫の使者」が孔子を譲(責)めた内容は、「肥也起民而使之」以下「将奪肥之民耶」までの孔子への苦言である。「先生使弟子令徒役而餐之」は、先生(孔子)が弟子(子路)に命じて人夫どもに酒食をふるまっていることをいう。使役形である。「将奪肥之民耶」は、疑問形で「そうやって肥(私)から人民を横取りしようとするのですか」の意。　問七　現行の中学校学習指導要領の第3学年の〔伝統的な言語文化と国語の特質に関する事項〕のア「伝統的な言語文化に関する事項」の(ア)には、古典の作品には、その背景となる歴史的な状況が存在する。それを踏まえた上で古典を読むことで、作品の世界をより深く広く理解することになるということが示されている。(イ)は、古典の一節を引用した感想文や手紙、作品を紹介する文章などが考えられる。このような書く活動を通して古文や漢文に親しむ態度を育て我が国の伝統文化を継承・発展させようとする態度の育成を図ることが大切である。

【高等学校】

【一】問一　a　もし　b　ふうし　c　ここをもって　問二　ウ　問三　1の現代語訳…私にどうか歌を歌わせてください　4の書き下し…だくんにつかふといへども　問四　イ　問五　自分達を助けてくれることを晏子に期待していたが、逆に自分達を虐げる行動に出たことに失望したから。(四十八字)
問六　労役に苦しむ国民を木の棒で打ちつけることで、彼らの恨みを自分が引き受け、楼台造営を中止した景公の名声を高めようとした点。(六十字)　問七　①　感じ方　②　作品の価値
〈解説〉問一　a　仮定形をつくる副詞である。返り点があれば「しく」「ごとし」の助動詞である。　b　「夫

子」は「先生」の意の尊称。c「是以」は「このようなわけで。それで。」の意。問二「執」は「とり」と読む。ここは、「手に取る」の意。「しつこい」の意の「執着」「執念」、「執り行う」の意の「執事」「執行」は意味が異なる。問三 1「臣請歌之」の「臣」は晏子の謙遜の自称。「請」は「どうか。ねがわくは。」の意。「私にどうか歌を歌わせてください」と訳す。4「雖事惰君」を返り点に従い書き下す。「惰君(だくん)に事(つかふ)と雖(いへど)も」。問四「寡人将速罷之」は、「寡人まさに速やかに之を罷(や)めんとす」と書き下す。「寡人」は景公の自称。「之」は、「大台之役」。「罷めん」は「中止する」の意。問五「晏子助天為虐」(晏子天を助けて虐をなすと)の「天」は「天子(景公)」、「虐をなす」は「国人を虐待している」の意。国人は大台之役で、「歳寒の中、凍餒之者」が続出する中、晏子が国人を救うことを願っていたにもかかわらず、朴で国人を鞭うちすることから晏子への失望が生じたのである。問六「当此道者」とは、仲尼(孔子)のいう名臣のことで、「古之善為人臣者」をいう。「声名帰之君、禍災帰之身」の「声名」は「高い評判」のこと。「君」は、ここでは「景公」のこと。そして「禍災は我が身の責任にする」の「身」は、ここでは「晏子」のこと。晏子が国人を鞭うち、大台の苦役を強いる反面、景公はその苦役を中止させることで、国人に対して慈悲深い天子として崇拝され、他国でも名声を得ることになる。孔子は、晏子が自らを国人の憎しみの対象にして、景公を名君にしたその計らいを名臣として評価したのである。問七「古典B」は、従来の「古典」の内容を改善し、古典としての古文と漢文を読む能力を育成するとともに、ものの見方、感じ方、考え方を広くし、古典についての理解や関心を深めることをねらいとした選択科目である。指導事項のウは、思想や感情を的確にとらえ、ものの見方、感じ方、考え方を豊かにする指導を示している。指導事項のエは、「古典」を読み味わい、作品の価値について考案する指導を示している。

二〇一八年度 実施問題

【中高共通】

【一】次の文章を読んで、あとの問いに答えなさい。

ルネサンス期の絵画は、聖書や神話の場面に人々を登場させてきた。こうした絵画は「歴史画」と呼ばれる。初期ルネサンス期の人文学者アルベルティは、「歴史画こそ画家の至高[A]究極の仕事」であると言い、すぐれた歴史画がどのようなものかを示した。それ以降、[1]歴史画はもっとも高貴なジャンルの絵画として扱われてきた。

歴史画の原語は「ヒストリア(historia)」であり、文字どおりの意味は「歴史=物語」だ。歴史画という絵画ジャンルがもっとも重視されたのは、それが偶然に選ばれた個人や個物の表象ではなくて、この世界を作り出した[B]エポックメイキングな出来事を総合的に表現したものとみなされたからだろう。そこには世界の成り立ちに関する出来事が「事件」として描き出されている。だから、聖書や神話の物語の場面も「歴史画」としてとらえられていた。その意味で、「歴史画」とは、世界の秘密を開示するような特権的出来事を描いた「物語」であり、その絵画的表象なのだと考えることができる。

聖書、神話、古代ローマの物語、古代ギリシアの物語。こういったものが、一八世紀半ばまで、「歴史画」として描かれてきた。その主題はいつも「過去の歴史」だった。だが、あるときそれが変化する。フランス革命の時期である。[2]この変化は、画家ジャック=ルイ・ダヴィッドが描いた絵画に[a]ケンチョに示されている。

一八世紀末、ダヴィッドは、《ソクラテスの死》(一七八七)、《ホラティウス兄弟の誓い》(一七八四)、《ブルートゥス邸に息子たちの遺骸を運ぶ警士たち》(一七八九)といった、古代の物語をテーマにした絵画を描いていた。やがてダヴィッドは、古代にかこつけず、同時代の出来事をじかに描き出すようになる。最初は、《ジュ・ド・ポームの誓い》(一七九一)である。これは一七八九年のフランス革命の直前の出来事を描いたものだ。ヴェルサイユ宮殿の球戯場(ジュ・ド・ポーム)に第三身分[※]の人々が集まって憲法制定を誓った場面だ。ダヴィッドはこの絵画で、同時代に起きた出来事を、「歴史画」として描いた。ここで、「歴史画」は、「過去の歴史」から、今まさに起こっていることの視覚的記録へと変化している。同時代に起こっている出来事が絵画の舞台を提供するようになったのである。さらにダヴィッドは、三人のフランス革命の「殉教者」たちの死を描き出した。

その後、ナポレオンの首席画家となったダヴィッドは、一八〇五年から一八〇七年にかけて、《ナポレオンの戴冠式》(《一八〇四年一二月二日、パリのノートル・ダム大聖堂におけるナポレオン一世の聖別式とジョゼフィーヌ皇后の戴冠式》)を描くことになる。近代国家の誕生にあたって描かれた[3]この絵画は、新しい権力のあり方を集約的に表現している。縦六メートル横九メートルほどの巨大な画布には、一八〇四年一二月二日にパリのノートル・ダム大聖堂でおこなわれたナポレオンの戴冠式が描かれている。このとき、ナポレオンは、教皇から冠を授けられるのではなく、自ら冠をかぶり、そして彼自身の手で皇后に戴冠したという。ダヴィッドが描き出したのは、ナポレオンが教皇を背にして皇后に戴冠しているシーンだった。《ナポレオンの戴冠式》は、近代国家の誕生を基礎づけ、国民の創生に[b]キヨする絵画である。

この絵は、「現在進行中の事件や出来事を、あたかも巨大スクリーンの中で体験させるようなスペクタクル的な効果」(白川昌生『西洋美術史を解体する』)をもたらすことを可能にする。しかし、この絵がスペクタクルの効果をもたらしている理由は、その画面の大きさだけにあるのではない。そこに描かれた人々が、ほぼ等身大の人間なのだ。ナポレオンを含めそこに参加している人々は、それを見ているわたしたちとほとんど同じサイズで描かれている。このため、この絵が描かれた当時にこれを見た人々はこの戴冠式に参列しているように感じただろう。この等身大の効果によって、それを見る観客は、絵画空間に参加することができる。観客は、そこに見える出来事を目撃し、そこで起こっていることを受け入れ、共有する。この絵は、観客参加型のスペクタクルとなって展開されるのである。

ナポレオン自身も、4この絵画が人々にもたらす効果を認識していたと言われる。彼は、この絵画的スペクタクルを人々に経験させるために、ルーブル宮を美術館として一般に公開し《ナポレオンの戴冠式》を誰もが見られるようにした。

こうして、この絵は、これを見る人々が自らをフランスの「国民」として意識するための装置として機能したのだ。「見ること」は演出され、見る者がその場面に参加しイメージを共有する。そして、イメージを共有するということが、ある政治的権威を受容することに結びつく。展示された絵画を「見る」という空間のなかで、イメージの共有の経験と政治的権威の受容が演出されているのである。

美術館は「見ること」が演出される公共の空間だ。《ナポレオンの戴冠式》のように、表象されたイメージが展示され、人々はそのイメージを共有する。イメージの共有、そして「見る」という経験の共有によって、人々は公共の場所に参加する。そうして「国民」の意識という人々共通の意識を持つ。5この「国民」の意識こそ、近代国家にとって重要なものだった。

描かれたイメージが近代国家という共同体の形成を基礎づけ、それを正当化する役割を担うことがある。絵画などの具体的なイメージがなくとも、国民国家は「イメージとして心に描かれた想像の共同体」（ベネディクト・アンダーソン『定本　想像の共同体』)なのであり、心のなかに思い描くだけでも国民国家は成り立ちうるかもしれないが、絵画の諸々のイメージはその補強をおこなう。そのための設備のひとつが美術館だろう。

美術館が多くの市民に公開されたのは、美術館が、絵画という視覚メディアを通じて、ナショナリズムの高揚のための、そして「国民(ネイション)」という新しい集団の形成のための政治的装置として有効であると判断されたからである。近代の国民国家はナポレオンの登場によって生まれるが、美術・芸術もその政治制度の一部を担うイデオロギーとしての役割があてがわれたのである。(白川昌生『西洋美術史を解体する』)

ナショナリズムの意識のcジョウセイを意図して描かれた絵画のイメージを共有する人々は「国民」として自らを認識する。そのために国家の出来事が積極的に絵画に描かれ、それを展示する美術館という空間が制度として成立した。近代国家において、イメージは組織的かつ意図的に活用される。近代国家においてイメージを持つこと、そしてイメージを見せることは重要である。なぜなら、国家それ自体は目に見えないものだからだ。「いかに小さな国民であろうと、これを構成する人々は、その大多数の同胞を知ることも、会うことも、あるいはかれらについて聞くこともな」(ベネディクト・アンダーソン『定本　想像の共同体』)い、それにもかかわらず、国家が成り立ち、その成員が「国民」であることを自覚することができるのは、イメージがあるからだ。国家がイメージとして心のなかに描かれた共同体でしかないからこそ、具体的なイメージは絵画や写真や映画といった表象芸術によってあたえられることになる。

近代国家において、統治に正統性をあたえるのは国民である。そのためには、人々は自らを「国民」として意識し、国家における「国民」として存在しなければならない。これは、まずは、人々が「国民」と呼ばれることによって成り立つ。「国民」と呼ばれたときに、はじめて人々は自らを「国民」として認識し、彼らの姿が「見えるもの」となるのだ。さらに、「国民」としての自らを認識するためにイメージが活用されてきた。人々が何らかのイメージを共有することによって、「国民」という存在、あるいは不可視の国家に実在性があたえられる。

（菅　香子『共同体のかたち　イメージと人々の存在をめぐって』による。ただし一部に省略等がある。）

※第三身分…フランスの封建社会で、第一身分（聖職者）・第二身分（貴族）に対する非特権階級。フランス革命前夜には平民全体を指していった。

問一　═══部a～cのカタカナをそれぞれ漢字で書きなさい。漢字は楷書で丁寧に書くこと。

問二　━━━部A「究極」と熟語の構成が同じものを、次のア～オの中から一つ選び、記号で答えなさい。

ア　多寡　　イ　平穏　　ウ　甚大　　エ　未踏　　オ　応募

問三　━━━部B「エポックメイキング」とあるが、Bのような外来語について、その特徴や使い方を授業で指導する際、具体的にどのような工夫が考えられるか、説明しなさい。

問四　――部1の理由を説明したものとして最も適切なものを、次のア～エの中から一つ選び、記号で答えなさい。

ア　歴史画は、世界の成り立ちに関わるような画期的な出来事を、ある種の物語として描いているものだから。

イ　歴史画は、神により偶然選ばれた個人や個物というような、特別な存在について描かれているものだから。

ウ　歴史画は、当時の特権的な支配階級だけが知る歴史上の事件を、秘密の物語として描いているものだから。

エ　歴史画は、ルネサンス期の画家たちが研鑽を重ねて生み出した、すぐれた技法で描かれているものだから。

問五　――部2「この変化」とは、どのような変化か。四十字以内で書きなさい。

問六　――部3が示す内容を次のような形で説明したとき、空欄〔　　〕に入る適切な言葉を、本文中から二十五字以内でさがし、その最初の六字を、抜き出して書きなさい。

この絵画は、〔　　〕場面を描くことで、新しい権力のあり方を集約的に表現している。

問七　――部4について、「この絵画が人々にもたらす効果」とは、どのような効果か。具体的に六十字以内で書きなさい。

問八　――部5とあるが、「近代国家」が成り立つ上で、「『国民』の意識」が重要なのはなぜか。本文の主旨を踏まえて、百字以内で説明しなさい。

問九　本文における表現上の特徴を説明したものとして最も適切なものを、次のア～エの中から一つ選び、記号で答えなさい。

ア　本文の中で扱われている歴史画の名前を《　　》で明示することで、出典の正確性を期したり、筆者の絵画や芸術に対する専門性の高さを強調したりしている。

イ　「歴史画」「国民」などの語に「　　」を付けることで、多様な解釈ができる語であることを示すとともに、主題に関係するキーワードであることを示している。

ウ　関連分野における第三者の書籍の一節を引用することで、難解な部分をわかりやすくしたり、筆者の主張に裏付けとなる考えがあることを示したりしている。

エ　文末を「だ」「である」などで結ぶ敬体を用いることで、説得力が増すよう断定的な述べ方をするとともに、筆者が自らの主張に自信があることを示している。

問十　次は、「中学校学習指導要領」（平成20年3月告示）及び「高等学校学習指導要領」（平成21年3月告示）における指導事項の一部である。「読むこと」の授業（中学校は第3学年、高等学校は国語総合）を行う際、生徒に主体的に読書に取り組ませるため、授業を展開する上でどのような工夫が考えられるか。指導事項を踏まえて、具体的に書きなさい。

> 中学校　国語　〔第3学年〕
>
> C　読むこと
>
> オ　目的に応じて本や文章などを読み、知識を広げたり、自分の考えを深めたりすること。
>
> 高等学校　第1　国語総合
>
> C　読むこと
>
> オ　幅広く本や文章を読み、情報を得て用いたり、ものの見方、感じ方、考え方を豊かにしたりすること。

（☆☆☆◎◎◎）

【二】次の文章は、『平中物語』の一節で、「男」（平中）が、国守の娘で、宮中に仕える「女」に、和歌を贈る場面である。これを読んで、あとの問いに答えなさい。

男、尋ねておこせたる、

※ももしきの袂(たもと)の数は知らねどもわきて思ひの色ぞこひしき

かくいひいひて、あひ[a]にけり。

そののち、文もおこせず、またの夜も来ず。かかれば、使人(つかひひと)など、わたると聞きて、「人にしもありありて。かう音もせず、みづからも来ず、人をも[A]奉れ[B]たまはぬこと」などいふ。心地に思ふことなれば、くやしと思ひながら、とかく思ひみだるるに、四五日[b]になりぬ。女、ものも食はで、音をのみ泣く。ある人々、「なほ、かう[1]な思ほしそ。人に知られたまはで、異ごとをもしたまへ。さておはすべき御身かは」などいへば、[2]ものもいはで籠りゐて、いと長き髪をかきなでて、尼に挟みつ。使ふ人々嘆けど、かひなし。

来ざりけるやうは、来て、つとめて、人やらむとしけれど、※官(つかさ)の督(かみ)、にはかにものへいますとて、率ていましぬ。さらに帰したまはず、からうして帰る道に、※亭子(ていじ)の院の召使来て、[3]やがてまゐる。※大堰(おほゐ)におはします御供に[C]仕うまつる。そこにて二三日は酔ひまどひて、もの覚えず。夜ふけて帰りたまふに、いかむとあれば、※方(かた)ふたがりたれば、みな人々つづきて、たがへにいぬ。この女いかに思ふらむとて、※夜さり、[4]心もとなければ、文やらむとて書くほどに、人うちたたく。「たれぞ」といへば、「※尉(ぞう)の君に、もの聞えむ」といふを、さしのぞきて見れば、この女の人なり。「文」とてさしいでたるを見るに、切髪を包みたり。あやしくて、文を見れば、

[5]天の川空なるものと聞きしかどわが目のまへの涙なりけり

尼になるべしと思ふに、目くれぬ。返し、男、

世をわぶる涙ながれて早くとも天の川にはさやはなるべき

※ようさり、いきて見るに、いとまがまがしくなむ。

（注）※ももしきの……「宮中にお仕えする女房方は、大勢いらっしゃいますが、私はとりわけ、緋色の袂のあなたをお慕いしています」
※官の督…右兵衛督。「男」の勤め先の長官。
※亭子の院…宇多法皇。
※大堰…京都市嵐山、大堰川の流域。紅葉見物や船遊びが行われた。
※方ふたがりたれば…(方違えによって)御所の方角は避けなければならないので
※夜さり…夜になるころ。本文「ようさり」も同じ。
※尉の君…「男」のこと。当時、右兵衛少尉であった。

問一 『平中物語』は、和歌を中心として構成された短編物語集である「歌物語」に分類される。同じ「歌物語」に分類される作品を次のア～オの中から一つ選び、記号で答えなさい。
ア 源氏物語　イ 伊勢物語　ウ 落窪物語　エ 平家物語　オ 栄花物語

問二 〰〰部a、b「に」の文法的説明として最も適当なものを、次のア～オの中からそれぞれ一つずつ選び、記号で答えなさい。
ア 格助詞　イ 接続助詞　ウ 完了の助動詞　エ 断定の助動詞　オ 副詞の一部

問三 ══部A「奉れ」、B「たまは」、C「仕うまつる」について、敬語の種類と、敬意の対象として最も適切なものを、敬語の種類は次の①～③の中から、敬意の対象はあとのア～オの中からそれぞれ一つずつ選び、記号で答えなさい。なお、同じ記号を何回用いてもかまいません。
敬語の種類　① 尊敬語　② 謙譲語　③ 丁寧語

敬意の対象　ア　男　イ　女　ウ　使人　エ　官の督　オ　亭子の院

問四　――部1「な思ほしそ」、3「やがてまゐる」の本文中の意味をそれぞれ書きなさい。

問五　――部2について、女がこのような行動をとった理由の説明として最も適切なものを、次のア～エの中から一つ選び、記号で答えなさい。

ア　男からの連絡も途絶え、周囲から別の相手との結婚を勧められたため、将来を思い描けなくなったから。

イ　男の愛情を信じていたものの、周囲から出家することをせまられたため、身の置き所がなくなったから。

ウ　男からの仕打ちに耐えられなくなり、別の相手との幸せな結婚のため、けじめが必要だと思ったから。

エ　男との関係を周囲に引き裂かれたものの、最後まで男と添い遂げるため、覚悟を示そうと思ったから。

問六　――部4「心もとなければ」とあるが、この時の男の心情を五十字以内で説明しなさい。

問七　――部5の和歌の解釈を、次のようにまとめたとき、空欄［　Ⅰ　］、［　Ⅱ　］に入る適切な言葉を、それぞれ二十字以内で書きなさい。

この和歌は、用いられている修辞技法を踏まえると、次の二つの意味で解釈することができる。
・天の川は空にあるもの、と聞いていましたが、私の目の前を流れる涙が川となったものなのでした。
・［　Ⅰ　］と思っていましたが、［　Ⅱ　］なのでした。

（☆☆☆◎◎◎）

【中学校】

【二】次の漢文を読んで、あとの問いに答えなさい。ただし、設問の都合上、〈本文〉においては送り仮名や返り点の省略、一部の改変がある。〈現代語訳〉においても一部の省略や改変がある。

〈本文〉

魯哀公、欲西益宅。史争之以為、「西益宅不祥。」哀公作色而怒、左右数諫不聴。乃以問其傅宰折睢曰、「吾欲益宅、而史以為不祥、子以為何如。」宰折睢曰、「天下有三不祥、西益宅不与焉。」哀公大悦。而喜頃復問曰、「何謂三不祥。」対曰、「不行礼義、一不祥也、嗜欲無止、二不祥也、不聴強諫、三不祥也。」哀公黙然深念、憒然自反、遂不西益宅。

夫史以争為可以止之、而不知不争而反取之也。智者離路而得道、愚者守道而失路。夫児説之巧、於閉結無不解。非能閉結而尽解之也、不解不可解也。至乎以弗解解之者、可与及言論矣。

（『淮南子』による）

〈現代語訳〉

魯の哀公が西側に住宅を増築しようとしたところ、史官は「西側への増築は不祥(不吉)です」と反対した。哀公は色をなして怒り、(　省略　)が何度も諫めたが、聴き入れない。そのうち自分の守り役(家庭教師)であった宰折睢に、「余は増築をしたいのだが、史官は『不祥だ〔からやめろ〕』と言う。(　省略　)」とたずねた。宰折睢が「天下に三つの不祥がありますが、西側に増築することは、それと関係ありません」と答えると、哀公はたいそうよろこんだ。が、しばしの間よろこんでから再び、「さて、三つの不祥とは何のことか」と問うと、答えていう、「礼義を行わぬことが不祥の第一、欲望のとめどもなきことが不祥の第二、たっての諫めを聴き入れぬことが不祥の第三であります」と。哀公は黙然として深く考えていたが、やがて柔和な顔付きになり、(　省略　)、(　省略　)。

いったい史官は、反対することによってこれをやめさせることだけを考え、(　省略　)。(　省略　)。いったい兒説(宋の大夫)の技巧は、(　省略　)。しかし、(　省略　)ではなくて、※元来解くことのできないものは、〔それを見抜いて、初めから〕解かないのである。かくて兒説のように、解かないことによって、これを解いてみせる者とならば、共に語り合うことができるのだ。

※元来解くことのできないように作られた錠前があり、兒説はそうした錠前を見ると、これが解けぬものであることを言い当てることができたという。

問一　〰〰部a〜cの漢字の読みを、送り仮名を含めて、すべてひらがなで書きなさい。ただし、現代仮名遣いで書くこと。

問二　═部A「左右」の本文中での意味を書きなさい。

問三　――部1「子以為何如」、――部5「於閉結無不解」をそれぞれ現代語訳しなさい。
問四　――部2について、哀公がこのような行動をとった理由を説明したものとして最も適切なものを、次のア～エの中から一つ選び、記号で答えなさい。
ア　不祥にあたる行為を無理に行えば、災いが自分の身に降りかかると恐れたから。
イ　増築することは不祥にはあたらないと進言した、宰折睢の言葉を信じたから。
ウ　強硬に増築を進める哀公の態度自体が、すべての不祥にあたると気付いたから。
エ　史官や宰折睢が、命がけで哀公の過ちを諫めてくれたことに感銘を受けたから。
問五　――部3「為可以止之」について、現代語訳を参考に、返り点を施しなさい。
問六　――部4「智者離路而得道」について、次の(1)、(2)の問いに答えなさい。
(1)「智者」にあたるのは、誰か。次のア～オの中からあてはまるものをすべて選び、記号で答えなさい。
ア　哀公　イ　史　ウ　左右　エ　宰折睢　オ　兒説
(2)「離路而得道」とは、どういうことか。本文の主旨を踏まえて、簡潔に説明しなさい。
問七　「読むこと」の授業で「漢文」を教材として扱う際、作品の世界に親しむ態度を育てるために、どのような言語活動を設定することが考えられるか。学習指導要領(*)の指導事項を踏まえて、具体的に書きなさい。

〔*中学校学習指導要領(平成20年3月告示)〕

(☆☆☆◎◎◎)

【高等学校】

【一】次の漢文を読んで、あとの問いに答えなさい。ただし、設問の都合上、送り仮名や返り点を省略したところや、表現を一部改めたところがある。

楚王将A遊荊臺。司馬子祺諫。王怒之。令尹子西駕於殿下曰、「1今荊臺之観、不可失也。」王喜拊子西之背曰、「与子共楽之矣。」子西歩馬十里、引轡而止曰、「臣願言有道。王a肯聴之乎。」王曰、「子其言之。」

子西曰、「臣聞、為人臣而忠其君者、爵禄不足以賞也。諛其君者、刑罰不足以誅也。夫子祺者、忠臣也。而臣者諛臣也。2願王賞忠而誅諛焉。」王曰、「今我聴司馬之諫、3是独能禁我耳。4若後世遊之何。」子西曰、「禁後世b易耳。大王万歳之後、起山陵於荊臺之上、則子孫必不忍遊於父祖之墓、以為観楽也。」王曰、「善。」c乃還。

孔子聞之曰、「至哉、子西之諫也。5入之於十里之上、抑之於百世之後者也。」

（『孔子家語』による）

（注）※荊臺…物見台のある場所の名前。
※司馬…軍事を司る官名。

※令尹…楚の国の宰相にあたる官位。　※駕…馬車に乗る。
※有道…道徳を身につけている人。　※万歳之後…死後のこと。特に、天子の崩御ののちをさす。
※山陵…墳墓。　※至哉…立派であることよ。

問一　〰〰部a～cの漢字の読みを、必要に応じて送り仮名を補って、すべてひらがなで書きなさい。ただし、現代仮名遣いで書くこと。

問二　══部A「遊」と同じ意味の「遊」を含む熟語を、次のア～オの中から一つ選び、記号で答えなさい。

ア　遊軍　　イ　遊泳　　ウ　遊戯　　エ　遊休　　オ　遊学

問三　──部1「今荊臺之観、不可失也」について、子西の発言した内容を説明したものとして最も適切なものを、次のア～エの中から一つ選び、記号で答えなさい。

ア　今は荊臺から敵国を観察すべき時期であるということ。
イ　荊臺からの眺めを観賞する機会は今しかないということ。
ウ　荊臺の美しい景観を今こそ守るべきであるということ。
エ　今後荊臺を訪れる観光客を大切にしていこうということ。

問四　──部2「願王賞忠而誅諛焉」について、子西は王にどのようなことを伝えたかったのか。対比されているものに注意しながら、わかりやすく説明しなさい。

問五　──部3「独能禁我耳」を現代語訳し、──部4「若後世遊之何」を漢字仮名交じりで書き下しなさい。

問六　──部5「入之於十里之上、抑之於百世之後者也」とあるが、孔子は、子西のどのような点を称賛していると考えられるか。本文の内容に即して、六十字以内で書きなさい。

問七　次は、「高等学校学習指導要領」（平成21年3月告示）国語の「第6　古典B　3　内容の取扱い」に関する事項の一部である。空欄［　Ⅰ　］、［　Ⅱ　］にあてはまる語句を、それぞれ書きなさい。

> 第6　古典B
> 3　内容の取扱い
> (1)　古文及び漢文の両方を取り上げるものとし、一方に偏らないようにする。
> (2)　古典を読み深めるため、音読、朗読、［　Ⅰ　］などを取り入れるようにする。
> (3)　文語文法の指導は［　Ⅱ　］の学習に即して行い、必要に応じてある程度まとまった学習もできるようにする。

（☆☆☆◎◎◎）

解答・解説

【中高共通】

【一】問一　a　顕著　b　寄与　c　醸成　問二　イ　問三　和語や漢語の表現に置き換えた時の印象の違いを話し合わせ、文章の種類や場面などによる使い分けを考えさせる。　問四　ア　問五　「歴史画」の主題が、「過去の歴史」から同時代の出来事になるという変化。（三十五字）　問六　ナポレオンが

問七　絵画を見る者に戴冠式に参加していると感じさせ、ナポレオンが皇帝になったことを事実として受け入れ、共有させる効果。(五十六字)　問八　人々が表象されたイメージを共有し、自らを「国民」と認識することで、イメージとして心に描かれた想像の共同体に過ぎなかった国民や国家は実在性を持つようになり、近代国家は統治の正統性を得られるから。(九十六字)　問九　ウ　問十　生徒が興味を持ったテーマを設定して、同じテーマで描かれた複数の作品を読み比べさせ、互いの考えを交流させる。

〈解説〉問一　文脈の中で語句の意味を捉え、漢字を考えることが重要。問二　同じ意味の漢字が並べられて構成された熟語である。　問三　「エポックメーキング」は「画期的」という意味である。その他、評論でよく使われる外来語(アイデンティティー、グローバリゼーションなど)では、語句ごとの差異を意識させ、例文を基に考えさせることが重要である。　問四　傍線部1の後の段落で説明されている。人間が必然的に引き起こした出来事が重要なのである。　問五　変化の具体的な内容は、傍線部2を含む段落の後半で述べられている。過去の歴史を主題としていた歴史画は、フランス革命直前の出来事を描いたダヴィッドの絵画から、今起こっていることの視覚的記録へと変化したのである。　問六　傍線部3の「この絵画」は、ダヴィッドの絵画を指す。傍線部3を含む段落の後半にその絵画の内容が述べられている。　問七　ナポレオンの戴冠式を描いた絵画が「人々にもたらす効果」とは、傍線部4の前の第5段落中ごろの「これを見た人々はこの戴冠式に参列しているように感じた」ことである。さらに第7段落で、絵を見た人々が自らをフランスの「国民」として意識し、イメージを共有し政治的権威を受容したと、効果について詳しく述べられている。　問八　最終段落冒頭に「近代国家において、統治に正統性をあたえるのは国民である。」とある。これが解答の骨格である。その上で、人々が自身を「国民」として認識するプロセスを補足して説明する。　問九　ベネディクト・アンダーソンの著書などからの引用がある。なお、本文中で「国民」と「　」付きで示されるのは、それが実体的なものではないためである。　問十　さまざまな文章を読み比べる(対比する)ことが重要である。例えば、「中学校学習指導要領解説　国語編」には、「知識を広げたり、自分の考えを深めたりするためには、様々な本や文章などを読んで、書き手のものの見方や考え方と自分のものの見方や考え方を対比させて新しい考え方を知ったり、自分の考えを再構築したりすることが大切である」と示されている。

【二】問一　イ　問二　a　ウ　b　ア　問三　A　種類…②　対象…イ　B　種類…①　対象…ア　C　種類…②　対象…オ　問四　1　思いなさるな　3　そのまま参上する　問五　ア　問六　女のもとを訪れようと思うが、様々な事情のために訪れることができず、女のことを気がかりに思う心情。(四十八字)　問七　Ⅰ　尼になることは、私には縁のないもの(十七字)　Ⅱ　現実の私の身の上にも起こったこと(十六字)

〈解説〉問一　『伊勢物語』と同時代に成立した『大和物語』も押さえておくこと。　問二　波線部aの下の助動詞「けり」は連用形に接続する。　問三　尊敬語は動作の主体への、謙譲語は動作の対象への敬意を表す。「みずからも来ず(自分もこないで)、人をも(人さえも)(女のもとへ)奉れ(男が)たまはぬ」となる。　問四　傍線部1の「な～そ」は禁止を表す。傍線部3の「やがて」は時間・状態の連続を表し、「引き続いて。そのまま。」の意。　問五　傍線部2の前文に「人に知られたまはで、異ごとをもしたまへ。(このことを)他人に知られないようになさって、他の縁をお考えなさい)」とあることから、出家ではないことが分かる。　問六　「心もとなし」とは、「気がかりだ」の意。男が女の元を訪れることができなかった事情は「来ざりけるやうは、～たがへにいぬ。」に書かれている。傍線部4から、男は女のことが気がかりであったことがわかる。　問七　「天の川」の「天」と、「尼」が掛けられている。

【中学校】

【一】問一　a　しばしば　b　また　c　それ　問二　側近　問三　1　あなたはどう思うか　5　どんな錠前でも解けないことはなかった　問四　ウ　問五　為㆑可㆓以止㆒㆑之　問六　(1)　エ、オ　(2)　相手と対立しないことによってかえって成果を得る方法があるということ。　問七　漢文特有の表現やリズムに親しむため、音読や暗唱に取り組ませる。

〈解説〉問一　いずれも漢文の基礎知識である。接続詞としての「而」や「焉」などの読みもよく出題される。問二「左右」は、身のまわり、そばの意。そこから、そば近く仕える者という意味が生まれた。　問三　傍線部1については、「以㆑A為㆑B」の形で「AをもってBとなす」と読み、「AをBと思う」の意。傍線部5の二重否定は強い肯定を表す。　問四　宰折睢の挙げる三つの「不祥」を聞いて、態度を改めたのである。問五　漢文では、動詞、助字「可」は下から返って読む。　問六　傍線部4の直前の一文で「史官は争って(反対して)、之を止めさせることが出来ると考え、争わず(反対せず)とも止めさせられるという事を知らなかったのである」とある。争わず結果を出すための方法が重視されている。問四でみたように、三つの不詳を挙げて諌めたのは、宰折睢である。　問七　中学校学習指導要領　第2章　第1節　国語　第2〔第1学年〕の〔伝統的な言語文化と国語の特質に関する事項〕の(1)「ア　伝統的な言語文化に関する事項」には、「(ア)文語のきまりや訓読の仕方を知り、古文や漢文を音読して、古典特有のリズムを味わいながら、古典の世界に触れること」と示されている。

【高等学校】

【一】問一　a　あえて　b　やすき　c　かえる　問二　オ　問三　イ　問四　有徳の王は、王にへつらうような臣は処罰すべきであり、王を諌めるような忠臣こそ重用すべきであるということ。

問五　3　現代語訳…ただ私を禁止することができるだけだ　4　書き下し…後世の之に遊ぶものを若何せん(と)　問六　楚王の過ちをわずかな間に諫めて正しただけでなく、楚王の子孫が将来の長きにわたり同じ過ちをしないように諫言したこと。(五十七字)　問七　Ⅰ　暗唱　Ⅱ　読むこと

〈解説〉問一　a「肯」は動詞の前にある場合は「あ・えて」と読む。　問二　ここでの「遊」は「家を離れて他郷に行く」の意である。　問三　傍線部1の後で、王は「楽之」と言っている。荊臺に行く目的は、楽しいことであることが分かる。　問四　諫める子祺と、へつらう子西(自分)に求める扱いの差を押さえる。

問五　3の「能」は、可能の意。「耳」は、限定を表す。4の「若何」は、性質・状態・程度・真偽を問う。

問六　子祺と子西の違いを押さえる必要がある。直近において王を諫めたのは子祺であるが、子西は後の世のことまでを見据えていたのである。　問七　(1)　古典Bは、古文・漢文を読む能力を育成し、古典についての理解や関心を深めることをねらいとした選択科目である。古典Aでは、古文・漢文の両方、あるいはいずれか一方を取り上げることとなっている。　(2)　音読、朗読、暗唱などをすることで古典の理解をいっそう深めることが目的である。活動そのものが目的ではない。　(3)　文語文法をまとまった形で学ぶことを通して、古典に対する興味・関心を広げ、読むことの学習にも生かすことができるようにすることが目的である。

二〇一七年度 実施問題

【中高共通】

【一】次の文章を読んで、あとの問いに答えなさい。なお、1～10は、それぞれの段落番号を表している。

1 事実には、二種類ある。たとえば、「東から上った太陽が西へ沈む」という事実を考えてみよう。「地と空が接するところのいずれかから太陽が現れ(るように見え)て、空を横切った反対のほうの地に姿を消していく(ように見える)」のは、宇宙空間の中での地球と太陽との動きの関係による、物理的に動かしようのない事実である。これに対して、太陽が現れるのが「東」で姿を消すのが「西」というのは、ヒトが頭脳の中で作って共有したさまざまな事柄のうちでの事実だ。事実ではあるが、人間世界の中にしか存在しない事実ともいえる。かりに明日から、東を西とよび、西を東とよんだとしても、物理的事実は何ら変わらない。「西から上ったお日さまが東へ沈む」でも、「これでいいのだ」ということになる。

2 このような、ヒトが制度として作り出した事実は、「制度的事実」とよばれている。紙幣が紙であることは物理的事実だが、「お金」であることは制度的事実だ。制度的事実には、いま述べた方角などの地理概念や金銭などの制度のほか、時間、コヨミ、親族システム、財産など、ヒトが生み出した知に発するもののすべてが含まれる。「数」や、それを利用した度量衡なども典型例だ。

3 さて、十進法がヒトの手指の数と強く結びついているように、ヒトの身体と数の認識には密接な関係がある。ヒトは、自分で動ける地球上の多くの生物とまったく同じように、というよりもそれらの一種として、身体が左右対称にできている。左右対称だということは、とくに身体の移動などの物理的な働きをする部位や外部刺激を受けとる感覚器官の多くが、二つ、またはその倍数、すなわち偶数であることの前提となる。昆虫の脚は左右にそれぞれ三本ずつで六本、触角はふつう左右に一本ずつ二本、眼は通常二ヶ所。同様に、ヒトの手足は左右それぞれ二本ずつで四本、目や耳などはおのおの一つずつ二ケ所にある。このように、二や四や六などの偶数は、ヒトもその一種である生物の身体の構造をなり立たせている、根本的な数である。

4 偶数はまた、当然ながら二で割り切れる特性をもつ。割り切れる、すなわち等しい数に二分割できるということは、さまざまな場面での使い勝手のよさに通じる。多くのものを二人で平等に分けたり、ある面積や容量を二つに均等に配分したりすることは、日常ひんぱんにみられる場面だ。少なくとも、数をあつかう場面のなかで、二等分の機会は三等分よりもはるかに多く、ほとんど無意識に、たやすくおこなえる。紙を均等に二つ折りにするのは、三つ折りにするのにくらべて圧倒的に簡単だ。二つ折りにした紙は、新聞やパンフレットなど、生活のいろいろなところにあふれている。本の見開きも、左右に一葉ずつ、二葉のページからなり立っている。さらにまわりを見わたせば、テーブル、箱、部屋、建物、自動車などなどの立体の器物もまた、そのほとんどが六面体を基本とした二の倍数、すなわち偶数の面をそれぞれ対称に向かい合わせることによって構成されている。

5 さらにいえば、それぞれ対称となった二つの面は、前と後、上と下、表と裏など、私たちが対置的に認識してそう名づけたペアをなしている。器物のように物理的な対置ではないが、冒頭でふれた東と西や、明と暗、夏と冬、男と女、生と死などのペアもまた、物理的事実としてもともと自然界に存在したものを、私たちが対置としてとらえて二元的な組概念としたものだ。さらに、前と後に対する右と左、東と西に対する南と北、夏と冬に対する春と秋など、二元的な対置の方向にクロスしたり、対置の中間に位置づけられたりするもう一組の概念を合わせ、つごう四つからなる組概念を構成することも多い。

6 このように、地球とヒトとを元来なり立たせている物理的事実や、それに根ざしてヒトが作り出した制度的事実は、二またはその倍数を軸に組み立てられていることがほとんどである。ヒトが作った物もまた、物理的事実に根ざしたり制度的事実を反映したりして、二またはその倍数、すなわち偶数を、形の中におのずと含み込んでいる。言いかえれば、偶数は物事を組み立て、完結させる力をもった自然な数である。みずからもまた偶数で構成された身体をもつヒトは、偶数に対して、おさまったイメージをもち、完了や均衡の感覚をいだき、もうそれ以上は動かないという安定性を感じとる。

7 数とともに、数学の授業の黒板をいろどるのは図形(キカ)[b]だ。図形もまた、数と同じように、ヒトが作り出す物や、それを見てヒトがいだく感覚を、根本から定める要素になる。ヒトがものを見て「美しい」と知覚するのは、そこにいろいろな要素が一定の条件で配されているときだ。これらの要素のなかで数や色とともに重要な位置を占めるのが形であり、形にも、人の心を引きつけやすいものと、そうでないものとがある。対称だったり均等だったりする図形、つまり正円や正方形や正三角形などは、[3]「よい形」としてさまざまな場面で重んじられてきた。対称や均等は優勢なしるしであり、それがより良い食物や配偶者を選ぶための指標となったからこそヒトの心は対称や均等に誘引されるようになったのだという説も根強い。

8 [4]対称や均等が心を引きつけるもうひとつの重要な理由は、その単純さである。対称とか均等とかいうことは、その形の各部分、つまり辺の長さや辺と辺のなす角度などが等しいことを意味する。まちまちのパーツがランダムに組み合わさるよりも、同じパーツがルールにのっとって組み合わさるほうが、図形としては単純だ。ヒトは、進化の過程で、わが身をとり巻く[c]途方もない数量の森羅万象について、同じ性質をもつものは一つのカテゴリーにたばね、同じ因果関係で説明できる現象は一つにとりまとめて対処する脳の能力を発達させてきた。無駄を省いて合理的に認知する方向での脳の進化である。このような方向に進化した脳をもってするがゆえに、私たちヒトの科学は、いくら高度に発展したとしても、結局は分類(カテゴリーにたばねる)と法則化(因果関係を見つける)という「単純化」の行為にその本質がある。

[9] 科学とは異なる素朴な心の働きにおいても、同じ「単純化」の能力ゆえに、少々ゆがんだり、ぼやけたり、とぎれたりしたような形ですら、脳で「よい形」にまとめあげ、つくろってとらえようとする自然な志向を、ヒトはもっている。オーストリア生まれの動物行動学者イレネウス・アイブル＝アイベスフェルトによると、この志向に引っぱられた脳の動きが、不安や緊張などの感情をよびおこす刺激になるという。つまり、「よい形」だけではなく、「よい形」にちょっと足りない不完全やアンバランスも、対称や均等とは異なった独特なやり方で私たちの心をとらえるということだ。説明がつくようでどこかつかない不思議な話や、存在しないのにするかのようにみえる[c]ユウレイや怪物などに心ひかれたり信じたくなったりするのも、真実や「法則」にちょっと足りない不完全を埋めようとする同じ脳の働きから来ていると考えられる。

[10] こういう脳の働きもまた、特定の心理的効果をかもし出すという広い意味での美の感覚の一種である。不安定や非対称を含むバロック様式の建築やピカソの絵画などは、この種の美の一例だ。実際には存在しないのだけれどもいかにも存在していそうにみえ、さらには存在していてほしいと望まれる神や超自然をあがめる宗教も、根本的には[5]このような脳の働きによる美の体験の一種だといえる。

(松木武彦『美の考古学　古代人は何に魅せられてきたか』による。ただし一部に省略等がある。)

問一　二重傍線部a～cのカタカナをそれぞれ漢字で書きなさい。漢字は楷書で丁寧に書くこと。

問二　傍線部A、B「ほとんど」の品詞の違いについて、それぞれがどのような文の成分になっているかに触れながら説明しなさい。

問三　傍線部C「途方もない」の意味を文脈に即して説明しなさい。

問四　次は、傍線部1の「物理的事実」と「制度的事実」の具体例を示したものである。「制度的事実」の例に当てはまるものを、次のア～オの中からすべて選び、記号で答えなさい。

ア　一年のうちで、日の出から日没までの時間の最も短い日が冬至であるということ。

イ　一辺の長さが一メートルである正方形の面積は、一平方メートルであるということ。

ウ　地球が太陽の周りを一定の速度を保ちながら回り続けているということ。

エ　ダイヤモンドが、普遍的かつ恒久的な価値をもつ鉱物であるということ。

オ　母馬とその馬が産んだ子馬には、血のつながりがあるということ。

問五　傍線部2について、「密接な関係がある」とは、どのようなことか。「数の認識」の内容を明らかにしながら、五十字以内で説明しなさい。

問六　5の段落が文章中で果たしている役割を、他の段落との関係に触れながら説明しなさい。

問七　傍線部3「よい形」について、筆者が「　　」をつけた意図を説明したものとして最も適切なものを、次のア～エの中から一つ選び、記号で答えなさい。

ア　心の中に浮かんだことばであることを地の文と区別して示す意図。

イ　本来的な意味に対して筆者が疑問を感じていることを表明する意図。

ウ　他の文献から引用してきたことばであることを明確にして示す意図。

エ　本文中で述べた内容をまとめたことばであることを強調する意図。

問八　傍線部4について、「もうひとつの重要な理由」とは、どのような理由か。六十字以内で説明しなさい。

問九　傍線部5について、「このような脳の働きによる美の体験」とは、どのような体験か。五十字以内で説明しなさい。

問十　説明的な文章を教材として、学習指導要領(＊)における「読むこと」と他の領域とを関連させた単元を構成する場合、どのような授業を構想するか。関連させる領域を明らかにして、簡潔に書きなさい。

〔＊中学校学習指導要領(平成20年3月告示)、高等学校学習指導要領(平成21年3月告示)〕

(☆☆☆◎◎◎)

【二】次の文章は、『大鏡』の一節で、太政大臣や関白を務めた藤原頼忠について、語り手である大宅世継(おおやけのよつぎ)が聴衆に語り始めた場面である。これを読んで、あとの問いに答えなさい。ただし設問の都合上、表現を一部改めたところがある。

1※この大臣、いみじきことどもしおきたまへる人なり。賀茂詣(かもまうで)に、a検非違使、車のしりに具すること、また馬の上の随身、左右に四人つがはしむることも、この殿のしいでたまへり。古は、※物節(もののふし)のかぎり、一人づつありて、※府生(ふしやう)はなくてはべりしなり。一の人おはすなど見ゆること Aはべらざりけり。必ずかくはべるなりけることなりかし。あまりよろづしたためあまりたまひて、殿のうちに宵にともしたる油を、またのつとめて、2さぶらひに油瓶を持たせて、女房の局までめぐりて、残りたるを返し入れて、また、今日の油にくはへてともさせたまひけり。3あまりにうたてあることなりや。

一条院位につかせたまひしかば、※よそ人にて、関白退かせたまひにき。ただ、おほきおほいどのと申して、※四条の宮にこそは、一つに住ませたまひしか。それに、※この前の帥殿(さきのそちどの)は、※時の一の人の御孫にて、えもいはずはなやぎたまひしに、※六条殿の御婿にておはせしかば、つねに※西洞院(にしのとうゐん)のぼりに歩きたまふを、こと人ならばこと方よりよきてもおはすべきを、※大后・太政大臣のおはします前を、馬にてわたりたまふ。[4]おほきおほいどのいとやすからず思せども、いかがはせさせたまはむ。[5]なほいかやうにてかとゆかしく思して、中門の北廊の[b]連子よりのぞかせたまへば、いみじうはやる馬にて、御紐おしのけて、雑色(ざふしき)二三十人ばかりに、先いと高くおはせて、うち見いれつつ、馬の[c]手綱ひかへて、扇高くつかひて通りたまふを、あさましく[B]思せど、なかなかなることなれば、こと多くものたまはで、ただ、[6]「なさけなげなる男にこそありけれ」とばかりぞ申したまひける。非常のことなりや。さるは帥中納言殿の上の六条殿の姫君は、母は三条殿の御女におはすれば、御孫ぞかし。されば、人よりはまゐりつかまつりだにこそしたまふべかりしか。

この頼忠のおとど、一の人にておはしましかど、[7]御直衣にて内にまゐりたまふことはべらざりき。奏せさせたまふべきことある折は、※布袴(ほうこ)にてぞまゐりたまふ。さて、殿上にさぶらはせたまふ。年中行事の御障子のもとにて、さるべき職事蔵人などしてぞ、[C]奏せさせたまひ、うけたまはりたまひける。また、ある折は、鬼間(おにのま)に帝出でしめたまひて、召しある折ぞまゐりたまひし。関白したまへど、よその人におはしましければにや。

(注)　※この大臣…頼忠のこと。「おほきおほいどの」「太政大臣」「三条殿」も同じ。
※物節・府生…どちらも近衛府の役人のこと。
※よそ人…天皇に対して血縁関係にない人。
※四条の宮…頼忠の娘である中宮遵子の居所のこと。四条南・西洞院東にあった。
※この前の帥殿…藤原隆家のこと。「帥中納言殿」も同じ。
※時の一の人…摂政である藤原兼家のこと。
※六条殿…源重信のこと。邸宅が六条北・西洞院西にあった。

※西洞院のぼり…西洞院大路を内裏のある北へ向かうこと。
※大后…中宮遵子のこと。
※布袴…束帯姿より略装で、衣冠より改まった服装のこと。

問一　波線部a～cの漢字の読みを、それぞれ現代仮名遣いで書きなさい。
問二　二重傍線部A「はべら」、B「思せ」、C「奏せ」について、敬語の種類と、敬意の対象として最も適切なものを、敬語の種類は次の①～③の中から、敬意の対象は次のア～オの中からそれぞれ一つずつ選び、記号で答えなさい。

敬語の種類　①　尊敬語　②　謙譲語　③　丁寧語
敬意の対象　ア　聴衆　イ　この大臣　ウ　この前の帥殿　エ　六条殿　オ　帝

問三　傍線部2の「さぶらひ」と、次の文の傍線部X「さぶらひ」との意味の違いを、生徒にわかりやすく説明したい。品詞の違いに注目しながら、どのように説明するか書きなさい。

> いづれの御時にか、女御、更衣あまたさぶらひ(X)たまひける中に、
> （源氏物語　桐壺）

問四　第一段落において、「この大臣」はどのような人物として語られているか。傍線部1と傍線部3に注目して、四十字以内で説明しなさい。
問五　傍線部4について、語り手がこのように述べている根拠を、本文中から三十五字以内で探し、その最初と最後の五字を抜き出して書きなさい。
問六　傍線部5「なほいかやうにてかとゆかしく思して」、6「なさけなげなる男にこそありけれ」について、それぞれ現代語訳しなさい。

問七　傍線部7について、頼忠がこのような行動をとった理由を、語り手はどのように考えているのか、三十字以内でわかりやすく説明しなさい。

（☆☆☆☆◎◎◎）

【中学校】

【一】次の漢詩は、作者が朝廷に出仕するも、志を得ぬままに、曲江(長安にあった池)のほとりで詠んだ唐詩である。これを読んで、あとの問いに答えなさい。ただし、設問の都合上、〈本文〉においては送り仮名や返り点の省略、一部の改変がある。〈現代語訳〉においても一部の省略や改変がある。

〈本文〉

曲江二首

A

一片花飛減却春
風飄万点正愁人
且看欲尽花経眼
莫厭傷多酒入唇
江上小堂巣翡翠

B

朝回日日典春衣
毎日江頭尽酔帰
酒債尋常行処有
人生七十古来稀
穿花蛺蝶深深見

苑辺ノ高塚ニ臥ス㆓麒麟㆒
細カク推スニ㆓物理ヲ㆒ 1須㆓行樂㆒
何ゾ用ヒン浮名ノ絆ほだスヲ㆓此ノ身ヲ㆒

點スル㆑水ニ蜻蜓ハ款款トシテ飛ブ
伝語ス風光共ニ流転シテ
2暫時相賞シ莫カレ㆓相違フコト㆒

〈現代語訳〉

A　ひとひらの花が散って春が次第に衰え、そして風が無数の花びらを散らすようになると、まことに人の心を愁えさせるものだ。しかし、今は尽きようとする花びらが眼前に降るのを眺めながら、酒杯を多く重ねることもよしとしよう。見れば川のほとりの小さな建物には、かわせみが巣を作っており、御苑の近く高い塚の前には、石造の麟麟が臥している。ものごとの道理をつくづく考えると、〔省略〕。はかない俗世間の名声のために、この身をしばる必要などあるわけはない。

B　役所から帰ると、毎日のように春着を質に置いて、曲江のほとりで酔いを尽くして帰る。酒のうえの借金はめずらしくもなくいたるところにあるが、古来から、人生は七十まで生きられるなんて稀である。花の間を縫って飛ぶチョウは、奥深いところに見えかくれし、水面を軽く叩くトンボは、ゆっくりと飛んでいる。私はこの春の景色にことづてしたい。わが身も春光もともに移り流れていくのであるから。〔省略〕。

（樋口剛『唐詩と詩人たち』による）

問一　二つの漢詩に共通する詩の形式と、詩聖ともよばれた作者の名前を、それぞれ漢字で書きなさい。
問二　Bの漢詩に由来するといわれる、年齢の別称を、漢字で書きなさい。
問三　Aの漢詩の頸聯について、二つの句がどのような関係にあるか、句の構造と用いられている言葉に注目しながら、わかりやすく説明しなさい。
問四　Bの漢詩の押韻について、この詩の形式の押韻のきまりに触れながら、詩の中の漢字を取り上げ、具体的に説明しなさい。
問五　傍線部1「須行樂」をすべてひらがなで書き下しなさい。
問六　傍線部2「暫時相賞莫相違」に表れている作者の心情を説明したものとして最も適切なものを、次のア～エの中から一つ選び、記号で答えなさい。
ア　社会生活の中では得られなかった自分の居場所を、自然の中に求める気持ち。
イ　美しい春の景色に心打たれ、友と酒を酌み交わしながら語り合いたい気持ち。
ウ　春が過ぎ去っていくことを惜しみ、今の生活が永遠に続くことを祈る気持ち。
エ　毎日の自分の生活を振り返り、詩作で身を立てることができるか疑う気持ち。
問七　次は、「中学校学習指導要領」(平成20年3月告示)における中学校三年生の指導事項である。A、Bのように、同じ作者による二つの漢詩を教材としてこの事項を指導する際、どのような言語活動を設定し、どのような方法で評価するか、書きなさい。
「伝統的な言語文化と国語の特質に関する事項」　ア　伝統的な言語文化に関する事項
(ア)「歴史的背景などに注意して古典を読み、その世界に親しむこと。」
「読むこと」　自分の考えの形成に関する指導事項

エ「文章を読んで人間、社会、自然などについて考え、自分の意見をもつこと。」

（☆☆☆◎◎◎）

【高等学校】

【二】次の漢文を読んで、あとの問いに答えなさい。ただし、設問の都合上、送り仮名や返り点を省略したところや、表現を一部改めたところがある。

後漢魯恭字仲康、扶風平陵人。粛宗時、拜中牟令。専以(a)德化爲理、不任刑罰。
郡國螟傷稼。犬牙緣界、不入中牟。河南尹袁安聞之、疑其不實、使仁恕掾肥親往廉之。1恭隨行阡陌、倶坐桑下。有雉過而止其傍。傍有童兒。親曰、2「兒何不捕之。」兒言、3「雉方將雛。」親(b)瞿然起、与恭訣曰、「所以來者、欲察君政迹耳。今蟲不犯境、化及鳥獸、豎子有仁心。4三異也。」還府以狀A白安。5是年嘉禾生恭便坐庭中。安上書言狀、帝異之。在事三年、

州擧グ二※尤異いういヲ一。去リレ官ヲ吏人思ヘリレ之ヲ。後爲ル二※司徒ト一。性謙退ニシテ、奏議ニモ依リレ※經ニ、潜

有ルモ二※補ほ益えきスルコト一、然モ不二自ラ顯あらはサ一。

（『蒙求』による）

(注) ※扶風平陵…陝西省咸陽の西北の地。 ※粛宗…後漢の第三代皇帝、章帝のこと。
※中牟令…河南省中牟の県令。 ※螟：稲につく害虫。
※犬牙縁界…犬の牙のように入り組んだ県境。 ※尹…郡の長官。
※仁恕掾…獄を司る官。 ※阡陌…あぜ道。 ※瞿然…驚く様子。
※迹…跡に同じ。 ※嘉禾…別々の茎から出た穂が一つになった稲。瑞祥の一つ。
※便坐…わき座敷。 ※尤異…優れている。 ※司徒…丞相。 ※經…儒教の経書。
※補益…政道のたすけとなる。

問一　波線部a～cの漢字の読みを、必要に応じて送り仮名を補って、すべてひらがなで書きなさい。ただし、現代仮名遣いで書くこと。

問二　二重傍線部A「白」と同じ意味の「白」を含む熟語を、次のア～オの中から一つ選び、記号で答えなさい。

ア　明白　　イ　建白　　ウ　蒼白　　エ　潔白　　オ　余白

問三　傍線部1「倶坐桑下」について、この場面の状況が具体的にわかるように、現代語訳しなさい。

問四　傍線部2「兒何不捕之」、傍線部3「雉方將雛」を、それぞれ漢字仮名交じりで書き下しなさい。
問五　傍線部4「三異」について、その三つの内容をそれぞれ簡潔にまとめなさい。
問六　傍線部5「嘉禾生恭便坐庭中」について、この出来事はどのようなことを象徴していると考えられるか。本文全体の内容を踏まえて、四十字以内で書きなさい。
問七　次は、「高等学校学習指導要領」(平成21年3月告示)における「古典B」の指導事項の一つである。本文を教材としてこの事項を指導する際、どのような言語活動を設定し、どのような方法で評価するか、書きなさい。
　ウ　古典を読んで、人間、社会、自然などに対する思想や感情を的確にとらえ、ものの見方、感じ方、考え方を豊かにすること。

(☆☆☆◎◎◎)

解答・解説

【中高共通】

【一】 問一　a　暦　b　幾何　c　幽霊　問二　Aは「無意識に」を修飾している副詞であるが、Bは文の主語になっていることから名詞である。　問三　とてつもなく多くの　問四　ア、イ、エ
問五　ヒトの身体の大部分は偶数によって構成されているため、偶数に対して安全性を感じとるということ。

(四十六字)　問六　3、4段落で述べた内容を受け、発展的な事例や身近な事柄を読者に想起させることで、考えをまとめて述べている6段落の理解を促す役割。　問七　エ　問八　合理的に認知するという単純化の能力をもつヒトの脳は、対称や均等といった性質がある図形の単純さに美しさを感じるから。(五十七字)　問九　不安や緊張などの感情をよび起こす刺激を求めて、不完全やアンバランスなものに対して心ひかれる体験。(四十八字)　問十　「話すこと・聞くこと」領域との関連を図り、文章を読んで興味を持った内容について、図書館などを活用して集めた資料を基に考えをまとめ、スピーチを行う。

〈解説〉問一　同音異義語や類似の字形に注意すること。たとえば、aは「歴」と間違えやすい。

問二　A　「無意識に」は形容動詞「無意識だ」の連用形。すなわち用言であり、用言を修飾するのは副詞となる。　B　「ほとんどが」という主語を示す文節を構成する名詞になっている。　問三　「途方もない」は、「とんでもなく多くの」を意味する表現である。他に「道理にはずれている」という意味があるが、この文脈には適さない。　問四　「物理的事実」とは、「(時間・空間・力や物質などに関して)具体的な事実として見る立場に立つようす」をいい、「制度的事実」は、文中にある「ヒトが生み出した知に発するもののすべてに関する事実」である。ウとオが前者に、ア、イ、エが後者に属する。　問五　3段落に、ヒトの身体が左右対称であることが述べてあり、「感覚器官の多くが、二つ、またはその倍数、すなわち偶数であること」を説明してある。6段落では、偶数で構成された身体をもつヒトは「偶数に対して、おさまったイメージをもち、完了や均衡の感覚をいだき、もうそれ以上は動かないという安定性を感じとる」と述べてある。

問六　3段落では、ヒトと生物の身体の構造が偶数で成り立っていることを、4段落では、偶数が日常生活に関係があることを述べ、5段落では前二段落を踏まえ、さらに発展的に「対称となった二つの面」を対置させ、具体例を示しながら偶数の持つ概念に興味をいだかせる内容を述べている。そして、6段落のまとめへとつないでいる。　問七　会話などの引用でないカギ括弧は、筆者の強調したい内容を示す役割を果たすことが多い。対称や均等のもつ偶数の優勢的特徴を印象づける働きをしている。このことを説明しているものを選ぶ。　問八　ヒトは、進化の過程であらゆる現象を科学的に分析し合理的に認知する脳を発達させ、無駄をはぶき、分類と法則化による現象の単純化を図ってきた。複雑な組合せよりも単純化され整理された組合せの方がヒトの心をひきつける理由がここにある。こうして対称や均等の調和した形(正円や正方形、正三角)にヒトは美しさを感じるのである。　問九　傍線部5の「このような脳の働き」とは、9段落の真実や「法則」、ちょっと足りない不完全を埋めようとする同じ脳の働きを指す。つまり「美の体験」とは、不安や緊張などの感情をよび起こす刺激を求めて、「よい形」にちょっと足りない不完全やアンバランスなものに対して心ひかれる体験である。　問十　中学校学習指導要領の各学年の「C読むこと」の言語活動例の中で、第二学年の場合「イ　説明や評論などの文章を読み、内容や表現の仕方について自分の考えを述べること」、「ウ　新聞やインターネット、学校図書館等の施設などを活用して得た情報を比較すること」とある。また、高等学校学習指導要領国語の「国語総合」の指導事項エには、「文章の構成や展開を確かめ、内容や表現の仕方について評価したり、書き手の意図をとらえたりすること」と示してある。さらに設問は、他の領域と関連させた単元構成を求めている。そのため、「A話すこと・聞くこと」や「B書くこと」の領域と関連した指導計画を考える必要がある。

【二】問一　a　けびいし　b　れんじ　c　たづな　問二　A　種類　③　対象　ア　B　種類　①　対象　イ　C　種類　②　対象　オ　問三　どちらも「さぶらひ」ではあるが、2は名詞で「従者」の意味であり、Xは「お仕えする」という意味の動詞が活用したものである。　問四　宮中のしきたりを整えるという業績をおさめた一方で、几帳面すぎる一面もある人物。(三十九字)　問五　この前の帥〜ぎたまひし　問六　5　それでもやはり、どのような様子であるか知りたくお思いになって　6　思いやりのなさそうな男であることよ　問七　頼忠は天皇と血縁関係になく、遠慮して行動していたから。(二十七字)

〈解説〉問一　a　検非違使は、平安時代、京都中の非法を取締り、秩序の維持や風俗の粛正などにあたった官職。　b　連子は、窓に細い木や竹を縦または横に透かして並べて打ちつけた格子。　c　「手綱」は、馬のくつわにつけ、手に持って馬をあやつる綱。　問二　A　「はべら」は、「はべり」(自ラ変)の未然形で丁寧語。語り手である大宅世継から聴衆への敬意。　B　「思せ」は、「思す」(他サ四)の已然形で、「思ふ」の尊敬語。敬意の対象は「この大臣」(頼忠)。　C　「奏せ」は、「奏す」(他サ変)の未然形で、「(天皇に)申し上げる」意の謙譲語。敬意の対象は帝。　問三　傍線部2の「さぶらふ」(自ハ四)の連用形で、「貴人の側に仕える」意の謙譲語である。　問四　傍線部1は「この大臣」(頼忠)が「すばらしいことをいろいろとつくっておかれた方」と述べ、傍線部3は「これは、あまりにもひどいなさりかたですなあ」と驚きの声である。両者の記述の間の世継の語りの内容をまとめると、「検非違使が車の後方に従うことや、馬の上の随身を左右に四人対にして配置させることも頼忠公がはじめられたこと」および「あまりにも万事をきちんと処理なさりすぎなさって」とあるように、一つに宮中のしきたりの整理と、他に過剰な几帳面な性格の持ち主であることが語られている。　問五　傍線部4は、「頼忠公が心おだやかならず思われたけれど、どうなさることができましょう」の意。その理由は、頼忠に不機嫌なふるまいをする人物がいたことによる。文中の「この前の帥殿は時の一の人の御孫にて、えもいはずはなやぎたまひしに」とあることから、藤原隆家の大変派手にふるまう行為が、その根拠である。　問六　5「なほいかやうにてか」は、「それにしても、どんな様子で通るのか」の意。「ゆかしく思して」の「ゆかしく」は「ゆかし」(形・シク)の連用形で、「心がその方に向かって行く」の意で、ここでは「見たい」と訳す。「思して」の「思し」は「思す」(「思ふ」の尊敬語)の連用形。「お思いになって」の意。6「なさけなげなる」は、「なさけなげなり」(形動・ナリ)の連体形で、「人情味のない、薄情な」意。「にこそありけれ」の「に」は断定の助動詞「なり」の連用形。「こそ～けれ」の「けれ」は、詠嘆の助動詞「けり」の已然形係助詞「こそ」と呼応し、係結びになっている。　問七　傍線部7は、「頼忠公が摂政・関白であっても、直衣(普段着)で参内なさることはなかった」の意。直後に「奏させたまふべきことある折は、布袴にてぞまゐりたまふ」とある。こうした頼忠の天皇との関わりを語り手は「関白したまへど、よその人におはしましければにや(あらむ)」(関白ではありましたが、天皇に対して血のつながりのない他人でおいでであったからでしょうか)と述べている。

【中学校】

【一】問一　詩の形式…七言律詩　名前…杜甫　問二　古稀　問三　二つの句は対句の関係にあり、修飾語と被修飾語の配置をそろえ、同じ位置に対比的な意味の言葉を用いている。　問四　押韻する初句末と各偶数句末が、音読みすると母音がすべてイ段音である「衣・帰・稀・飛・違」になっている。　問五　すべからくこうらくすべし　問六　ア　問七　作者の姿がよく表れているのはどちらの詩なのかについて、根拠も含めて自分の考えを発表する活動を設定し、発表で用いた資料や原稿などから評価する。

〈解説〉問一　七言律詩は唐代に成立した近体詩の一つで、一句七字による八句の形式をいう。作者は盛唐の詩人の杜甫。李白の詩仙に対して詩聖と呼ばれ、李絶杜律(李白は絶句、杜甫は律詩にすぐれている)という評もある。　問二　第四句の「人生七十古来稀」から、七十歳を「古稀」(こき)という。類語に「従心」がある。

これは「論語」に基づく。　問三　律詩では、第三句と第四句(頷聯)と第五句と第六句(頸聯)が対句になる。第五句の「江上」と第六句の「苑辺」が対語で、それぞれ「小堂」と「高塚」を修飾している。また、第五句の「巣」と第六句の「臥」が対語になり、それぞれ「翡翠」と「麒麟」を補語にしている。この関係をまとめる。　問四　律詩では、五言律詩では偶数句末に、七言律詩では第一句末および偶数句末の字に押韻(同韻の字を用いて音調を整える法則)する。　問五　須(ラク)行(シ二)樂(ス一)の書き下し文。　問六　傍線部2の「暫時」は「しばらくの間」、「相賞莫相違」は「互いの良さを認め合い、仲違いすることのないようにしよう」の意。自然とともに生きようとする作者の心情である。　問七　同じ作者による二つの漢詩を教材として用いて言語活動を行う際の指導事項が二つ例示されている。「伝統的な言語文化に関する事項」のアは、古典の作品の背景の歴史的な状況を踏まえて古典を読み作品の世界を実感的にとらえる学習である。また、「読むこと」のエは、書かれた内容について「自分の意見を持つこと」に関する指導事項である。漢詩の指導では、そこに表れているものの見方や考え方から、人間、社会、自然などについて思考させ、確かな思想や豊かな心情を培い人間的成長を図ることが大切である。漢詩についての基礎的学習のあとに、その知識を活用し、作品について批評させ意見をもたせるためのグループによるアクティブラーニング等を導入する。そのためにペアやグループによる資料収集や意見発表を通じ、古典としての漢詩についての理解と古典世界への興味・関心を深める指導を考えてみよう。その言語活動について、グループの目標設定と学習への取り組み、その成果(到達度)等を評価する内容でまとめる。

【高等学校】

【一】問一　a　もっぱら　b　と　c　ひそかに　問二　イ　問三　魯恭は、肥親とともに桑の木の下に座った。　問四　2　兒何ぞ之を捕らざる　3　雉方に雛を将ゐる　問五　・害虫が県境から侵入して来なかったこと。　・徳化が鳥や獣にまで及んでいること。　・年端のいかない子どもであっても、仁の心が備わっていること。　問六　魯恭の徳を大切にする善政によって、治めている土地の繁栄が続くということ。（三十六字）　問七　道家や法家思想の文章を取り上げて読み比べ、考え方の違いをとらえ、共感できる点について交流する活動を設定し、考えをまとめた発表資料などから評価する。

〈解説〉問一　a　「専」は「ひとすじに。ひたすら。」の意。　b　「与」は「〜と」の意。　c　「潜」は「人知れず。そっと。」の意。　問二　Aの「白」は「もうす」と読む。「言う」「告ぐ」の謙譲語。正答の「建白」は「上に意見を申し上げること」の意。　問三　倶ニ坐ス二桑下ニ一と訓点をつけ、「ともに桑下に坐す」と書き下す。　問四　2　兒何ゾ不ザルレ捕ラレ之ヲの書き下し文。　3　雉方ニ將ヰルレ雛ヲの書き下し文。「將」は「ひきゐる」と読む。　問五　「三異」とは「三つの異常事」をいう。一つは「今蟲不犯境」、二つ目は「化及鳥獣」、三つ目は「豎子有仁心」をさす。この内容を簡潔に述べればよい。　問六　傍線部5は「別々の穂から出た穂が一つになった稲の瑞祥が恭のわき座敷の庭に出た」と訳す。冒頭の文に「専以徳化爲理、不任刑罰」とある。魯恭が善政徳化の政治をしたことにより、人々の豊かな生活が続くことの象徴ということができる。　問七　提示された指導事項に関わる「古典B」の言語活動としては、「イ　同じ題材を取り上げた文章や同じ時代の文章などを読み比べ、共通点や相違点などについて説明すること」、「ウ　古典に表れた人間の生き方や考え方などについて文章中の表現を根拠にして話し合うこと」、「エ　古典を読んで関心をもった事柄などについて課題を設定し、様々な資料を調べ、その成果を発表したり文章にまとめたりすること」が考えられる。解答例はイの言語活動を踏まえた記述となっているが、いずれにしても、生徒の思考力や想像力、判断力を伸ばし、心情を豊かにして、人間形成に資することをねらいとした言語活動や評価とすればよい。

二〇一六年度　実施問題

【中高共通】

【一】次の文章を読んで、あとの問いに答えなさい。

わが国の戦国時代の茶の湯の愛好者は、個性的な生き生きとした力感の溢(あふ)れた陶磁器を愛した。彼らは、規格的で精巧なものを嫌い、不ａキンコウ、不完全など、特に破調を好んだ。庶民の雑器に過ぎなかった粗陶さえ取り上げ、そこに美を発見したのである。[1]この陶磁器の美は、触覚の美に支えられている。陶磁器は、単に眺めるだけでなしに、それを手に取って、その形を味わい、その手触りを感じることが欠かせない。陶磁器の制作はもちろん、鑑賞でも、触覚が重要な役割を果たしているのである。物は、触らなければ、その本当のリアリティは生まれてこない。

触覚は、（　Ⅰ　）的感覚ではなく、（　Ⅱ　）的感覚である。表現とは、差し当たり形を作ることなのだが、その形は、最初、（　Ⅲ　）的感覚から得られる。触覚は最も身体的直接的で、そこでは、知覚する者と知覚される物の距離がゼロになる。触覚は身体的感覚の先端であり、あらゆる感覚の出発点である。視覚や聴覚にも、触れる感覚が必要である。絵画の場合でも、画家は、物の形を目でなぞっている、いわば[2]目で触っている。視覚にも、触覚的・運動的働きが隠されている。また、実際の制作に当たっても、画家は絵筆を手で握り、物をなぞるように描いている。いわば、絵筆で触っているのである。画家は手で描き、[3]手で見る。

画家が世界の中に身を置き、その眼差しによって物に近づくとき、物の方も画家に身を開いてくる。そのとき、画家の独特の目には、普通の人間には見えない物の姿も見えてくる。そのようにして見えてくる物を描くのが画家の仕事である。見るということは、私の身体全体が対象に向かって働きかけることである。見るから見えるのであって、見なければ見えてこない。見ることがあってはじめて、物は見えてくる。触れることによって触れられた物を知ることができるように、われわれは、見ることによって見られる物を知る。

画家の見るものは、例えば色であり形であり線であるが、それらは、それ自体として、物に付属しているわけではない。しかし、画家は、そこに色や形や線を見て、それによって物を描く。見ることは、単なる受容ではなく、創造である。しかも、画家は描きながら見る。画家が描くという行為に完全にA没入しているとき、物は見えてくる。しかも、描くという行為は身体を通した行為である。彫刻家が物に触れながら作品を作るように、あるいは、視覚障害者がbソゾウに手で触れてその美しさを感じるように、われわれは対象に向かい、それをなぞるという能動的行為によって、対象を知ることができる。

自然の中に自分を身体ごと投げ出すと、自然の方から語りかけてくるものがある。画家が木を見るとき、木も画家を見る。この能動と受動の一致したところに、創造性の源泉はある。

※セザンヌは絵のモチーフを探しに※プロヴァンスの野外を歩き回ったが、だからといって、何かある先入観をもって出掛けたわけではない。むしろ、いかなる先入観ももたずに自然と出会う。その出会いの瞬間、自然を見るというよりも、むしろ自然に見られるという感覚を得たとき、はじめて、セザンヌは絵のモチーフを見出すことができたのである。見る者と見られる物の出会い、感じる者と感じられる物の一致点に、芸術の創造性はある。セザンヌは、自然とは〈感覚〉だと言っていたが、その〈感覚〉とは、能動と受動の一致したところに成り立つ直接体験だったのである。能動あっての受動である。4身体を通した能動的行為が、対象の中の命を引き出してくる。

何かを美しいと感じて、その感動を表現するのが芸術であるが、しかし、その感動は、単に主観的なものではない。感情は、対象の触発によって惹起されると主観的情緒と考えられているが、その背景には、活動する身体と能動的行為がなければならない。パトス(情念)は、身体性を帯びた一種の受苦であるが、これも単なる受動ではなく、能動である。制作者と対象、作品と鑑賞者の間で起きてくる共感も、活動する身体において生起してくる共通感覚であって、そこには生きられる身体がなければならない。感動すること、それは、能動と受動の呼応するところに生起してくる出来事なのである。

本居宣長は、『源氏物語』を解釈して、この文学作品の本質を〈もののあはれ〉の表現とみた。『源氏物語』を理解することは、〈もののあはれ〉を知るということである。〈もののあはれ〉を知るとは、

「感ずべきことにあたりて、感ずべきこころをしりて、感ずる」

ことである。悲しいことに限らず、嬉しいことにも、面白いことにも、楽しいことにも、可笑しいことにも、すべて、こころの感動を通して知るのが〈もののあはれ〉を知るということである。言葉では表すことのできない深い感動から、物語や歌は生まれる。

しかし、この深い感動は、単に主観的な感情ではない。〈もののあはれ〉の〈もの〉は、物でもあり、心(霊)でもある。物象でもあり、心象でもある。主観でもあり、客観でもある。直接的なものでもある。しかも、〈事に触れる〉という能動性がなければ、この感情は生まれてこない。

「　　Ⅳ　　」

という宣長の説は、そのことをよく表わしている。

〈あはれ〉とは、本来、B感動詞である〈ああ〉と〈はれ〉の結合したもので、物事に触れて感動し、思わず口にするcサケびである。「見るものきく物ふるゝ事に、心の感じて出る、嘆息の声」が〈あはれ〉である。この感動詞は、単なる主観でも客観でもなく、能動と受動が呼応する直接経験から出てきているものだと言わ

ねばならない。私と事象との接触において成立する世界感情、それが〈もののあはれ〉なのである。そういう能動でもあり受動でもある直接経験から感動は生まれ、その感動から表現が生まれ、表現があって認識が成り立つ。そういう芸術の構造を一言で表現したのが、宣長の〈もののあはれ〉論だと言えよう。

『古今和歌集』のよく知られた序文も、自然や人生の出来事に作者の心が触発されて、そこからおのずと言葉として表現されたもの、それが和歌だと主張している。そこでも言われているように、天地をも動かし、目に見えぬ鬼神をも〈あはれ〉と思わせ、感動させるような歌は、なるほど、見るもの聞くものにつけて表現されたものなのだが、この見るもの聞くものに触発されるためには、〈見る〉〈聞く〉という能動的行為がなければならない。表現の源泉である深い感動は、それ自身は主観でも客観でもない根源、能動的で同時に受動的な直接経験からわき出てくるものなのである。

（小林道憲『芸術学事始め　宇宙を招くもの』による。ただし一部に省略がある。）

※　セザンヌ…フランスの画家。後期印象派の巨匠。
※　プロヴァンス…フランス南東部の地中海に面した地方名。

問一　＝＝部a～cのカタカナをそれぞれ漢字で書きなさい。漢字は楷書で丁寧に書くこと。
問二　――部A、Bについて、次の(1)、(2)の問いに答えなさい。
(1)　――部A「没入」の意味を文脈に即して書きなさい。
(2)　――部B「感動詞」について、「感動詞」は独立語であることを生徒に理解させたい。具体的にどのような工夫が考えられるか、説明しなさい。
問三　～～部「本居宣長」について説明した次の文章の空欄（　①　）、（　②　）に入るものを、次のア～カの中からそれぞれ選び、記号で答えなさい。ただし、解答の順序は問わない。

説明文…　本居宣長は、江戸中期に活躍した国学者である。賀茂真淵に師事し、国学の分野で優れた業績を残した。

代表的な著書に、（　①　）、（　②　）、『源氏物語玉の小櫛』、『てにをは紐鏡』などがある。

ア　『折たく柴の記』　イ　『玉勝間』　ウ　『花月草紙』　エ　『万葉代匠記』　オ　『蘭学事始』

カ　『古事記伝』

問四　――部1を具体的に説明したものとして、最も適切なものを、次のア～エの中から一つ選び、記号で答えなさい。

ア　陶磁器を手に取ったとき、その形状や表面の質感から、その器が持つ実在性を感じること。

イ　陶磁器を観察したとき、重量感のある力強い輪郭から、その器が持つ耐久性を感じること。

ウ　陶磁器を観察したとき、庶民の粗陶に現れた個性から、その器が持つ独自性を感じること。

エ　陶磁器を手に取ったとき、生活における使用実感から、その器が持つ有用性を感じること。

問五　空欄（　Ⅰ　）～（　Ⅲ　）には、それぞれ「能動」・「受動」のいずれかが入る。その組み合わせとして最も適切なものを、次のア～エの中から一つ選び、記号で答えなさい。

ア　Ⅰ　能動　Ⅱ　受動　Ⅲ　受動　　イ　Ⅰ　能動　Ⅱ　受動　Ⅲ　能動

ウ　Ⅰ　受動　Ⅱ　能動　Ⅲ　能動　　エ　Ⅰ　受動　Ⅱ　能動　Ⅲ　受動

問六　――部2「目で触っている」、――部3「手で見る」について、表現の特徴を踏まえ、筆者がそのように表現した意図をわかりやすく説明しなさい。

問七　――部4「身体を通した能動的行為が、対象の中の命を引き出してくる」とはどういうことか。セザンヌの例に即して、六十字以内で具体的に説明しなさい。

問八　空欄［Ⅳ］に引用されている「宣長の説」として、最も適切なものを、次のア～エの中から一つ選び、記号で答えなさい。

ア　あはれにたへぬときは、いはじとしのべども、をのづから其おもむきのいはるるもの也

イ　大かた物のあはれをしり、なさけ有て、よの中の人の情にかなへるを、よしとする也

ウ　人のしわざ情のあるやうを、よくわきまへしる、これぞ物語をよまむ人のむねと思ふ也

エ　事にふれてそのうれしくかなしき事の心をわきまへしるを、物のあはれをしるといふ也

問九　〈もののあはれ〉論や『古今和歌集』を取り上げたことによって得られる効果を、本文における筆者の考えを踏まえて、九十字以内で説明しなさい。

問十　「読むこと」の授業(中学校は二年生、高等学校は国語総合)で、「説明的な文章」を読み、「内容や表現の仕方について自分の考えを述べる」という言語活動を行う際、どのような授業を行うか。学習指導要領(＊)の指導事項を踏まえて、具体的に書きなさい。

〔＊中学校学習指導要領(平成20年3月告示)、高等学校学習指導要領(平成21年3月告示)〕

(☆☆☆◎◎◎)

【二】次の文章は、『讃岐典侍日記』の一節で、堀河天皇に仕えていた筆者が、堀河天皇の死後、幼い鳥羽天皇に再び仕え始めたときの話である。これを読んで、あとの問いに答えなさい。

明けぬれば、いつしかと起きて、人々、「めづらしきところどころ見ん」とあれど、具して歩かば、1いかがもののみ思ひ出でられぬべければ、ただほれてゐたるに、御前のおはしまして、「いざ、いざ。※黒戸の道をおれが知らぬに、教へよ」とおほせられて、A引き立てさせたまふ。

参りて見るに、aせいりやう殿(でん)、※仁寿殿(じじゆうでん)、いにしへに変はらず。※台盤所、※昆明池(こんめいち)の御障子、今見れば見し人にあひたる心地す。※弘徽殿(こきでん)に皇后宮(きさいのみや)おはしまししを、殿の御bとのゐ所になりにたり。黒戸の小半(こは)蔀(じとみ)の前に植ゑおかせたまひしcせんざい、心のままにゆくゆくとおひて、御春有輔(みはるのありすけ)が、

君が植ゑしひとむら薄虫の音のしげき野べともなりにけるかな

といひけんも、2思ひ出でらる。※御溝水(みかはみづ)の流れに並み立てるいろいろの花ども、いとめでたきなかにも、萩の色こき、咲きみだれて、朝の露玉をつらぬき、夕べの風なびくけしき、ことに見ゆ。これを見るにつけても、B御覧ぜましかば、3いかにめでさせたまはましと思ふに、

萩の戸におもがはりせぬ花見ても昔をしのぶ4袖ぞつゆけき

と思ひゐたるを、人にいはんも、おなじ心なる人もなきにあはせて、ことのはじめに漏り聞こえん、5よしなければ、※承香殿(そぎやうでん)を見やるにつけても、※思ひ出でらるれば、里につくづくと思ひつづけたまはんとおしはかりて、これをC奉りしかば、

「思ひやれ心ぞまどふもろともに見し萩の戸の花を聞くにも

思へば、さておなじさまにてし歩かせたまふだに、さおぼすなり、まして、つくづくとまぎるるかたなくD思ひつづけんは、おしはかられて」ぞある。6かくてあるしもぞ、いますこし思ひ出でらるる。

(注) ※黒戸の道…弘徽殿に続く廊下。　※仁寿殿…宮中の殿舎。
※台盤所…宮中の西側の部屋。女房のつめる部屋。　※昆明池の御障子…宮中の衝立障子の名。
※弘徽殿…宮中の殿舎。　※御溝水…内裏の殿舎の周りを流れる溝川。
※承香殿…宮中の殿舎。　※思ひ出でらるれば…筆者と同時期に堀河天皇に仕えていた常陸殿のことを思い出したと言われている。

問一　══部A「引き立てさせたまふ」、B「御覧ぜましかば」、C「奉りしかば」、D「思ひつづけん」の主語として最も適切なものを、次のア～オの中からそれぞれ一つずつ選び、記号で答えなさい。

ア　筆者　イ　堀河天皇　ウ　鳥羽天皇　エ　皇后宮　オ　常陸殿

問二　〰〰部a「せいりやう」、b「とのゐ」、c「せんざい」を、それぞれ漢字で書きなさい。

問三　――部1「いかがもののみ思ひ出でられぬべければ」、3「いかにめでさせたまはまし」について、それぞれ現代語訳しなさい。

問四　――部2「思ひ出でらる」について、なぜ御春有輔の歌が思い出されるのか、五十字以内で説明しなさい。

問五　――部4「袖ぞつゆけき」から、誰の、どのような気持ちが読み取れるか、簡潔に書きなさい。

問六　――部5について、筆者はどのようなことを「よしなければ」と感じているのか、五十字以内で説明しなさい。

問七　――部6「かくてあるしもぞ、いますこし思ひ出でらるる」に表れている筆者の心情を、四十字以内で説明しなさい。

(☆☆☆☆◎◎◎)

【中学校】

【二】次の文章は、儒教において聖人と呼ばれた「周公」の諫言の是非を論じた文章である。これを読んで、あとの問いに答えなさい。

ただし、設問の都合上、〈本文〉においては送り仮名や返り点の省略、一部の改変がある。〈現代語訳〉においても一部の省略や改変がある。

〈本文〉

古之伝者有言。成王以桐葉与小弱弟、戯曰、[A]以封汝。周公入賀。王曰、戯也。周公曰、天子不可戯。乃封小弱弟於唐。

[B]吾意不然。王之弟当封耶、周公[1]宜以時言於王。不待其戯而賀以成之也。[2]不当封耶、周公乃成其不中之戯、以地以人与小弱者為之主、[3]其得為聖乎。且周公以王之言不可[a]苟焉而已、必従而成之耶。[4]設有不幸王以桐葉戯婦寺、[5]亦将挙而従之乎。

[b]凡王者之徳、在行之[c]何若。設未得其当、雖十易之、不為病。要於其当、不可使易也。而況以其戯乎。若戯而必行之、是周公教主遂過也。

（『古文真宝』による）

〈現代語訳〉

古代の事を伝える人が、こう言っている。周の成王は桐の葉を幼い弟に与えて、戯れて「これでもっておまえを諸侯に封じよう」と言った。それを聞いた成王の補佐役である周公が宮殿に来て、お祝いの言葉を述べた。成王は「弟を諸侯に封じたのは戯れである」と言うと、周公は「天子は戯れてはなりません」と諫めた。そこでまだ幼い弟を唐の地(山西省翼城県)の諸侯に封じた、ということだ。

わたしは、成王の弟が諸侯になったのは周公の諫言によるという言い伝えは、事実と異なると思う。成王の弟が諸侯に封ぜられるべきであったなら、周公は最もよい時機をみはからって王に進言したに違いなく、王の戯れを待ってお祝いを述べ、そうすることによって王の弟の諸侯就任を行おうとはしなかったはずだ。また、（　省略　）、周公が成王の道理にもとる戯れを真実のことにしたてて、土地と人民とを幼い弟に与えその主君にさせたとしたら、（　省略　）。さらにまた、周公は、王者たるものの言葉はいいかげんであってはならぬということだけで、無条件に成王の言葉どおりに実現させただろうか。かりにもし、不幸にも王が桐の葉を婦人や宦官(かんがん)に与えて戯れた場合でも、（　省略　）。

そもそも、王者の徳は、事柄をどう行うかという点に存在する。もしも、その行為が道理にかなっていないならば、たとい十回その行為を変更しても欠点にはならない。重要なことは、行為が道理にかなっている場合に、変えさせてはならぬということである。だから、まして戯れを問題にして真実のことにすることなど、論外といわなければならない。もしも戯れであるのに、それを改めさせず、無条件にその実現をはかったとするならば、周公は主君である成王に過ちを最後までやりとげさせたことになるのである。

問一　═══部a「焉而已」、b「凡」、c「何若」の漢字の読みを、必要に応じて送り仮名を補って、すべてひらがなで書きなさい。

問二　～～～部A「封」を辞書で引いたところ、「領土を与えて諸侯にする」という意味と「あわせとじて中が見えないようにする」という二つの意味があった。ここでの「封」の意味を生徒にわかりやすく説明するならば、どのように述べるか、具体的な言葉で書きなさい。

問三　——部1「宜以時言於王」をすべてひらがなで書き下しなさい。

問四　——部2「不当封耶」、3「其得為聖乎」について、それぞれ現代語訳しなさい。

問五　——部4「設有不幸王以桐葉戯婦寺」について、現代語訳を参考に、返り点を施しなさい。

問六　——部5「亦将挙而従之乎」について、「之」が指し示す内容を、二十字以内で具体的に書きなさい。

問七　——部B「吾意不然」について、筆者の考える事実とはどのような内容か、五十字以内で説明しなさい。

（☆☆☆◎◎◎）

【高等学校】

【一】次の文章は、楚の都・郢（えい）を治める大夫であった江乙（こういつ）が、王宮に盗賊が侵入した責任を問われ、令尹（れいいん）によって大夫を免職されたあとの場面である。これを読んで、あとの問いに答えなさい。ただし、設問の都合上、訓点の省略や一部の改変がある。

江乙母亡布八尋。乃往言於王曰、「曩夜亡布八尋。令尹盗之。」王方在小曲之臺、令尹侍焉。王謂母曰、「令尹信盗之、寡人不為其富貴而不行法焉。若不盗而誣之、楚國有常法。」母曰、「令尹不身盗之也。乃使人盗之。」土曰、「其使人盗奈何。」對曰、「昔孫叔敖之為令尹也、道不拾遺、門不閉關、而盗賊自息。今令尹之治也、耳目不明、盗賊公行。是故使盗得盗妾之布。是與使人盗何以異也。」王曰、「令尹在上、寇盗在下。令尹不知、有何罪焉。」母曰、「吁、何大王之言過也、昔日妾之子爲郢大夫、有盜王宮中之物者、妾子坐而絀。2妾子亦豈知之哉。然終坐之。令尹獨何人、而不以是爲過也。昔者、周武王有言曰、3『百姓有過、在予一人。』上不明、則下不治。相不賢、則國不寧。所謂國無人者、非無人也。無理人者也。王其察之。」王曰、「善。4非徒※識令尹。又識寡人。」母智若此、其子必不愚。」5乃復召江乙而用之。

（『烈女伝』による）

（注）※布八尋…約十四メートルの布。　※令尹…楚における政治の最高官位。宰相。
※小曲之臺…楼閣の名前。　※誣…事実でないことをでっちあげて言いたてる。
※孫叔敖…楚の令尹。かつて賢相として民を教化しよく導いた。　※闕…門のかんぬきのこと。
※寇盜…乱暴を働いたり、盗み取ったりする者。盗賊。　※識…諫に同じ。

問一　〰〰部a「信」、b「身」、c「奈何」の漢字の読みを、必要に応じて送り仮名を補って、すべてひらがなで書きなさい。ただし、現代仮名遣いで書くこと。

問二　═══部A「息」と同じ意味で「息」が用いられている熟語として最も適当なものを、次のア～オの中から一つ選び、記号で答えなさい。

ア　生息　　イ　終息　　ウ　消息　　エ　子息　　オ　安息

問三　——部1「寡人不爲其富貴而不行法焉」について、「其」を明らかにした上で現代語訳しなさい。
問四　——部2「妾子亦豈知之哉」、——部4「非徒識令尹」を、それぞれ漢字仮名交じりで書き下しなさい。
問五　——部3「百姓有過、在予一人」について、江乙の母は、周の武王の言葉を引用することで、王にどのようなことを伝えたかったのか。本文全体の趣旨に沿って、六十字以内で説明しなさい。
問六　——部5「乃復召江乙両用之」とあるが、王がこのような行動をとったのはなぜか。その理由を五十字以内で書きなさい。
問七　次は、高等学校学習指導要領(平成21年3月告示)にて示された「古典A」と「古典B」の目標である。科目の特色に注意しながら、空欄(　①　)~(　③　)に入る言葉を書きなさい。
「古典A」目標　古典としての古文と漢文、古典に関連する文章を読むことによって、我が国の伝統と文化に対する理解を深め、生涯にわたって(　①　)を育てる。
「古典B」目標　古典としての古文と漢文を(　②　)を養うとともに、ものの見方、感じ方、考え方を広くし、古典についての理解や(　③　)を深めることによって人生を豊かにする態度を育てる。

(☆☆☆☆◎◎◎)

解答・解説

【中高共通】

【一】問一　a　均衡　b　塑像　c　叫　問二（1）一つのことに熱中すること。（2）独立語がどのような性質を持つかを確認した上で、「まあ、なんて美しい花。」のように感動詞を含む短い例文を示し、文の成分を指摘させる。　問三　①、②　イ、カ(順不同)　問四　ア　問五　ウ　問六　「目」と「見る」、「手」と「触る」の関係をあえて反対に組み合わせることで、視覚と触覚が密接に関連していることを表現しようとする意図。　問七　先入観を持たずにプロヴァンスの自然と出会い、自然に見られるという感覚を得たとき、絵のモチーフが見出されると言うこと。(五十八字)　問八　エ　問九　芸術の源泉となる感動は、能動と受動の呼応するところに生起してくるものであるという筆者の考えが、時代を超えて共有される古典と共通していることを示すことで説得力を持たせる効果。(八十六字)　問十　書き手の工夫が見られる表現を具体的に取り上げ、どのような効果があるのか考えを交流する。

〈解説〉問一　「常用漢字表」(平成22年内閣告示第2号)に示されている漢字の読み、書き、用法などは完璧に習得しておく。同音異義語や類似の字形に注意すること。　問二　（1）「没入」は、ここでは「没頭」と同義で、「そのことに精神をつぎこんで熱中すること」をいう。（2）「感動詞」は、話し手の感動や呼びかけ、応答などを表す語である。一般に、単独で文をつくり、活用がない自立語である。「おや」「はい」「まあ」「ああ」「さようなら」「おはよう」がこれに属する。　問三　アは新井白石、ウは松平定信、エは契沖、オは杉田玄白の代表的著書である。　問四　「陶磁器の美」＝「触覚の美」は、触覚による感覚的刺激から生ずる心情の高揚(美)である。このことは、日常の生活での視覚のみならず陶磁器の表面の手触りによる実在感の感触に関わる。 問五 触覚は、日常生活での「手触り」という積極的行動で皮膚的に反応する。その意味で消極的(受動的)感覚でなく積極的(能動的)感覚といえる。 問六 表現そのものも最初は能動的な外界への働きかけにより、その本質を洞察して形に表出するのである。「目で触っている」も「手で見る」も、ともに暗喩である。「目」は視覚、「手」は触覚をいう。視覚・触覚は、ともに感覚作用である。この両者は「芸術」創造の共通分母の「感覚」(感性)の分子といえよう。 問七 「身体を通した能動的行為」とは、セザンヌが絵のモチーフを探しに野外を散策した行為をいう。先入観を持たず無心に自然と出会う中で、セザンヌは自然と一体となって絵のモチーフを見出すことができたことをいう。 問八 空欄Ⅳの前の本居宣長の「感ずべきことにあたりて、感ずべきこころをしりて、感ずる」という「感動」の起因について述べたことを踏まえている。この「感動」は事象に接して触発されることによって生起する主観的情緒である。この内容と関わる宣長の説を選ぶ。問九 〈もののあはれ〉は、「物事に触れて感動し、思わず口にするサケび」であり、能動と受動が呼応する直接体験である。一方、『古今和歌集』の序文も、「自然や人生の出来事に作者の心が触発されて、そこからおのずと言葉として表現されたもの」が和歌である、と説明する。この両者の引用は、芸術の創造性の根源を論証するうえで効果的である。 問十 評論文においては、書き手のものの見方や考え方がどのように表されているかなど、表現の仕方について考えさせることも重要である。その際、書き手の工夫がみられる表現、書き直した方がよいと思われる表現について根拠を具体的にあげながら検討したり、視点を変えて文章を書き換えさせたりするなど、内容や表現の仕方について理解を促す工夫も考えることが求められる。また、書き手の思いや価値観、表現の仕方について感想をもち交流する指導も考える。

【二】問一　A　ウ　B　イ　C　ア　D　オ　問二　a　清涼　b　宿直　c　前栽
問三　1　どんなにか昔のことばかりが思い出されるに違いないので　2　どのようにそのすばらしさをおほめになったことであろうか　問四　堀河天皇が植えた前栽の成長した様子が、歌の、ひとむら薄が生い茂って野原となった様子に重なったから。（四十九字）　問五　筆者の、堀河天皇を偲ぶ気持ち。
問六　鳥羽天皇が宮中に住み始めた矢先、亡き堀河天皇を偲ぶ気持ちのままでいることがほかの人に知れ渡ること。（四十九字）　問七　再び出仕しているからこそ、ますます強くなってくる、堀河天皇に対する思慕の情。（三十八字）
〈解説〉問一　A　主語は、「黒戸への道を教えよ」と筆者を引き立てる幼い鳥羽天皇である。　B　黒戸の小半蔀の前に堀河天皇が植えられていた前栽を、亡くなられた天皇がご覧になったら、の意で主語は堀河天皇。
C　承香殿を遠く望み見るにつけ思いだされる人(常陸殿)への筆者の敬意表現である。　D　「つくづくとまぎるるかたなく思ひつづけん」は、「萩の戸に」の歌を筆者から贈られた常陸殿の返答の中にある心情表現なので、主語は常陸殿。　問二　a　清涼殿は平安京内裏宮殿の一つ。　b　宿直は、宮中の役所に職務のため宿泊して勤務し警戒すること。　c　前栽は、庭前に植える草木、または、植えこんだ草木のこと。
問三　1　「いかが」は「どんなにか」の意の副詞で、「思ひ出でられぬべければ」を強めている。「ぬべけれ」は完了の助動詞「ぬ」＋「べし」の已然形で、これも「思ひ出でられ」の自発の心情を強めている。
3　「いかにめでさせたまはまし」は、その前の文「御覧ぜましかば」の仮定文を踏まえたもので、「ましかば〜まし」の反実仮想を表す。「(堀河天皇がもし御覧になったとしたら)どんなにご賞美になったことであろうか」と訳す。「めで」は「めづ」の未然形で「賞美する」意。「させたまは」は「さす」(尊敬の助動詞)の連用形＋「たまふ」(尊敬の補助動詞の未然形)で二重敬語。　問四　2「思ひ出でらる」は、筆者が今は亡き堀河天皇の面影をしのぶ意の自発の気持である。本文中の御春有輔の歌は、『古今和歌集』に収められている哀傷歌。歌意は、「亡きわが君が植えておおきになったひとむらのすすきが手入れをする人もないままに生い茂っていて、今は虫の声のしきりにする野原となってしまったことよ」。この歌意を踏まえてまとめる。
問五 「袖ぞつゆけき」とは、筆者が堀河天皇をしのんで涙にくれている姿である。「萩の戸に」の歌意は、「萩の戸で昔のままに咲きみだれている花を見るにつけても、昔をなつかしむわたしの袖は、涙にぬれることだ」。 問六 「萩の戸に」の歌にこめられた筆者の亡き堀河天皇への思いを「人にいはんも、おなじ心なる人もなきにあはせて」(人にいおうと思っても、わたしと同じ思いの人もいないうえに)、「ことのはじめに漏り聞こえん」(鳥羽天皇が内裏にお住まいになることの始めに、私の昔をなつかしむ歌が人にもれて知れわたるというのも)を踏まえて、「よしなければ」(不都合なので)という筆者の心配り。 問七 筆者は堀河天皇に一緒に仕えた常陸殿に「萩の戸に」の歌を贈った。その返歌の歌意は、「思いやってください。わたしの心は昔を思って悲しく乱れております。あなたとご一緒に見た萩の戸の花のことを聞くにつけても」。この常陸殿の歌に対しての筆者の気持が、「かくてあるしもぞ、いますこし思ひ出でらるる」(こうして出仕しているわたしこそ、今少し昔のことが思いだされる)である。出仕することによって、堀河天皇への尊崇と思慕の念が一層強くなっている筆者の心情をまとめる。「ぞ〜らるる」は、強意の係結び。

【中学校】

【二】問一 a のみ b およそ c いかん 問二 「封建」と「封筒」などの熟語を比較することで、「ほう」と読む場合は、「領土を与えて諸侯にする」という意味であることを説明する。 問三 よろしくときをもつてわうにいふべし。 問四 2 諸侯に封ぜられるべきでなかったならば 3 (周公は)聖人であるといえるだろうか 問五 設 有㆘ 不 幸 王 以㆓ 桐 葉㆒ 戯㆗ 婦 寺㆖

問六　婦人や宦官を諸侯に封ずるという戯れ。（十八字）　問七　成王が弟を諸侯に封じたことは、道理にかなったことであり、変えてはならないと周公が判断したということ。（五十字）

〈解説〉問一　a　「焉」は語調を整える助字。「而已」は限定の意を表す。　b　「凡」は「大体。一般に」の意。　c　「何若」は「何如」と同じで、方法・状態・是非などを問う疑問詞。　問二　漢字は表意文字であり、かつ多様な意味や内容がある。「領地を与えて諸侯とする」意の「封建」。これに関連して諸侯の領土の「封土・封地」がある。また、「あわせとじて中が見えないようにする」意では、「封閉」「封緘」「封入」などがある。「封」の二様の解釈を具体的な熟語を例示して説明する内容でまとめる。　問三　――部1に訓点を付すと「宜シクベシ三以テレ時ヲ言二於王ニ一」となる。再読文字「宜」に注意すること。　問四　2　――部2に訓点を付すと「不ランレ當ニベカラレ封ズ耶」となり、「當に封ずべからざらんか」と書き下す。　3　――部3に訓点を付すと「其レ得ンレ為タルヲレ聖乎」となり、「其れ聖たるを得んや」と書き下す。反語形である。　問五　返り点とは、漢文を日本語の語順で読むために用いられる記号のことである。漢文に付される返り点や送り仮名といった記号を訓点というが、本文の場合は返り点のみをつける。送り仮名をつけないように注意。　問六　「亦将挙而従之乎」（亦た将にあげて之に従はんとせん）の「之」は、その直前の「以桐葉戯婦寺」を指す。「婦寺」の「婦」は宮中に仕える女性、「寺」は君主に侍従して雑用をする宦官（寺人）のことである。本問では、〈現代語訳〉で「婦人や宦官」としているので、そのまま用いてよい。――部4、5の現代語訳は、「もし不幸にして王が桐の葉をもって、宮中の婦人や宦官に与えて戯れることがあっても、またすべてこれに従おうとするのであろうか。それはできないことであろう」となる。　問七　周の成王が、幼い弟に土地を与え諸侯にするという約束ごとを戯言だと摂政の周公に言ったところ、周公は「天子不可戯」と成王を戒めて弟を唐の大名にしている。「礼記」に「王の言は綸の如し」とあり「漢書」には「王の言は汗のごとし」とある。周公は、この言に従ったのである。

しかし、筆者は「吾意不然」と述べ、周公の行動に異を唱えている。例えば、「王之弟当封耶、周公宜以時言於王」と述べ、さらに成王の幼弟を諸侯としたことへの批判を行っている。以上の内容をまとめる。

【高等学校】

【二】問一 a まことに b みずからは c いかん 問二 イ 問三 私は、令尹が富貴の地位にあるからといって、処罰しないということはない。 問四 2 妾が子も亦た豈に之を知らんや。 4 徒だに令尹を譏むるのみに非ず。 問五 民や臣下の過ちが上に立つ者の責任であることを示し、令尹が息子の江乙だけに責任を取らせ免職したのは誤りであるということ。(五十九字) 問六 江乙の母の、王を諫めた言動に感心し、そのような知恵者の息子ならば今後の働きに期待できると考えたから。(五十字) 問七 ① 古典に親しむ態度 ② 読む能力 ⑶ 関心

〈解説〉問一 a 「信」は「真」と同義。 b 「身」は「自」と同義。 c 「奈何」は「如何」と同じく疑問の副詞。 問二 ══部Aの「息」は「やむ」と読み、「止」と同義。戦乱・事変・悪疫などがすっかり終止する「終息」の「息」が同じ意味である。 問三 「寡人」は、王の謙称。「其」は、「令尹」をさす。「不〜不」は二重肯定で強い肯定を表す。「(令尹)が高貴の人であるからといって法を行わないことはない。必ず法によって裁く」の意。 問四 ――部2に訓点を付すと「妾ノ子モ亦タ豈ニ知ランレ之ヲ哉」となる。また、――部4に訓点を付すと「非三徒ダニ譏ムルノミニ二令尹ヲ一」となる。 問五 「百姓有レ過ムル、在リ二予一人ニ一」(百姓過むる有る、予一人に在あり。)という武王の言葉は、「民衆が罪を犯せば、とりもなおさず、私一人の罪である」の意。「過」は「せ(むる)」と読む。治政者が世間の情報を正しく把握しなければ、下々は治まらず、宰相が賢明でないと国の治安は乱れる。よい人材を宰相に選ぶことを江乙の母は王に伝えようとしているとともに、令尹が自分の息子の江乙を免職にしたことが誤りであると抗議している。 問六 「及復召江乙而用之」は、免職にした江乙

を元の職位にもどしたことを述べているが、これは――部5の前の文「善。非従譏令尹。又譏寡人。」とあるように、江乙の母は令尹への諫めのみならず、恭王をも諫め反省させたのである。王が江乙を元の職務に復帰させたのも、江乙の母の王への諫言による。王の次の言葉「母智若此、其子必不愚。」はこのことを示している。

問七　「古典A」は従前の「古典講読」の内容を改善したもので、中学校の国語や高等学校の「国語総合」と同様に、古典に親しむための指導の比重が大きくなっている。一方「古典B」は従前の「古典」の内容を改善したものであり、古典としての古文や漢文を読む能力を養うことを中心的なねらいとしている。古典に親しむ態度や我が国の伝統と文化を尊重する態度の育成は、この能力の養成の延長上に位置付けられる。

二〇一五年度　実施問題

【中高共通】

【一】次の文章は、『俊頼髄脳』の一節である。これを読んで、あとの問いに答えなさい。

※み吉野(よしの)の※たのむの雁(かり)も A ひたぶるに君がかたにぞよるとなくなる　(伊勢物語　一〇段　一四、六帖　六　四三八〇)

返し

1 我がかたによるとなくなるみ吉野のたのむの雁をいつか忘れむ　(伊勢物語　一〇段　一五、六帖　六　四三八一)

これは、伊勢物語の歌なり。むかし、をとこ、武蔵の国に、まどひいきけり。2 その国にはべりける女を、よばひけり。父は、こと人にと思ひけるを、母 a なむ、藤原なりける。さて、B あてなる人にと思ひをりけり。すむ所、武蔵の国の入間(いるま)の郡みよしの里なりけり。

C 雲居にも声ききがたきものならばたのむの雁もちかく鳴き b なむ　(一条摂政御集　九)

返し

3 ことづてのなからましかばめづらしきたのむの雁に知られざらまし　(一条摂政御集　一〇)

この、たのむの雁といへることは、よの人、おぼつかながる事なり。このごろ、4 ある人、かやうのこと、知り顔にいへる人あり。如何(いかが)申すとたづねしかば、『ひむがしくにに※鹿狩(ししがり)するに、※たのもしのかりとて、

Dかたみによりあひて、狩をして、その日とりたる鹿を、あるかぎり、むねとおこなひたる人に、とらするなり。さて後の日、かたみごとにてたがひにするを、たのむのかり　とはいふなり」とぞ申すめる。されど、その心、5この歌どもにかなはず。かの、伊勢物語の歌は、母は、このあて人にと思ひ、父は、こと人にむことらむとしけるを聞きて、6むすめの、すすみておこせたりける歌なり。鳴くなる　と詠める、雁がねとこそ聞こえたれ。鹿狩とは聞こえずものを。いつか忘れむ　とよろこびたれば、本歌の同じ心なり。次の歌は、※大蔵（おほくらの）史生（ししやう）豊景（とよかげ）とかけるは、※一条摂政（いちでうのせつしやう）の御集（ごしふ）なり。その集の中に、※大炊（おほひ）の御門の辺に住みける人に、通ひけり。さやうに、通ふ所おほかるなかに、この女の家の前を、おとづれもせで過ぎにければ、女、いかがいひたりけむ、かく詠めり。これもなほ、雁がねを詠めるとこそ聞こえたれ。鹿狩とは聞こえぬものを。

（注）※み吉野…埼玉県坂戸市三芳野の地と言われる。　※たのむの雁…「たのむ」は「たのも」の転。田の面のことを指す。「雁」は渡り鳥の一種。後出の「雁がね」も同じ。　※鹿…食用に捕獲する野獣の総称。　※たのもし…頼母子。「田の実」からでた語とされ、中、近世においては主として金銭を融通する共同組織のことを指す。　※大蔵史生豊景…一条摂政の御集の書き出しのこと。当時の人物名を指すと言われている。　※一条摂政の御集…一条摂政は藤原伊尹のこと。御集は伊尹晩年の自薦の歌集のこと。　※大炊の御門…大炊御門大路のこと。当時、この周辺には上中流貴族の邸があった。

問一　傍線部A「ひたぶるに」、B「あてなる」、C「雲居にも」、D「かたみに」の本文中での意味をそれぞれ書きなさい。

問二　傍線部a、bと同じ用法を持つ「なむ」を含んだものを、それぞれ次のア～カの中から一つ選び、記号で答えなさい。
ア 「いとめづらかなる住まひなれば、静心(しづごころ)もなくてなむ」など語らひて (蜻蛉日記)
イ 寄する波うちも寄せなむ我が恋ふる人忘れ貝下りて拾はむ (土佐日記)
ウ 惟光とく参らなむと思(おぼ)す。 (源氏物語)
エ つらき心はみづの泡の消えば消えなむと思へども (蜻蛉日記)
オ いで、なほここながら死なむと思へど、 (蜻蛉日記)
カ 春立てば消ゆる氷の残りなく君が心は我に解けなむ (古今和歌集)
問三 傍線部1「我がかたによるとなくなるみ吉野のたのむの雁をいつか忘れむ」について、次の(1)、(2)の問いに答えなさい。
(1) この和歌に用いられている修辞法の名称を、漢字で答えなさい。
(2) (1)の修辞法について、この和歌に即して簡潔に説明しなさい。
問四 傍線部2「その国にはべりける女を、よばひけり」、傍線部6「むすめの、すすみておこせたりける歌なり」について、それぞれ現代語訳しなさい。
問五 傍線部3「ことづてのなからましかばめづらしきたのむの雁に知られざらまし」について、ここに表れた女の心情を五十字以内で書きなさい。
問六 傍線部4「ある人、かやうのこと、知り顔にいへる」について、ある人が言った内容はどのようなことか、四十字以内で説明しなさい。
問七 傍線部5「この歌どもにかなはず」について、なぜこのように言うのか、六十字以内で説明しなさい。
(☆☆☆◎◎◎)

【中学校】

【一】次の文章を読んで、あとの問いに答えなさい。

何かをなつかしいと感じる心理的メカニズムがある。音楽aリョウホウ士の話によると、ホスピスや老人ホームなどを訪問して、人生の残りの時間が少なくなった人々にリクエストされる曲の一位は、「故郷（ふるさと）」だという。日本人であれば、大抵の人は、子どもの頃に何度となく歌ったり聞いたりした歌だ。しかも、歌詞の内容が今の時代からずれてはいても、そこに歌われた情景とメロディが、遠くに過ぎ去った幼少期を抱きしめたくなるような気分にひたらせてくれる。

このような「故郷」効果とでも言うべき反応と同じような反応が、特定の曲や文学的名文句あるいは名句・名歌などによって広範囲の人々に共通に生じるのが見られる時、私は1文化における「集合的無意識」というものの存在を思わないではいられない。「集合的無意識」というのは心理学者ユングの独特の用語だが、私はユングの概念にとらわれずに、言葉通りに、文学、音楽、絵画などの文化的な分野において、多くの人々がほとんど無意識にと言ってよいような状態で同じような美意識に通じる感情の反応様式を持ち、いつの間にか次の世代にもその反応様式が継承されていくといった意味で使っている。

そのことを、思い切って何百年、何千年というスパンでとらえるなら、象徴的なのは、民族音楽だ。世界各地に個別に伝わってきた民族音楽には、それぞれに独特の調子や音階や持ち味がある。その地域に生まれた人々の脳には、幼少期からたえず耳に入ってきたその地の音楽の響きが心地よいものとして刷り込まれ、意識しなくても「いちばんなじみやすい響き」として受け入れるレセプターが形成されてしまうのだろう。それがまるで遺伝子に組み込まれたかのように、世代を超えて継承されてきたのである。2そういう美意識は、まさに「集合的無意識」の世界に属していると言えるだろう。

もちろん意識の世界と無意識の世界の間は、画然と仕切られているわけではない。たえず往還がある。

たとえば、日本における短歌や俳句の世界を見てみる。十七世紀の江戸時代に奥の細道へと旅に出た芭蕉は、先人である十二世紀の歌人西行の足跡を訪ねるのが目的の一つだった。古くから歌の題材とされ西行も歌を詠んだ歌枕を訪ね、自分の目でその風景を見ることによって、西行に負けない作品(俳句)を創作しようとしたのだろう。この点について、※ドナルド・キーン氏の解釈は興味深い。著書『百代の過客――日記にみる日本人』(朝日選書)の『奥の細道』の章で、こう論じている。

> 彼の旅のおもなる目的は、過去の歌人に霊感を与えた土地をAおとなうことによって、己の芸術に、新しい風を入れることであったように思われる。古い歌に詠まれた山や川の前に立つならば、かならずやその土地の霊と一つになり、それによって己の詩を豊かにし得ると信じていたのである。

だから芭蕉は、それまで重要歌人が歌を詠(うた)ったことのない日本海沿岸を戻る時には、訪れた地のB風光についてはひとことも語っていないのだと、キーン氏は言う。そして、こう続けるのだ。

> すでに知られた主題のみを取り扱いたいという芭蕉の欲望は、昔の歌の詠み替えであるあの本歌取りの伝統に基づいている。通常日本の歌人は、彼らの主題を、先輩歌人によって取り扱われたものに限定し、伝統に忠実ならんがため、しばしば言葉までもそっくり借用したのである。

もともとキーン氏の所論は、日本文学について西洋文学との対比において論じているので、『奥の細道』の章の前の『更科紀行』の章において、〈ところで私は、月を見るだけの目的である特定の土地へ出かけて行ったヨーロッパの詩人を、ただの一人も思い出すことが出来ない。〉と断じるところに象徴されるように、これまでの芭蕉論や日記文学論とは一味違う、しかも説得力のある解釈になっていて、なかなかに面白い。

私がここに芭蕉に関するキーン氏の論を紹介したのは、歌枕や本歌取りという、詩歌の様式から見えてくる日本語特有の言葉の文化の強い継承性に注目したからだ。西行が生きた時代と芭蕉が生きた時代との間には、五百年もの歳月の流れがある。その長さを私たちが生きている平成時代を起点にして測ると、明治元年にbサカノボる歳月の実に三倍半にもなる。現在から五百年過去にサカノボると、戦国時代になるのだ。芭蕉は、自らにとってそんなにも遠い過去に東北の地を旅した歌人の足跡を訪ね、本歌取りにも似た手法で、短歌ならぬ俳句という新しい表現様式によりつつも、独自の創作の境地を拓いたのだ。

ちなみに、有名な歌枕となっていた平泉に辿り着いた時の情景と心境をどう詠んだか。藤原三代の栄華は今いずこ、城は跡形もなく、ただススキの生い茂る草むらとなっている。その変わり果てた光景に目を瞠った西行は、ひしひしと感じた※無常感をこう詠んだ。

朽ちもせぬその名ばかりを留め置きて枯野の薄形見にぞ見る

そして、五百年後に同じ場所に立った芭蕉は、西行の歌を想起したに違いないのだが、西行の歌のことには直接触れずに、目の前の光景にぴったりの、古代中国・唐時代の詩人・※杜甫の名句を引いて、作句につなげる。

偖も義臣すぐって此城にこもり、功名一時の叢となる。「国破れて山河あり、城春にして草青みたり」と、笠打敷きて、時のうつるまで泪落し侍りぬ。

夏草や兵どもが夢の跡

キーン氏をして、〈『奥の細道』の中で、おそらく私に最も訴えるところの多い〉cジュッカイであり、〈おそらく彼の最も優れた俳句〉と書かしめた、『奥の細道』のクライマックスのシーンだ。

先人である西行が心を打ち震わせた現場に立ち、同じように感慨にふけり「泪」を流した芭蕉の発句は、諸行無常という心情においてもテーマにおいても同一であるけれど、五百年後の俳句は、決して先人の模倣ではない。どちらかというと3「手弱女ぶり」の気配さえ感じさせる先人の歌に対し、4芭蕉の句は「男の抑えた涙」とでも言おうか、心情を凝縮した表現になっている。

ここでの私の関心事は、五百年、千年という時代変遷を超越して、歌枕の発想あるいは本歌取り的な発想によってしっかりと継承されてきた、日本の言語文化の特質にある。西行から芭蕉へという表現活動とその作品の繋がりを例示したのは、言語文化継承の構図を最もわかりやすく示してくれるエピソードだからであって、継承の水脈は、五百年どころではない。西行の陸奥への歌d行脚には、さらに先人がいたのだ。陸奥への入口であり歌枕ともなっていた白河を例にあげるなら、西行の〈白河の関屋を月の洩る影は人の心をとむるなりけり〉という歌は、およそ百年前の平安中期に中古三十六歌仙の一人である能因法師のよく知られる〈都をば霞とともに立ちしかど秋風ぞ吹く白河の関〉を偲んで詠まれたものだ。

また、芭蕉の俳句は、三百数十年を経た現代においても、日本国中で暗誦されているし、出生の地・伊賀上野では、小学校一年生から老人に至るまで全市民が日常的に俳句を詠む文化が根づいている。芭蕉による西行の歌の受け継ぎ方は、明確に意識的であったが、今日における様々な新聞や雑誌に設けられている短歌・俳句の投稿欄に見られる国民規模での歌詠みの広がりになると、誰か一人が旗振りをしているわけではなく、ほとんど集合的無意識に近い形での言語文化の継承と言えるだろう。

日本語の文化というものは、本当にすばらしいものだと思う。

（柳田邦男『言葉が立ち上がる時』による。ただし一部に省略等がある。）

「俳句」については原文のままにした。　※ドナルド・キーン…コロンビア大学名誉教授。日本文学研究の功績で二〇〇八年文化勲章を受章。　※無常感…筆者は「感」を用いている。　※杜甫の名句…「春望」

のこと。戦乱で荒廃した長安と自然とを対比させる。

問一　傍線部a～dについて、カタカナは漢字に直し、漢字は読みをひらがなで書きなさい。ただし、漢字は楷書で丁寧に書くこと。

問二　傍線部A「おとなう」の意味を文脈に即して書きなさい。

問三　傍線部B「風光」と熟語の構成(組み立て)が同じものを、次のア～カの中から一つ選び、記号で答えなさい。

ア…均衡　イ…存廃　ウ…公僕　エ…応募　オ…天授　カ…無力

問四　次の説明文は、傍線部3「手弱女（たおやめ）ぶり」に関する辞書の記述である。空欄（　①　）、（　②　）にあてはまる適切な語句を、それぞれ書きなさい。

説明文…女性的で、温厚優和な歌風。万葉集の「（　①　）」に対して、主として（　②　）以降の勅撰和歌集
　　で支配的な歌風を指す。（広辞苑より）

問五　傍線部1「文化における『集合的無意識』」を説明した例として適切でないものを、次のア～エの中から一つ選び、記号で答えなさい。

ア「蛍（ほたる）の光」の楽曲は、長年学校の卒業式や店舗における閉店の音楽などとしてよく耳にしてきたため、「別れ」や「終わり」といったイメージを、多くの人々に思い起こさせる。

イ「平家物語」の冒頭「祇園精舎の鐘の声、諸行無常の響きあり」の一節を口ずさむと、そのリズム感とともに、平氏の盛衰のイメージを、現代の人々も共有することができる。

ウ「立てば芍薬（しゃくやく）　座れば牡丹（ぼたん）　歩く姿は百合（ゆり）の花」の「都々逸（どどいつ）」を聞くと、美しい人をたとえた「花」の

イメージや、言葉のリズムの良さを感じることができる。

エ　葛飾北斎「富嶽三十六景」の「凱風快晴（がいふうかいせい）」や「神奈川沖浪裏（なみうら）」に描かれた富士山を見ると、美しい日本のイメージを、外国人も世代を超えて共通に感じる。

問六　傍線部2「そういう美意識」とあるが、筆者が考える「美意識」を、本文に即して六十字以内で説明しなさい。

問七　傍線部4において、芭蕉の句に見られる「心情の凝縮」を、本文に即して六十字以内で具体的に説明しなさい。

問八　波線部は、どのようなことを表しているのか。本文全体の趣旨を踏まえ、百二十字以内で説明しなさい。ただし、書き出しは「日本の言語文化には、」とする。（字数には含まない）

問九　本文を教材にして、「書くこと」の授業（中学校三年生）で「引用」について指導したい。筆者はどのような意図でドナルド・キーン氏の著書を「引用」しているか。学習指導要領（＊）の指導事項を踏まえ、本文における「引用」の意図を、四十字以内で説明しなさい。

〔＊中学校学習指導要領（平成20年3月告示）〕

問十　本文のような文章を教材にして授業（中学校二年生）を展開する際、「伝統的な言語文化と国語の特質に関する事項」の指導にあたって配慮すべき事項は何か。学習指導要領（＊）に即して空欄（　①　）～（　③　）にあてはまる適切な語句を、それぞれ書きなさい。

〈中学校・国語　第2学年　伝統的な言語文化と国語の特質に関する事項〉

（1）「A話すこと・聞くこと」、「B書くこと」及び「C読むこと」の指導を通して、次の事項について指導する。

ア　伝統的な言語文化に関する事項

(ア)　作品の特徴を生かして朗読するなどして、古典の世界を（　①　）こと。

(イ)　古典に表れた（　②　）に触れ、登場人物や（　③　）などを想像すること。

〔＊中学校学習指導要領(平成20年3月告示)〕

(☆☆☆◎◎◎)

【二】 次の文章を読んで、あとの問いに答えなさい。ただし、設問の都合上、〈本文〉においては送り仮名や返り点の省略、一部の改変がある。〈現代語訳〉においても一部の省略や改変がある。

〈本文〉

京師民石氏開茶肆、[1]令幼女行茶。嘗有丐者、病癩、垢汚藍縷、直詣肆索飲。女敬而与之、不取銭。如是月余、[A]毎旦、択佳茗以待。[2]其父見之、怒遂去、笞女。女略不介意、供伺益謹。又数日、丐者復来、謂女曰、「[3]汝能啜我残茶否。」女[a]頗嫌不潔、少覆于地、即聞異香。亟飲之、便覚神清体健。丐者曰、「我呂翁也。汝[b]雖無縁、尽吾茶。[4]亦可随汝所願。或富貴或寿、皆可。」女小家女、不識貴、止求長寿財物、不乏。既去、具白父母。驚而尋之、已無見矣。女既笄、嫁一管営指揮使。後為呉燕王孫女乳母、受邑号。所乳女嫁高遵約、封康国太夫人。石氏寿百二十歳。

(『夷堅志』による)

〈現代語訳〉

都の人石氏は、茶店を開いていたが、「(省略)」。ある日、気が狂って、垢まみれのボロ着をまとった貧者が、茶を飲みにずかずかと店に入ってきた。娘は丁寧に応接して茶を飲ませ、代金ももらおうとしなかった。このようなことが一ヶ月あまりも続いたが、「(省略)」、銘茶を選んでもてなしていた。「(省略)」。それでも娘はほとんど気にかける様子も見せずに、ますます心を込めてもてなした。それからまた数日たったある日、貧者がまたやってきて、娘に次のように言った。「(省略)」。娘は、「(省略)」不潔なので辟易し、少々土間にこぼしたところ、すぐにえも言われぬ芳しい香りが立ちこめた。そこであわてて飲み干したところ、心が澄み渡り、身体も健やかになったような感じがした。貧者が言うには、「私は呂翁である。お前は「(省略)」、私の茶を飲み干した。お前の望みをなんなりと叶えてあげよう。富貴でもよし、長寿でもよし、何でもかなえてやろう。」と。娘は、「(省略)」。立ち去った後で、「(省略)」父母に子細を申し上げた。驚いて探し求めたが、もうその姿は見えなくなっていた。やがて娘は年頃になって、ある管営指揮使(近衛軍の士官)に嫁いだ。その後、呉の燕王の孫娘の乳母となり、封号を賜った。乳母として養育したその娘は高遵約(人名)に嫁ぎ、康国夫人(封号)に封ぜられた。石氏の娘は百二十歳の長寿であった。

問一　二重傍線部ａ「頗」、ｂ「雖」、Ｃ「具」の漢字の読みを送り仮名を含めて、すべてひらがなで書きなさい。ただし、現代仮名遣いで書くこと。

問二　波線部Ａ「毎旦」の意味を書きなさい。

問三　波線部Ｂ「白」について、生徒に対して「言う」の意味を持つことを説明したい。その際どのような説明方法が考えられるか。次の例以外に具体的に一つ書きなさい。

(例)　生徒に辞書(国語・漢和等)で「白」を引かせ、「言う」の意味があることを説明する。

問四　傍線部１「令幼女行茶」、３「汝能啜我残茶否」について、それぞれ現代語訳しなさい。

問五　傍線部２「其父見之、怒遂去、笞女」について、父はなぜこのような行動をとったのか、四十字以内で説明しなさい。

問六　傍線部４「亦可随汝所願」について、現代語訳を参考に、訓点を施しなさい。

問七　傍線部５について、「女」はどのようなことを望んだのか、四十字以内で書きなさい。

(☆☆☆◎◎◎)

【高等学校】

【一】次の文章を読んで、あとの問いに答えなさい。

何かをなつかしいと感じる心理的メカニズムがある。音楽ａリョウホウ士の話によると、ホスピスや老人ホームなどを訪問して、人生の残りの時間が少なくなった人々にリクエストされる曲の一位は、「故郷(ふるさと)」だという。日本人であれば、大抵の人は、子どもの頃に何度となく歌ったり聞いたりした歌だ。しかも、歌詞の内容が今の時代からずれてはいても、そこに歌われた情景とメロディが、遠くに過ぎ去った幼少期を抱きしめたくなるような気分にひたらせてくれる。

このような「故郷」効果とでも言うべき反応と同じような反応が、特定の曲や文学的名文句あるいは名句・名歌などによって広範囲の人々に共通に生じるのが見られる時、私は1文化における「集合的無意識」というものの存在を思わないではいられない。「集合的無意識」というのは心理学者ユングの独特の用語だが、私はユングの概念にとらわれずに、言葉通りに、文学、音楽、絵画などの文化的な分野において、多くの人々がほとんど無意識にと言ってよいような状態で同じような美意識に通じる感情の反応様式を持ち、いつの間にか次の世代にもその反応様式が継承されていくといった意味で使っている。

そのことを、思い切って何百年、何千年というスパンでとらえるなら、象徴的なのは、民族音楽だ。世界各地に個別に伝わってきた民族音楽には、それぞれに独特の調子や音階や持ち味がある。その地域に生まれた人々の脳には、幼少期からたえず耳に入ってきたその地の音楽の響きが心地よいものとして刷り込まれ、意識しなくても「いちばんなじみやすい響き」として受け入れるレセプターが形成されてしまうのだろう。それがまるで遺伝子に組み込まれたかのように、世代を超えて継承されてきたのである。2そういう美意識は、まさに「集合的無意識」の世界に属していると言えるだろう。

もちろん意識の世界と無意識の世界の間は、画然と仕切られているわけではない。たえず往還がある。たとえば、日本における短歌や俳句の世界を見てみる。十七世紀の江戸時代に奥の細道へと旅に出た芭蕉は、先人である十二世紀の歌人西行の足跡を訪ねるのが目的の一つだった。古くから歌の題材とされ西行も歌を詠んだ歌枕を訪ね、自分の目でその風景を見ることによって、西行に負けない作品(俳句)を創作しようとしたのだろう。この点について、※ドナルド・キーン氏の解釈は興味深い。著書『百代の過客——日記にみる日本人』(朝日選書)の『奥の細道』の章で、こう論じている。

> 彼の旅のおもなる目的は、過去の歌人に霊感を与えた土地を(A)おとなうことによって、己の芸術に、新しい風を入れることであったように思われる。古い歌に詠まれた山や川の前に立つならば、かならずやその土地の霊と一つになり、それによって己の詩を豊かにし得ると信じていたのである。

だから芭蕉は、それまで重要歌人が歌を詠(うた)ったことのない日本海沿岸を戻る時には、訪れた地の(B)風光についてはひとことも語っていないのだと、キーン氏は言う。そして、こう続けるのだ。

> すでに知られた主題のみを取り扱いたいという芭蕉の欲望は、昔の歌の詠み替えであるあの本歌取りの伝統に基づいている。通常日本の歌人は、彼らの主題を、先輩歌人によって取り扱われたものに限定し、伝統に忠実ならんがため、しばしば言葉までもそっくり借用したのである。

もともとキーン氏の所論は、日本文学について西洋文学との対比において論じているので、『奥の細道』の章の前の『更科紀行』の章において、〈ところで私は、月を見るだけの目的である特定の土地へ出かけて行ったヨーロッパの詩人を、ただの一人も思い出すことが出来ない。〉と断じるところに象徴されるように、これまでの芭蕉論や日記文学論とは一味違う、しかも説得力のある解釈になっていて、なかなかに面白い。

私がここに芭蕉に関するキーン氏の論を紹介したのは、歌枕や本歌取りという、詩歌の様式から見えてくる日本語特有の言葉の文化の強い継承性に注目したからだ。西行が生きた時代と芭蕉が生きた時代との間には、五百年もの歳月の流れがある。その長さを私たちが生きている平成時代を起点にして測ると、明治元年に(b)サカノボる歳月の実に三倍半にもなる。現在から五百年過去にサカノボると、戦国時代になるのだ。芭蕉は、自らにとってそんなにも遠い過去に東北の地を旅した歌人の足跡を訪ね、本歌取りにも似た手法で、短歌ならぬ俳句という新しい表現様式によりつつも、独自の創作の境地を拓いたのだ。

ちなみに、有名な歌枕となっていた平泉に辿り着いた時の情景と心境をどう詠んだか。藤原三代の栄華は今いずこ、城は跡形もなく、ただススキの生い茂る草むらとなっている。その変わり果てた光景に目を瞠った西行は、ひしひしと感じた※無常感をこう詠んだ。

　朽ちもせぬその名ばかりを留め置きて枯野の薄形見にぞ見る

そして、五百年後に同じ場所に立った芭蕉は、西行の歌を想起したに違いないのだが、西行の歌のことには直接触れずに、目の前の光景にぴったりの、古代中国・唐時代の詩人・※杜甫の名句を引いて、作句につなげる。

　偖も義臣すぐって此城にこもり、功名一時の叢となる。「国破れて山河あり、城春にして草青みたり」と、笠打敷きて、時のうつるまで泪落し侍りぬ。

　夏草や兵どもが夢の跡

キーン氏をして、〈『奥の細道』の中で、おそらく私に最も訴えるところの多い〉 c ジュッカイであり、〈おそらく彼の最も優れた俳句〉と書かしめた、『奥の細道』のクライマックスのシーンだ。

先人である西行が心を打ち震わせた現場に立ち、同じように感慨にふけり「泪」を流した芭蕉の発句は、諸行無常という心情においてもテーマにおいても同一であるけれど、五百年後の俳句は、決して先人の模倣ではない。どちらかというと 3 「手弱女ぶり」の気配さえ感じさせる先人の歌に対し、 4 芭蕉の句は「男の抑えた涙」とでも言おうか、心情を凝縮した表現になっている。

ここでの私の関心事は、五百年、千年という時代変遷を超越して、歌枕の発想あるいは本歌取り的な発想によってしっかりと継承されてきた、日本の言語文化の特質にある。西行から芭蕉へという表現活動とその作品の繋がりを例示したのは、言語文化継承の構図を最もわかりやすく示してくれるエピソードだからであって、継承の水脈は、五百年どころではない。西行の陸奥(みちのく)への歌d行脚には、さらに先人がいたのだ。陸奥への入口であり歌枕ともなっていた白河を例にあげるなら、西行の〈白河の関屋を月の洩る影は人の心をとむるなりけり〉という歌は、およそ百年前の平安中期に中古三十六歌仙の一人である能因(のういん)法師のよく知られる〈都をば霞とともに立ちしかど秋風ぞ吹く白河の関〉を偲んで詠まれたものだ。

また、芭蕉の俳句は、三百数十年を経た現代においても、日本国中で暗誦されているし、出生の地・伊賀上野では、小学校一年生から老人に至るまで全市民が日常的に俳句を詠む文化が根づいている。芭蕉による西行の歌の受け継ぎ方は、明確に意識的であったが、今日における様々な新聞や雑誌に設けられている短歌・俳句の投稿欄に見られる国民規模での歌詠みの広がりになると、誰か一人が旗振りをしているわけではなく、ほとんど集合的無意識に近い形での言語文化の継承と言えるだろう。

日本語の文化というものは、本当にすばらしいものだと思う。

（柳田邦男『言葉が立ち上がる時』による。ただし一部に省略等がある。）

「俳句」については原文のままにした。　※ドナルド・キーン…コロンビア大学名誉教授。日本文学研究の功績で二〇〇八年文化勲章を受章。　※無常感…筆者は「感」を用いている。　※杜甫の名句…「春望」のこと。戦乱で荒廃した長安と自然とを対比させる。

問一　傍線部a〜dについて、カタカナは漢字に直し、漢字は読みをひらがなで書きなさい。ただし、漢字は楷書で丁寧に書くこと。

問二　傍線部A「おとなう」の意味を文脈に即して書きなさい。

問三　傍線部B「風光」と熟語の構成(組み立て)が同じものを、次のア～カの中から一つ選び、記号で答えなさい。

ア…均衡　イ…存廃　ウ…公僕　エ…応募　オ…天授　カ…無力

問四　次の説明文は、傍線部3「手弱女ぶり」に関する辞書の記述である。空欄(　①　)、(　②　)にあてはまる適切な語句を、それぞれ書きなさい。

説明文…女性的で、温厚優和な歌風。万葉集の「(　①　)」に対して、主として(　②　)以降の勅撰和歌集で支配的な歌風を指す。(広辞苑より)

問五　傍線部1「文化における『集合的無意識』」を説明した例として適切でないものを、次のア～エの中から一つ選び、記号で答えなさい。

ア　「蛍の光」の楽曲は、長年学校の卒業式や店舗における閉店の音楽などとしてよく耳にしてきたため、「別れ」や「終わり」といったイメージを、多くの人々に思い起こさせる。

イ　「平家物語」の冒頭「祇園精舎の鐘の声、諸行無常の響きあり」の一節を口ずさむと、そのリズム感とともに、平氏の盛衰のイメージを、現代の人々も共有することができる。

ウ　「立てば芍薬　座れば牡丹　歩く姿は百合の花」の「都々逸」を聞くと、美しい人をたとえた「花」のイメージや、言葉のリズムの良さを感じることができる。

エ　葛飾北斎「富嶽三十六景」の「凱風快晴」や「神奈川沖浪裏」に描かれた富士山を見ると、美しい日本のイメージを、外国人も世代を超えて共通に感じる。

問六　傍線部2「そういう美意識」とあるが、筆者が考える「美意識」を、本文に即して六十字以内で説明しなさい。

問七　傍線部4において、芭蕉の句に見られる「心情の凝縮」を、本文に即して六十字以内で具体的に説明しなさい。

問八　波線部は、どのようなことを表しているのか。本文全体の趣旨を踏まえ、百二十字以内で説明しなさい。ただし、書き出しは「日本の言語文化には、」とする。(字数には含まない)

問九　本文を教材にして、「書くこと」の授業(高等学校・国語総合)で「引用」について指導したい。筆者はどのような意図でドナルド・キーン氏の著書を「引用」しているか。学習指導要領(＊)の指導事項を踏まえ、本文における「引用」の意図を、四十字以内で説明しなさい。

〔＊高等学校学習指導要領(平成21年3月告示)〕

問十　本文のような文章を教材にして授業(高等学校・国語総合)を展開する際、「伝統的な言語文化と国語の特質に関する事項」の指導にあたって配慮すべき事項は何か。学習指導要領(＊)に即して空欄(　①　)～(　③　)に入る適切な語句を、それぞれ書きなさい。

〈高等学校・国語　国語総合　伝統的な言語文化と国語の特質に関する事項〉

(1)　「A話すこと・聞くこと」、「B書くこと」及び「C読むこと」の指導を通して、次の事項について指導する。

ア　伝統的な言語文化に関する事項

(ア)　(　①　)や我が国の文化と(　②　)との関係について気付き、伝統的な言語文化への(　③　)を広げること。

(イ)　文語のきまり、訓読のきまりなどを理解すること。

〔＊高等学校学習指導要領(平成21年3月告示)〕

(☆☆☆◎◎◎)

【二】次の文章は、君主のあり方について述べたものである。これを読んで、あとの問いに答えなさい。ただし、設問の都合上、送り仮名や返り点を省略したところや、一部改めたところがある。

有非常之人、然後有非常之功。非常之功、聖人所甚懼也。明月之珠、夜光之璧、無因而至前。匹夫猶或按劍。而況非常之功乎。故聖人必自反曰、「此天之所以厚於我乎、抑天之禍予也。」故雖有大功、而不忘戒懼。中常之主、鋭於立事、忽於天戒、日尋干戈而殘民以逞。

天欲全之、則必折其萌芽、挫其鋒芒、使知其所悔。天欲[I]之、則必先之以美利、誘之以得志、使之有功以驕士、玩於寇讎而侮其民人、至於亡國殺身而不悟者、天絶之也。嗚呼小民之家一朝而獲千金。非有大福、必有大咎。何者彼之所獲者、終日勤勞不過数金耳。所得者微。故所用狹。無故而得千金。豈不驕其志、喪其所守哉。由是言之、天下者得之艱難、則失之不易。得之既易、則失之亦然。

（『唐宋八大家文読本』による）

（注）※明月之珠・夜光之璧…どちらも夜光る宝珠。　※匹夫…普通の民。凡人。　※天…天帝。
※戒懼…自ら戒め注意する。　※中常之主…並の主君　※立事…手柄を立てること。
※干戈…盾と矛。転じて戦争の意。　※萌芽…災いの芽。　※鋒芒…矛先。
※寇讎…敵。かたき。　※小民…普通の民。　※大咎…大きな災い。

問一　波線部a「所以」、波線部b「雖」の漢字の読みを、送り仮名を含めてすべてひらがなで書きなさい。ただし、現代仮名遣いで書くこと。

問二　二重傍線部A「反」の本文中における意味に相当する熟語として最も適当なものを、次のア～オの中から一つ選び、記号で答えなさい。

ア　背反　　イ　反復　　ウ　反故　　エ　反映　　オ　反省

問三　空欄部［Ｉ］に入る漢字(おくりがなを含む)として最も適切なものを、次のア～エの中から一つ選び、記号で答えなさい。

ア　亡ボサム　　イ　満タサム　　ウ　生カサム　　エ　鍛エム

問四　傍線部2「而況非常之功乎」、傍線部4「不過数金耳」を、漢字仮名交じりで書き下しなさい。

問五　傍線部1「聖人所甚懼也」とあるが、そのように考えるのはなぜか。その理由を四十字以内で書きなさい。

問六　傍線部3「使知其所悔」とは誰の、誰に対する、どのような行動か。わかりやすく説明しなさい。

問七　傍線部5「豈不驕其志喪其所守哉」とあるが、どのようなことを述べたかったのか。本文全体の趣旨に沿ってわかりやすく説明しなさい。

問八　次の文章は、「古典A」及び「古典B」における「内容の取扱い」に関する留意事項である。学習指導要領(＊)に即して、空欄(　①　)、(　②　)に共通して入る語句を書きなさい。

〈高等学校・国語　古典A　3　内容の取扱い〉

(3)　教材については、次の事項に留意するものとする。

イ　教材には、古典に関連する近代以降の文章を含めること。また、必要に応じて(　①　)、近代以降の文語文や(　②　)などを用いることができること。

〈高等学校・国語　古典B　3　内容の取扱い〉

(4)　教材については、次の事項に留意するものとする。

イ　教材には、(　①　)を含めること。また必要に応じて近代以降の文語文や(　②　)、古典についての評論文などを用いることができること。

〔＊高等学校学習指導要領(平成21年3月告示)〕

(☆☆☆◎◎◎)

解答・解説

【中高共通】

【一】問一　A　一途に　B　高貴な　C　宮中にも　D　互いに　問二　a　ア　b　エ
問三　(1)　掛詞(懸詞)　(2)　「たのむ」という語に「田の面」と「頼む」の二つの意を掛けている。
問四　2　その国におりました女に、求婚をした　6　娘が、積極的に送ってよこした歌である
問五　男の訪問を期待させる歌に喜びを感じるとともに、たまにしか訪れてこないことを暗に批判する気持ち。
問六　「たのむの雁」の語源は、東国で鹿狩を意味する「たのもしのかり」であるということ。　問七　和歌中に「鳴いているという」とあるから「雁」が連想されるのであって、「狩り」を意味するととらえるには無理があるから。

〈解説〉問一　Aは、副詞で「ひたすら、一途に、むやみに」、Bは「あて(貴)なり」(形動)の連体形で「上品な、高貴な」、Cの「雲居」は「宮中」のこと、Dは副詞で「互いに」という意味である。　問二　aは係助詞、bは、完了の助動詞「ぬ」の未然形＋推量の助動詞「む」の形。イ・ウ・カはあつらえの助詞の「なむ」で、他に対し希望し期待する意を表す。活用後の未然形につく。　問三　和歌は「私の方に寄るといって鳴いているという三芳野の田の面の雁—私を頼りにしているというあなた—をいつ忘れることがあろうか、決してありません」と訳す。「たのむ」という語に二つの意味「田の面」と「頼む」を掛けた修辞法を「掛詞」という。なお、この和歌では掛詞以外に「縁語」もある。縁語とは文中のある語に互いに関係のある語を用い、両者を照応させる修辞法で「雁」「鳴く」がそれにあたる。　問四　2　「はべり」は人の存在を表す丁寧語、「ける」は過去の伝聞を表わす助動詞「けり」の連体形、「よばひ」は「よばふ」(他ハ四)の連用形で「求婚する」と

いう意味である。6「すすみて」は『積極的に』、「おこせ」は「おこす」(他サ下二)の連用形で「送ってよこす」という意味だが、「求婚する」と意訳する説もある。問五　3の歌の「ましかば…まし」は、「もし…ならば…だろう」の仮実仮想の意味を表す。歌意は「このお便りがもしなかったならば、たまにしかない訪れのないあなただから、頼りにされているというお気持ちなどを―近く来られるとは―知らないままでいることでした」である。この歌は、男の「雲居にも声ききがたきものならば」の歌にこめられた「たのむの雁もちかく鳴きなむ」(頼りにされている私としても―田の面近くで鳴く雁のように―そのうち必ずそちらに寄って声を聞かせよう)という気持に喜びを感じるとともに男を待ちわびているさびしい自分の気持を述べ、男のたまにしか訪れないことへの苦情を訴えている返歌である。問六　4は「たのむの雁といへることは、よの人、おぼつかながる事なり」(この贈答の「たのむの雁」という表現は、一般の人が不審に感じる使い方である)に対するもので、「ある人が、この事について物知り顔に言っている人がいる」という意味である。その内容は「ひむがしくにに鹿狩りするに、たのもしのかりとて、かたみによりあひて…たのむのかり　とはいふなり」である。東国地方で鹿狩りをするときに、頼母子の狩りと称することについて述べている。問七「この歌どもにかなはず」とは、「この歌(贈答歌)には適用できない」という意味である。その理由を「かの、伊勢物語の歌は…むすめのすすみておこせたる歌なり」と述べ、「み吉野の…」の歌が女の男への積極的な求婚の歌であることを断言し、「鳴くなる」は、女が雁に自分を託して男への愛を告白しているのであって、「鹿狩り」と解釈することはできない、というのである。

【中学校】

【一】問一　a　療法　b　遡(遡・溯)る　c　述懐　d　あんぎゃ　問二　訪問する　問三　ア　問四　①　ますらお(を)ぶり(益荒男ぶり)　②　古今和歌集(古今集)　問五　エ　問六　ある地域の多くの人々が世代を超えて継承する、幼少期から継続的に経験した文化に対し、無意識的に価値を見出すもののとらえ方。　問七　短く象徴的な言葉を用いて人為と自然を対比し、無常に対する感慨を直接的な心情表現に依らず、余韻を残しながら表現したこと。　問八　(日本の言語文化には、)先人の表した世界観を歌枕や本歌取りの様式を用いて意識的に継承する世界がある一方で、その世界観が国民規模での歌詠みの広がりといった動きを通して無意識的に継承される世界があり、絶えず両者を行き来しながら時代の変遷を超越する特質があるということ。　問九　信頼のおける研究者の論を裏付け資料として用い、筆者の論の説得力を高める意図。　問十　①　楽しむ　②　ものの見方や考え方　③　作者の思い

〈解説〉問一　同音(訓)異義語や類似の字形・熟語の読みに注意すること。なお、「行脚」(あんぎゃ)は唐音である。　問二　「おとなう」は古語で「おとなふ」と書く。　問三　Bの「風」「光」はともに景色を表す同義語である。イの「存廃」は対義語、ウの「公僕」は修飾・被修飾(連体修飾関係)、エの「応募」は述語・補語関係、オの「天授」は主述関係。カの「無力」は否定の接頭語＋名詞である。　問四　「手弱女」に対する言葉は「益荒男」(ますらを)である。「古今和歌集」は延喜五(九〇五)年、醍醐天皇の勅命で撰進された最初の勅撰和歌集で全二十巻、約千百余首を収める。　問五　「文化における『集合的無意識』は、「何かをなつかしいと感じる心理的メカニズム」であり、筆者はその例として幼少期の情景とメロディを挙げている。そしてこの心理的メカニズムによる反応は、文学、音楽、絵画などの文化的分野で無意識の状態での美意識に通じる感情様式で次世代にも継承されていく、とのべている。この心理的メカニズムは、日本の文化について日本人には通

じても、幼少期を日本で過ごさない外国人には通じないと考えられる。　問六　2は「その地域に生まれた人々の脳には」以降「意識しなくても『いちばんなじみやすい響き』として受け入れるレセプターが形成される」(美意識)を指している。その理由を幼少期から継続的に経験した民族音楽(文化)を無意識に受け入れる、何かをなつかしいと感じる心理的はたらき(文化的価値)を関連づけている。　問七　俳句は、五七五の十七音の形式による短詩型文学である。短歌の三十一音に対し、叙情性の乏しい俳句は、即物的に自分の感興を表現しなければならない。俳句における作者の心情の凝縮性はここにある。芭蕉の俳句の季語は、「夏草」(夏)であり、結句の「夢の跡」の「跡」は体言止め。「夏草」(自然)と「兵どもが夢の跡」(人為)とを巧みに組み合わせ、「泪を落とし侍りぬ」という芭蕉の「泪」は、省略された心情表現として十七音の句から生ずる余韻の中にある。このことをふまえてまとめる。　問八　筆者は、本文で短歌や俳句を例にして、この両者の世界の往還を論じている。ドナルド・キーン氏の、江戸期の芭蕉が先人西行の歌の中の歌枕を訪ねた旅(奥の細道)についての解釈も、詩歌の様式(歌枕や本歌取り)を意識し、それを継承するためのものだという。また芭蕉の俳句の鑑賞のあとに筆者は、このことをふまえ、次代の変遷を超越して歌枕や本歌取り的発想によって継承されてきた日本の言語文化の特質について述べている。その一方で、今日の日本人が日常的に詠む短歌や俳句を国民規模での歌詠みの広がりととらえ無意識に近い形での言語文化の継承と見なしている。そして、この両者の関係を絶えず意識の世界と無意識の世界を時代を超えて往還している日本の文化の特質というのである。

問九　中学校第三学年「書くこと」の指導事項のイに、「論理の展開を工夫し、資料を適切に引用するなどして、説得力のある文章を書くこと」と示してある。筆者がドナルド・キーン氏の著書を引用しているのは、短歌や俳句の世界における「意識の世界」について、「先人の表した世界観を歌枕や本歌取りの様式を用いて意識的に芭蕉が継承していること」を例証し、自分の論の説得力を高めることを目的としている。

問十　「伝統的な言語文化と国語の特質に関する事項」は新しく設けられた事項で、伝統的な言語文化に親しみ、我が国の言語文化を継承し、新たな創造へとつないでいくことができるように内容を構成している。例えば、第二学年では古典に表れたものの見方や考え方に触れることなどが取り上げられている。

【二】問一　a　すこぶる　b　いえども　c　つぶさに　問二　毎朝　問三　手紙の結びのことばに用いる「敬白」という熟語を示し、「白」が「言う」や「申し上げる」の意味を持つことを説明する。

問四　1　幼い娘に茶の給仕をさせていた　3　お前は私の残した茶をすすることができるか、できないか

問五　貧者が毎日ただで茶を飲み続け、娘もわざわざ銘茶を出していたことに腹が立ったから。

問六　亦可シレ随フニ汝ノ所ニレ願フ。

問七　貴人になることは望まず、長寿と生活に困窮しない程度の財物を手にすることを望んだ。

〈解説〉問一　aは「すこぶる」と読み、「おびただしく」という意味である。bは「いえ(へ)ども」と読み、逆接の接続詞である。主語の上にあるときは仮定条件、下にあるときは既成条件を表す。cは「具」は「つぶ(さに)」と読み、「詳しく、こまかく」を意味する。　問二　Aの「旦」(たん)は「太陽が地平線上に現れたこと」を示す指事文字」で、「朝」を表す。　問三　「白」について漢和辞典で調べさせる際に「白」の文中の訓読「申す」が、謙譲表現であることについての説明とともに、「言う」の意を表す熟語「告白」「白状」「独白」「白話」(口語)等についても説明する。また、手紙文での「敬白」以外に「啓伯」の「啓」が同義語であること、「啓上」「拝啓」の熟語があることを説明し調べさせる。　問四　1　「令ム二幼女ヲシテ行ハワ一レ茶ヲ」(幼女をして茶を行わせしむ)の現代語訳である。「令ム二Aヲシテ…一レBセ」の使役形である。　2　「汝能ク啜ヤ二我ノ残セン一茶ヲ否ヤ」(汝能く我の残せし茶を啜るや否や)の現代語訳で疑問文である。　問五　2　「其父見之」の「之」は女

が丐者(乞食)に金銭を受け取らず、毎朝、銘茶を飲ませた行為をさす。そのために女の父親が「怒遂去、笞女」の行動に出たのである。　問六　返読文字「可」「所」に注意して訓点を施すこと。「亦汝の願う(ふ)ところに随う(ふ)べし」と訓読する。　問七　5「女小家女、不識貴、止求長寿財物不乏」の「小家」は身分の低い者の家、「不識貴」は高貴の何かを知らないこと、「財物不乏」は、日常生活に困らない程度の財物を指す。女は、高貴な身分になることを望まず、長寿と日常生活に困窮しない程度の財物を呂翁に求めたのである。

【高等学校】

【一】問一　a　療法　b　遡(遡・溯)る　c　述懐　d　あんぎゃ　問二　訪問する　問三　ア　問四　①　ますらお(を)ぶり(益荒男ぶり)　②　古今和歌集(古今集)　問五　エ　問六　ある地域の多くの人々が世代を超えて継承する、幼少期から継続的に経験した文化に対し、無意識的に価値を見出すもののとらえ方。　問七　短く象徴的な言葉を用いて人為と自然を対比し、無常に対する感慨を直接的な心情表現に依らず、余韻を残しながら表現したこと。　問八　(日本の言語文化には、)先人の表した世界観を歌枕や本歌取りの様式を用いて意識的に継承する世界がある一方で、その世界観が国民規模での歌詠みの広がりといった動きを通して無意識的に継承される世界があり、絶えず両者を行き来しながら時代の変遷を超越する特質があるということ。　問九　筆者の主張の妥当性を裏付ける信頼性の高い論を用い、主張の論拠として示す意図。　問十　①　言語文化の特質　②　外国の文化　③　興味・関心

〈解説〉問一　同音(訓)異義語や類似の字形・熟語の読みに注意すること。なお、「行脚」(あんぎゃ)は唐音である。　問二　「おとなう」は古語で「おとなふ」と書く。　問三　Bの「風」「光」はともに景色を表す同義語である。イの「存廃」は対義語、ウの「公僕」は修飾・被修飾(連体修飾関係)、エの「応募」は述語・補語関係、オの「天授」は主述関係。カの「無力」は否定の接頭語＋名詞である。　問四　「手弱女」に対する言葉

は「益荒男」(ますらを)である。「古今和歌集」は延喜五(九〇五)年、醍醐天皇の勅命で撰進された最初の勅撰和歌集で全二十巻、約千百余首を収める。　問五　「文化における『集合的無意識』」は、「何かをなつかしいと感じる心理的メカニズム」であり、筆者はその例として幼少期の情景とメロディを挙げている。そしてこの心理的メカニズムによる反応は、文学、音楽、絵画などの文化的分野で無意識の状態での美意識に通じる感情様式で次世代にも継承されていく、とのべている。この心理的メカニズムは、日本の文化について日本人には通じても、幼少期を日本で過ごさない外国には通じないと考えられる。　問六　2は「その地域に生まれた人々の脳には」以降「意識しなくても『いちばんなじみやすい響き』として受け入れるレセプターが形成がれる」(美意識)を指している。その理由を幼少期から継続的に経験した民族音楽(文化)を無意識に受け入れる、何かをなつかしいと感じる心理的はたらき(文化的価値)を関連づけている。　問七　俳句は、五七五の十七音の形式による短詩型文学である。短歌の三十一音に対し、叙情性の乏しい俳句は、即物的に自分の感興を表現しなければならない。俳句における作者の心情の凝縮性はここにある。芭蕉の俳句の季語は、「夏草」(夏)であり、結句の「夢の跡」の「跡」は体言止め。「夏草」(自然)と「兵どもが夢の跡」(人為)とを巧みに組み合わせ、「泪を落とし侍りぬ」という芭蕉の「泪」は、省略された心情表現として十七音の句から生ずる余韻の中にある。このことをふまえてまとめる。　問八　筆者は、本文で短歌や俳句を例にして、この両者の世界の往還を論じている。ドナルド・キーン氏の、江戸期の芭蕉が先人西行の歌の中の歌枕を訪ねた旅(奥の細道)についての解釈も、詩歌の様式(歌枕や本歌取り)を意識し、それを継承するためのものだという。また芭蕉の俳句の鑑賞のあとに筆者は、このことをふまえ、次代の変遷を超越して歌枕や本歌取り的発想によって継承されてきた日本の言語文化の特質について述べている。その一方で、今日の日本人が日常的に詠む短歌や俳句を国民規模での歌詠みの広がりととらえ無意識に近い形での言語文化の継承と見なしている。そして、この両者の関係を絶えず意識の世界と無意識の世界を時代を超えて往還している日本の文化の特質というのである。　問九　国語総合の「書くこと」の言語活動例のイに「出典を明示して文章や図表などを引用し、説明や意見などを書く」と示してある。引用は、伝えたい内容をより明確にするためのものであり、自分の考えの根拠とするものである。この文章では、日本の言語文化の特質には意識の世界と無意識があること。その意識の世界を日本の短歌や俳句の世界で説明するために、筆者は松尾芭蕉が旅に出て西行の詠んだ歌枕を訪ねたのは、詩歌の意識的継承にあるのではないかと推測する。その推測についての自説の論拠としてドナルド・キーン氏の解釈を引用したのである。」　問十　「国語総合」には、伝統的なわが国の言語文化に親しみ、我が国の言語文化を継承し新たな創造へつないでいくために、小学校及び中学校同様に「伝統的な言語文化と国語の特質に関する事項」が設けられている。指導事項の(ア)は、「我が国も文化と外国の文化との関係」および「伝統的な言語文化への興味・関心を広げること」を示している。

【二】問一　a　ゆえん　b　いえども　問二　オ　問三　ア　問四　2　而るを況んや非常の功をや　4　数金に過ぎざるのみ　問五　大きな功績を得たとしても、天帝が自分を試しているのではないかと自戒するから。　問六　天帝の、君主(聖人)に対する、後悔することの重要性を気付かせるという行動。　問七　君主が簡単に天下を手にすると心の中に驕る気持ちが生じ、それが部下や民衆・外敵を侮らせ、君主としての本分を失わせてしまい、ついには身を滅ぼすことにつながるということ。　問八　①　日本漢文　②　漢詩文

〈解説〉問一　aは「ゆえん」と読み、「理由、わけ」を意味する。bは「いえ(へ)ども」と読み、主語の下にある時は逆接の確定条件を表し、主語の下にある時は、逆接の仮定条件を表す。　問二　Aの「反」は「はん

(して)」と訓読し、「反省」を意味する。アは「そむく」、イは「くりかえす」、ウは「うらがえす」、エは「反射する」という意味である。　問三　Ⅰには、「天欲全之…」の文に対句的表現が入る。「天欲全之」は「天がこの者を守ってやろうとすれば」という意味であるので、「天がこの者を亡ぼそうとすれば」と表現されることを読み取る。　問四　2　「而ルラ況ンヤ非常之功ヲ乎」の書き下し文である。「況…乎」は抑揚形であることに注意する。　4　「不ル過ギ二数金ニ一耳」の書き下し文である。「耳」は、「のみ」と読む限定形であることに注意する。　問五　1は「非常之功」(通常以上の功績)に対しての聖人の恐れを指す。その理由については「明月の珠や夜光の璧」などの宝物が目の前に現れたら、一般民衆は剣を取って奪い合う。まして非常の功(通常以上の功績)が目の前にあれば、将が勇み立つのも無理がない。こうした場面で聖人は自省する、というのである。「此天之所—以厚於我乎、抑、天之禍予也。」(これは天が私のために下されたものなのか、それとも私に禍いを与えようとしているのだろうか)という自省である。こうして聖人は「故雖有大功、而不忘戒懼」(仮りに大きな功績があっても自らを戒め注意するのを忘れない)のである。　問六　「使ムレ知ラ二其ノ所ヲ一レ悔ユル」(其の悔ゆる所を知らしむ)とは、「彼に後悔を教える」という意味である。主語は「天」(天帝)。彼(対象)は「聖人」。天帝が聖人に「悔ゆる所」(後悔すること)の重要性を教え導く行動を指す。　問七　「豈不驕其志喪其所守哉」(豈に其の志を驕らして其の守る所を喪はざらむや)は、「どうして心が驕り、本分を忘れさせないことがあろうか(いや忘れさせてしまう)」という意味で、反語形である。「小民之家一朝而獲千金。非有大福、必有大咎」は、その前の文、「天欲亡之、則必先之以美利、誘之以得志、使之有功以驕士、玩於寇讎而侮其民人、至於亡國殺身而不悟者、天絶之也。」を例証した文である。普通の民家でわずかの間に大金を得たことを仮定し、わけなく大金が入ったことによる心の驕りが大きな災いをもたらすように、君主が容易に天下を手にした場合の心の驕りが、士や民衆への放漫な態度となり敵を侮り、君主としての本分を忘れさせ、ひいては亡國につながることを述べている。　問八　「古典A」は、これまでの「古典講読」の内容を改善し、古典としての古文と漢文、古典に関連する文章を読むことによって、我が国の伝統と文化に対する理解を深め、生涯にわたって古典に親しむ態度を育成することをねらいとした選択科目である。古文と漢文の両方またはいずれか一方を取り上げることができるようにしている。「古典B」はこれまでの「古典」の内容を改善し、古典としての古文と漢文を読む能力を育成するとともに、ものの見方、感じ方、考え方を広くし、古典についての理解や関心を深めることをねらいとした選択科目である。なお、古典Bでは古文及び漢文の両方を取り上げるものとし、一方に偏らないようにしている。

二〇一四年度　実施問題

【中高共通】

【一】次の文章を読んで、あとの問いに答えなさい。なお、1～9は、それぞれの段落の番号を表している。

1「わたしたちは他の人たちの生をじぶんたち自身が磨いたレンズを通して見るのであるし、他の人たちもわたしたちの生を彼ら自身が磨いたレンズを通して見る」。これがまずは基本の事実であるとしても、この事実のとらえ方によって思考は左右に大きく隔たってゆく。というのも、この二つのレンズがそれぞれまったく不可通約的なA構造をもつものだとすると、上の事実はそのまま、「わたしたちはしょせん他の人たちの生をじぶんたち自身が磨いたレンズを通してしか見られないし、他の人たちもついにわたしたちの生を彼ら自身が磨いたレンズを通してしか見られない」という事実を意味することになってしまうからだ。わたしたちはじぶんが見ている世界の外に最後まで出られない。そう、《異なる文化に属する人びとは異なる世界に住む》という、あの※スペルベルの定式をなぞるしかなくなる。そうなると議論は出発点に舞い戻ってしまう。

2わたしたちがもし1じぶんが見ている世界の外についに出られないのだとしたら、多様性のB称揚はそのまま、人びとは独我論的な世界をしかもてないという主張に反転してしまう。多様性の議論が、人びとを彼らの世界のなかに隔離し、aユウヘイしようという《認識論的※アパルトヘイト》の主張になってしまう。

3「他の人たちの生をじぶんたち自身が磨いたレンズを通して見る」とは、よくよくどういうことなのか。それがさらに吟味されねばならない。

4他者を理解するということを、他者とおなじ考え、おなじ気持ちになることだと思っているひとは少なくない。はじめは、なんとも了解しようのない他者の考え、気持ち、習性にふれてとまどうばかりだが、少しずつそれになじみ、それをじぶんのケースに置き換えてゆくうちに、理解可能なものに変わってゆく、そして共有できるものがしだいに増えてゆく……。それが他者理解の過程だと考えるのである。これは、他の言語を一つ一つ自言語に置き換えてゆくなかで他言語をしだいに習得する、そのプロセスになぞらえて考えられている。

5同郷人、同国人、おなじ言語を話す人、おなじ宗派の人……といったふうに〈同〉が地球市民にまで拡げられ、そしてそういう〈同化〉の延長線上で「人類」という考えに到達するというわけだ。※反相対主義者が想定する「人間の本性」というものも、さまざまの異なる文化、社会にふれるなかで、人類についての一つのドウサツとして獲得されるというわけだ。相手を理解するために拠るべき媒体を何一つ見いだせない人たちを「異人」と呼ぶならば、「人間の本性」についての理解を得るというのは、「異人」がしだいに「異人」でなくなってゆくプロセスのことだということになる。

6これにたいして、このような理解の深まりは他者理解の過程となんの関係もない、むしろそれは他者理解からますます遠ざかってゆく思考法だとつよく反撥したのが、※エマニュエル・レヴィナスである。レヴィナスによれば、なにかある共通のものに与ることによって可能になる共同性は、「媒介者の役割をはたす第三項の周囲に必然的に生じる集団性」、つまりは「横並びの共同性」であって、それにたいして他者との関係は、むしろ、媒介となる共通のものが存在しないところでこそ出現するものである。レヴィナスは言う。「自我と他人との不等性はわれわれを数として数える第三者に対しては現われることのない不等性である。この不等性は、自己と他者とをともに包摂しうる第三者の不在にほかならないからだ。……この根源的多様性は多様な個別性に対して生起するのであって、多様な存在の外からその数を数えるような一個の存在に対して生起するのではない」(『全体性と無限』合田正人訳)、と。これをいいかえると、不等性は「外的視点の不可能性」のうちにあるのであって、自他の関係をおなじ一つの始源からとらえることを可能にする特権的な平面は存在しないということなのだ。

7 それぞれに特異な者たちの関係をいわば上から俯瞰して、それを相互的・共同的なものとして取り扱うような第三者の思考、それをレヴィナスは「全体性の思考」だと言う。全体性の視点からとらえられた個人相互の関係は、個人にとってけっして他者との関係なのではない。他者はいかなるかたちであれ、「ある共通の実存にわたしとともに関与するもうひとりのわたし自身」なのではない。そのようにいわば中立化された他者の他者性は、〈同化〉の操作のなかで措定されたものとして、「自己同一性の裏返し」以上のものではありえない。ここでレヴィナスが撥ねつけるのは、包摂や綜合といった〈同化〉の操作である。要するに、なにかある共通性ないしは同一性のうちへと複数の主体を折り合わせることそのことの不可能性を手放してはならないと言うのである。4多様性を〈同化〉の思考のうちへと回収するのではなく、「分離という絶対的位相差」に定位した思考こそがここでは求められている。人間を置き換え可能な存在と見るそういう「中立的」な視点を、レヴィナスが「根源的不敬」として厳しく斥けるのは、他者のそうした置き換え不可能な存在こそが、「多様なものを全体化する論理学に対して社会的多様性が示す抵抗」として救済されるべきだと考えるからである。「存在が俯瞰可能な仕方で実存するのは全体性においてである」。そういう全体性の思考と絶縁することを、レヴィナスは求めている。

8 5けっして交換可能ではないし、相互的な関係をも結びえない、そうした他者との関係は、いいかえるとたがいに「他」者であるような人たちの多様な存在は、ではどのようにして救済されるのか。ここでその多様性じたいを、複数主体の多様性として、多様なるものの外部からとらえるとすれば、それは拡張された〈同化〉のエフェクトでしかない。ここで多様性は、何かとしてまとめることのできない多様性であるはずだ。より一般的な何かのなかで綜合することも、ともに別の何かへと還元することもできない、そういう根源的に複数的なものの存在、それを保持することが多様性の経験であるとするならば、逆説的にも、その経験は他者との共同の経験のなかにはないということになる。共同の経験は、たがいに通約不能なもの(共通の分母をもたないもの)を無理やり同一のものへとホウゴウするものだからである。逆にここで保持されるべきは、たがいに融合しえない特異なもの(singular=単数のもの)どうしの、通約されることのない関係の経験である。それぞれが特異なものである者どうしが、たがいの存在をその特異性へと送り返すという出来事の経験である。

9 言ってみれば、他者を理解するといういとなみは、他者とのあいだに何か共有できることがらを見いだすというかたちで拡張されてゆくものではなく、他者にふれればふれるほどその異なりを思い知らされる、つまりは細部において差異が、それぞれの特異性が、きわだってくるということの経験を反復することから始まるということだ。それが他者の存在にふれるという出来事である。

(鷲田清一『〈ひと〉の現象学』による。ただし一部に省略等がある。)

(注) ※スペルベル…フランスの人類学者、言語学者、認知科学者。 ※アパルトヘイト…隔離すること。
※反相対主義…相対主義(人間の認識や評価はすべて相対的であるとし、真理の絶対的な妥当性を認めない立場)に反対する立場。 ※エマニュエル・レヴィナス…フランスの哲学者。

問一 ——部a～cのカタカナを、それぞれ漢字で書きなさい。楷書で丁寧に書くこと。

問二 ——部A「構造」と熟語の構成(組み立て)が同じものを、次のア～カの中から一つ選び、記号で答えなさい。また、——部B「称揚」の意味を文脈に即して書きなさい。

A…… ア 左右　イ 腐敗　ウ 雷鳴　エ 切望　オ 未来　カ 整然

問三 ——部1「じぶんが見ている世界の外についに出られない」とはどういうことか。最も適切なものを、次のア～オの中から一つ選び、記号で答えなさい。

ア　人々は自分の価値観が正しいと信じるあまり、自分と反対の価値観を否定することの過ちに決して気づかないということ。

イ　人々は日常生活している環境を最も心地よく感じるために、今までと異なる新しい世界に足が向かなくなるということ。

ウ　人々はそれぞれ異なる文化圏に住み、異なる言葉を話しているので、互いを理解することには相当な困難が伴うということ。

エ　人々は自らの価値観や方法に基づく認識しかできないために、異なる価値観をもつ他者を永遠に理解できないということ。

オ　人々はいつのまにか国家や社会に組み込まれてしまっているので、亡命でもしない限りそこから抜け出せないということ。

問四　段落について、次の(1)(2)の問いに答えなさい。

(1)　[1]～[9]の段落を、内容の上から四つのまとまりに分けるとどうなるか。最も適切なものを、次のア～オの中から一つ選び、記号で答えなさい。

ア　[1][2][3]－[4][5]－[6][7]－[8][9]

イ　[1][2][3]－[4][5]－[6]－[7][8][9]

ウ　[1][2]－[3][4][5][6]－[7][8]－[9]

エ　[1][2]－[3]－[4][5][6]－[7][8][9]

オ　[1]－[2][3][4]－[5]－[6][7][8][9]

（2）［4］及び［5］段落の、本文における役割を、前後の段落との関係を踏まえて説明しなさい。（［4］、［5］それぞれについて説明する必要はない。）

問五　――部2について、筆者はどのような意図で「深まり」と傍点（、）を付したと考えられるか。簡潔に書きなさい。

問六　――部3「媒介となる共通のもの」とは具体的には何か。本文から一つ抜き出して書きなさい。

問七　――部4「多様性を〈同化〉の思考のうちへと回収する」とはどういうことか。五十字以内でわかりやすく説明しなさい。

問八　――部5とあるが、「多様な存在が救済される」とはどういうことか。どのようにして「救済」されるのかを明らかにして説明しなさい。

問九　本文を教材にして、「読むこと」の授業（中学校は三年生、高等学校は「国語総合」）で、「構成や展開」について指導したい。その際、生徒にどのような学習活動を行わせるか。学習指導要領（＊）の指導事項を踏まえて、具体的に一つ書きなさい。

（＊中学校学習指導要領（平成20年3月告示）、高等学校学習指導要領（平成21年3月告示））

問十　次は学習指導要領（同前）中学校及び高等学校の国語科の目標であるが、共通点がいくつかある。空欄［　Ⅰ　］、［　Ⅱ　］に入る言葉を、それぞれ書きなさい。

〈中学校〉

国語を適切に表現し正確に理解する能力を育成し、［　Ⅰ　］を高めるとともに、［　Ⅱ　］を養い言語感覚を豊かにし、国語に対する認識を深め国語を尊重する態度を育てる。

〈高等学校〉

国語を適切に表現し的確に理解する能力を育成し、［ Ⅰ ］を高めるとともに、［ Ⅱ ］を伸ばし、心情を豊かにし、言語感覚を磨き、言語文化に対する関心を深め、国語を尊重してその向上を図る態度を育てる。

（☆☆☆◎◎◎）

【二】次の文章は、『狭衣物語』の一節で、帝(上)が、狭衣(中将)に対し、笛の独奏を強いた場面である。これを読んで、あとの問いに答えなさい。

中将、「いとあぢきなき所望をもしたまふかな。かやうのことはおのづから隠れさぶらはず。※この方(かた)には足らず止みはべらん。すべて※大臣(おとど)など少し教ふること a はべらず。まして笛はいかに思はるるにかはべる、戯(たはぶ)れにても吹き鳴らすものとも知らせずなん」とて、むげにあるまじきよしを b 奏したまへば、「いで何か。その※内々のことどももみな聞きたり。まだ知らぬことなりとも、今宵始めて、我習はさん」など仰せらるれば、「おのおの手を尽したらん中に、げにまだ知らぬ笛の音は、1 さまことなるべきわざかな」と手も触れず、ことの外なるけしきなれば、「A いはけなかりつるほどより、大臣の※けしきにも劣らずこそ思ひつれ、2 かくばかりのことをだに聞かざりければ、※まいてを、よろづ推し量られぬ。よしよし言はじ」とてまめだたせたまへば、わびしうて、畏(かしこ)まり c たまへるさまにて、笛は取りたまへれども、いとただただしげにもて悩み、「知らずながらも、物にまかせてはいかが候はん。3 まことしうわりなき仰せ言なれ」と、いたう悩めるけしきのをかしさにこそは、※疎みはてさせたまふまじう御覧じけれ。※異人々も B 心ことなるべき夜の遊び、おのおの心づくろひして、かたみに挑みかはしたる音ども、げに常に合せて聞かせたまふよりもをかしかりけり。※笛しめされたるさま、こちたし。

音とは思しめさざりつるに、今まで聞かせたまはぬことの恨めしさをさへ仰せられて、めでたういみじ、と思

れぬ調子一つばかりを、吹きたてて止みぬるを、上をはじめたてまつりて、音に聞きつれど、いとかばかりの

参らざらまし、とわびしけれども、逃るまじき夜なれば、うひうひしげに取りなして、6ことに人知らず耳慣

に申して、「4いかに。仕ふまつるまじきか」とたびたび御けしきまめやかなれば、5かくと知らましかば、

（注）※この方…音楽の方面　※大臣…狭衣の父。狭衣の楽才はあまりに優れているので、両親はそ

れを不吉に思って、楽器の演奏をさせなかった。

※内々のこと…狭衣の楽才がすばらしいこと　※けしき…愛情

※まいてを、よろづ推し量られぬ…ましてああ、ほかは何事をも推して知るべしだ

※疎みはてさせたまふまじう…いつまでも疎んじなさることもできまいと

※異人々…狭衣と同じように帝に呼び出された貴族の若者達のこと

※笛に申して…帝は、中将に申しつけて

問一　――部A「いはけなかりつるほどより」、B「心ことなるべき夜の遊び」の本文中での意味をそれぞれ書きなさい。

問二　――部a～cについて、それぞれ敬語の種類を書きなさい。また、それぞれ敬意の対象を次のア～エの中から選び、記号で答えなさい。（同じ記号を何度選んでもよい）

ア　中将　　イ　大臣　　ウ　上（帝）　　エ　異人々

問三　――部1「さまことなるべきわざかな」とは、どのような意味か。最も適切なものを次のア～オの中か

ら一つ選び、記号で答えなさい。

ア　それこそ本当らしく聞こえるようなできばえに違いないことですね
イ　普段とは違うおかしなできばえに違いないことですね
ウ　真実を伝えるような素晴らしいできばえに違いないことですね
エ　聞き劣りがするようなできばえに違いないことですね
オ　異様な感じがするようなできばえに違いないことですね

問四　――部2「かくばかりのことをだに聞かざりければ」――部4「いかに。仕ふまつるまじきか」について、それぞれ現代語訳しなさい。ただし、2については「かく」の内容を明らかにして、4については何を「仕ふまつる」のかを明らかにして現代語訳すること。

問五　――部3「まことしうわりなき仰せ言なれ」について、この文と同じ意を表す一文を本文中から抜き出しなさい。

問六　――部5「かくと知らましかば、参らざらまし」について、ここに表れた中将の心情を二十字以内で書きなさい。

問七　――部6について、中将の笛の音に対し、上(帝)はどのような感想を抱いたか。六十字以内で説明しなさい。

(☆☆☆◎◎◎)

【中学校】

【二】次の文章を読んで、あとの問いに答えなさい。ただし、設問の都合上、〈本文〉においては送り仮名や返り点の省略、一部の改変がある。〈現代語訳〉においても一部の省略や改変がある。

〈本文〉

所用群臣、a如宋弘等、皆重厚正直。上姉湖陽公主、b嘗1寡居。意在弘。弘入見。主坐屏後。上曰、「諺言、富易交、貴易妻。人情乎。」弘曰、「貧賤之交不可忘。2糟糠之妻不下堂。」上顧主曰、「3事不諧矣。」

主有蒼頭。殺人匿主家。4吏不能得。洛陽令薫宣、候主出行、奴参乗。叱下車、格殺之。主入訴。上大怒、召宣欲捶殺之。宣曰、「縦奴殺人、5何以治天下。臣不須捶。請自殺。」c即以頭叩楹、流血被面。6上令小黄門持之、使叩頭謝主。宣両手拠地、終不肯。上勅7強項令出、賜銭三十萬。

（『十八史略』による）

〈現代語訳〉

帝が重用した臣下たちは、宋弘をはじめとして重厚で剛直な者ばかりであった。

帝の姉の湖陽公主は、(省略)。宋弘に心を奪われていた。ある日弘が参内して帝に謁見するとき、公主は屏風(びょうぶ)の後ろに座った。帝は「ことわざに、『金持ちになったら友人を変え、えらくなったら女房を変える』というが、これが人の気持ちというものか。」とたずねた。弘が答えて、「(省略)」と言った。帝が振り返って公主に、「(省略)」と言った。

また公主のところに、召使いがいた。人を殺して、公主の家に逃げ込み、(省略)。洛陽の長官の薫宣は、公主が外出し、その召使いが同乗する機会をうかがい、叱責して車からおろし、そのまま打ち殺した。公主は宮中に参上して訴えた。帝は大いに怒り、宣を召しだし、鞭(むち)で打ち殺そうとした。宣は、「召使いが人を殺すのを不問に付すなら、(省略)。鞭を使う必要はありません。自分でかたをつけましょう。」と言って、頭を柱に打ち付け、血が顔中に流れた。帝は侍従に取り押さえさせ、頭を押さえ、公主に対して陳謝させようとした。薫宣は、両手を突っぱって、とうとう頭を下げなかった。帝は「頭を下げられぬ長官よ、出て行け」と命じつつ、銭三十万を下賜した。

問一　＝＝部ａ「如」、ｂ「嘗」、ｃ「即」の漢字の読みを、送り仮名を補って、すべてひらがなで書きなさい。ただし、現代仮名遣いで書くこと。

問二　――部１「寡居」の「寡」と同じ意味の「寡」を含んだ二字の熟語を書きなさい。

問三　――部２について、次の(１)(２)の問いに答えなさい。

(１)　「糟糠之妻」の意味を書きなさい。

(２)　このように、中国の古典から生まれたことばを何というか、書きなさい。

問四 ——部3「事不諧矣」で、帝は公主にどういうことを伝えたかったのか。二十五字以内で説明しなさい。

問五 ——部4「吏不能得」、5「何以治天下」について、それぞれ現代語訳しなさい。

問六 ——部6「上令小黄門持之」について、現代語訳を参考に、訓点を施しなさい。なお「小黄門」とは「侍従」という意味である。

問七 ——部7「上勅強項令出、賜銭三十萬」について、帝がこのような行動をとったのはなぜか。その理由を本文に即して五十字以内で書きなさい。

(☆☆☆◎◎◎)

【高等学校】

【一】次の漢文を読んで、あとの問いに答えなさい。ただし、設問の都合上、送り仮名や返り点を省略したところや、一部改めたところがある。

伝書称、※魏公子之徳、仁恵下士、兼及鳥獣。a方与客飲、有※鸇撃鳩、鳩走、巡於公子※案下。鸇追撃、殺於公子之前。公子1恥之、即使人多設羅、得鸇数※十枚、※責譲以撃鳩之罪。撃鳩之鸇、2低頭不敢仰視、公子乃殺之。世称之曰、魏公子為鳩報仇。3此言虚也。夫鸇※物也、情心不同、音語不通、聖人不能使鳥獣為義理之行。公子何人、能使鸇低頭自責。鳥為鸇者、以千萬数、向撃鳩飛去、安可復得。能低頭自責、是聖鳥也。暁公子之言、則知公子之行矣、知公子之行、則不撃鳩於其前。人猶不能改過、鳥与人異、謂之能悔、世俗之語、失物類之実也。縁公子恵義之人、則因褒称、言鸇服過。蓋言語之次、空生虚妄之美、功名之下、常有非実之加。

（『論衡』による）

（注）※魏公子…魏の国の公子。名は無忌。　※鸇…はやぶさ。　※案下…机の下。
※数十枚…数十羽。　※責譲…責める。　※物…動物。　※言語之次…言葉のついでに。

問一　〰〰部a「方」、b「蓋」の漢字の読みを、送り仮名を含めてすべてひらがなで書きなさい。ただし、現代仮名遣いで書くこと。

問二　――部1「恥之」を「之」の内容を明らかにして現代語訳しなさい。

問三　――部2「不敢仰視」、――部5「安可復得」を、漢字仮名交じりで書き下しなさい。

問四　――部3「此言虚也」とあるが、筆者がそう考える理由を(例)以外に二つ、それぞれ四十字以内で書きなさい。ただし、(例)にならって書くこと。

(例)　人間でさえできないのに鳥が過ちを後悔できるはずがなく、これは俗説に過ぎない。

問五　――部4「義理之行」とは具体的にはどのような行いか。本文中から五字程度で抜き出して書きなさい。ただし、訓点は不要である。

問六　――部6「生虚妄之美」とはどういうことか。本文の内容に即して説明しなさい。

問七　「国語総合」で「伝統的な言語文化と国語の特質に関する事項」の指導に当たって「古典の教材」について配慮すべき事項は何か。高等学校学習指導要領(平成21年3月告示)に即して、次の(例)以外に一つ書きなさい。

(例)古典に関する近代以降の文章を必ず含めること。

(☆☆☆◎◎◎)

解答・解説

【中高共通】

【一】問一　a　幽閉　b　洞察　c　縫合　問二　A　イ　B　ほめたたえること　問三　エ

問四　(1)　ア　(2)　前段落での問題提起を踏まえて「他者を理解すること」についての一般的な考え方や事例を示すだけではなく、筆者がその後の段落で述べる主張が一般的な考え方と大きく異なることを際立たせる役割。　問五　実際には他者理解が「深まっていない」ことを強調しようとした。　問六　同郷

問七　それぞれに異なる多様な他者同士を、第三者的な視点から何らかの共通項をもとに同一視するということ

と。　問八　他者が自分や他の他者と同化不可能な存在だということを何度も思い知る経験により、人々は多様な他者の特異性を認識できるようになり、結果として他者の他者性が損なわれることがなくなるということ。

問九　文章の構成や展開を理解した上で、異なる文章との共通点や相違点を比較する。

問十　Ⅰ　伝え合う力　Ⅱ　思考力や想像力

〈解説〉問二　Aは類義語の組合せ。アは対義語の組合せ、イは類義語の組合せ、ウは主語・述語の組合せ、エは修飾語・被修飾語の組合せ、オは接頭語と単語の組合せ、カは単語＋接尾語の組合せである。　問三　1の「じぶんが見ている世界」とは、[1]の《異なる文化に属する人びとは異なる世界に住む》というスペルベルの定式に従うもので、価値観や生き方が限定され、外部の異なる価値観や生き方を理解できない自分だけの狭い世界をいう。　問四　(2)　[1]～[3]は他者理解についての問題提起であり、[4][5]では、他者理解についての一般的考えや事例を述べている。また、その後の段落にあるレヴィナスの考えをもとに、一般的な考えと異なる論述と対比させた内容であることを際立たせる役割を果たしている。　問五　2は相手を理解するために拠るべき媒体のない「異人」が「異人」でなくなり「他者理解」を深めることを印象づけながら、実際には、人間関係の深まり(構築)が困難であることを強調している。　問六　「横並びの共同性」に関わる人は、[5]の中の「同郷人、同国人、おなじ言語を話す人、おなじ宗派の人」であり、これらの人の「媒介となる共通のもの」とは、「同郷、同国、同一言語、同一宗派」があげられる。　問八　筆者は「他者」の多様な存在は、綜合することも別の何かに還元することもできない。つまり、多様な他者性は同化できないという。それぞれ特異な存在である者同士が、互いにその特異性を認め合うことで、他者の他者性は保持されることになる。これが多様な存在が救済される理由である。　問九　中学校第三学年の「C　読むこと」の指導事項ウには、「文章を読み比べるなどして、構成や展開、表現の仕方について評価すること」とある。一方、高等学校の国語総合「C

読むこと」の指導事項エでは「文章の構成や展開を確かめ、内容や表現の仕方について評価したり、書き手の意図をとらえたりすること」と示している。文章の構成および展開についての理解をふまえ中学では文章の比較、高校では書き手の意図をとらえさせる指導が求められる。　問十　中学校の国語の目標は従前と同じであり、高等学校の国語科の目標も従前とほぼ変わりがない。教科目標は、大きく二つの部分から構成されており、前段は国語の能力の根幹となる、国語による表現力と理解力の育成、後段では思考力や想像力の育成と国語を尊重する態度の育成である。中学校と高等学校の共通点と相違点をしっかり理解しておく必要がある。

【二】問一　A　幼かったときから　B　格別な趣向の今夜の管弦　問二（種類、対象の順）a　丁寧語、ウ　b　謙譲語、ウ　c　尊敬語、ア　問三　エ　問四　2　笛を吹いてほしいぐらいの頼みさえも聞き入れないのだから、　4　どうなのか。笛を聞かせまいというつもりか。　問五　いとあぢきなし所望をもしたまふかな。　問六　宮中へ参上したことを後悔している。　問七　今まで中将が笛の音を聞かせなかったことに対する恨めしさまでも言いたくなるくらい、度を超えて本当にすばらしいと感じている。

〈解説〉問一　A「いはけなかり」は、いはけなし(形・ク)の連用形で、幼いという意味、「つる」は完了の助動詞「つ」の連体形である。　B「心こと(異)」は趣きや内容が他と異なっている、格別であるという意味、「夜の遊び」は夜の管絃の遊びを指す。　問二　aは丁寧語「はべり」の未然形で、中将から上(帝)への敬意、bは上(帝)に申し上げる意の謙譲語、cは尊敬の補助動詞で作者から中将への敬意である。　問三　1の「さまことなる」は他に劣ること、「べき」は、推定の助動詞「べし」の連体形である。　問四　2の「かく」は、帝の笛を吹いてほしいという要望に狭衣が、笛に手も触れようとせず、「ことの外なるけしき」(意外にも強情な様子)に対しての帝の口情である。「聞かざりければ」は、聞き入れないのだからという意味。4の「いかに」は、感動詞で「さあ、どうだ」、「仕ふまつる」は、笛を吹くという意味の謙譲語、「まじ」は打消意志の助動詞「まじ」の連体形で、「か」は疑問の係助詞である。　問五　3の「まことしう」は、まことし(形・シク)の連用形「まことしく」のウ音便で、真剣な、冗談でなさそうな、といった意味である。そして、「わりなき」は、わりなし(形・ク)の連体形で、無理な(仰せ言)であるという意味。同じ意では、「いとあぢきなき(不愉快な)所望(希望)」がある。　問六　5「かくと知らましかば、参らざらまし」は、「ましかば…まし」の反実仮想の内容を示す。「かくと知らましかば」の「かく」は(今夜の集りは)こうだと知っていたら、「参らざらまし」は、参内しなかったであろうにという意味である。　問七　6は「わざと人に知られていない秘曲を一つほど吹き鳴らして止めてしまった」とある。狭衣は、予想もしていなかったことへの後悔の念につつまれ、情ない気持になっている。後文で、帝が狭衣の笛についての評判がその通りで、「かばかりの音とは思しめさざりつるに、今まで聞かせたまはぬことの恨めしさをさへ仰せられ」(狭衣が、これほどの音を吹くとはお思いにならなかったのに、今まで聞かなかったことの口惜しさをおっしゃって)を踏まえ、まとめること。

【中学校】

【一】問一　a　ごとき(ごとく)　b　かつて　c　すなわち　問二　寡婦(寡夫)　問三　(1)　苦労をかけた妻　(2)　故事成語　問四　宋弘と結婚したいという望みは叶わないということ。

問五　4　役人は捕らえることができなかった。　5　どうして天下を治めることができましょう。

問六　上令メ二小黄門ヲシテ持セレ之ヲ

問七　自分の命令に従わない態度は許し難いものの、役人として正しいことをやり遂げる剛直さに感服したから。

〈解説〉問一　aは「ごとき」と読み、比況系を表す。bは以前という意味。cはすぐさま、ただちにという意味。問二　1の「寡」は夫を失った女、または妻を失った夫を意味する。したがって、寡婦、寡夫が該当する。問三　（1）　2は(糟や糠をなめて苦労を共にして来た妻のことをいう。（2）「故事」は昔あった事実、「成語」は昔の人によって作られ、きまった形で言いならわされてきた言葉を指す。問四　3は、事はうまくいかないという意味。帝の姉の湖陽公主の宋弘との再縁の望みは、うまくいかないということ。問五　4　役人は(公主に気がねして)人殺しを召し取ることができなかったという意味。　5「何以治天下」(何を以て天下を治めん)は反語形で、「(下僕が人を殺すのをお許しになったら)どうして天下をお治めになることができましょう。(いや、できません)。」となる。　問六　(上、小黄門をして之を持せしめ)で使役形、「令(使)AB」の応用である。　問七　洛陽の長官の董宣に、帝は「強項令出でよ」(「項」は、うなじのこと。「令」は、「洛陽の長官」のこと。どうしても頭を下げないので、うなじの強い令といったのである。)と命ずる一方で、洛陽の長官として職責を全うしようとする董宣の正義感に感服し、銭三十万を与えたのである。

【高等学校】

【二】問一　a　まさに　　b　けだし　　問二　鳩を助けられなかったことを恥じ　　問三　2　敢て仰ぎ視ず　5　安くんぞ復た得べけん　　問四　・鸇と人間とは言葉が通じないので、鸇は公子の考えを理解できるわけがない。　・飛び去った鸇と同じ鸇を、おびただしい鸇の中から見つけ出して捕獲できるはずはない。
問五　低頭自責(低頭不敢仰視)　　問六　魏公子は仁恩の誉れが高いあまりに、鳩のために仇討ちしたという偽りの美談が作られたこと。　問七　表記を工夫し、注釈、傍注、解説、現代語訳などを適切に用いること。
〈解説〉問一　aはちょうどその時、bは思うにといった推量の意味を表す。　問二　1の「之」は鸇が公子の前で鳩を殺したのに助けなかったことを指す。　問三　2は「不二敢エテ仰ゼ視一」の書き下し文、5は「安クンゾ可ベケン二復タ得一」の書き下し文である。　問四　3の「此言」とは、「魏公子為鳩報仇」(魏公子が鳩のために仇討をした」を指し、以下にその理由を述べている。「夫鸇物也、情心不同、音語不通」(いったい、はやぶさは動物であって、人と心情が同じではなく、言葉も通じない)、「鳥為鸇者、以千萬数、向―撃鳩飛去、安可復得」(鳥のうちで、はやぶさは千万を単位として数えるほど多いから、鳩を襲って飛び去ってしまえば、どうして二度と捕えられようか)のほかに「知公子之行、則不撃鳩於其前」(公子の善行がわかるほどなら鳩を公子の前で殺しはすまい)などがあげられる。　問五　4は義理にかなった行為のこと。自らの過ちを反省する姿「低頭自責」「低頭不敢仰視」を抜き出す。　問六　6の「虚妄の美」とは、でたらめの修飾のこと。魏公子は、徳のある人で、その情け深さが鳥獣にまで及んだことの逸話として、鳩の仇討という偽りの美談が生まれたことをいう。　問七　「国語総合」の「伝統的な言語文化と国語の特質に関する事項」の指導において、「古典の教材」の配慮事項では「古典の教材については、表記を工夫し、注釈、傍注、解説、現代語訳などを適切に用い、特に漢文については訓点をつけ、必要に応じて書き下し文を用いるなど理解しやすいようにすること。また、古典に関連する近代以降の文章を含めること」と示している。

二〇一三年度　実施問題

【中高共通】

【一】次の文章を読んで、あとの問いに答えなさい。

以前この連載でふれた※片山廣子の『燈火節』（月曜社）の中に、

「冬の葱だけは都の西北の畑には貧弱なものしか出来ない。大森や池上あたりの白根の長いあの豊かな味のものは手に入りにくい……」

という一節があった。

彼女が長年住み慣わした東京・大森から、戦中戦後にかけて移り住んでいた「都の西北」浜田山までは地図上の直線距離にして約十六・七キロ。彼女が晩年出した歌集『野に住みて』の野とは、浜田山のことであり、今では「若者で賑わう町」吉祥寺よりも更に都心に近い場所にある。そこは当時、開発が少し遅れていて、駅近くに広い草原があり、畑が広がり、また古い木々が山のようにそびえ立っていたという。風雨のある夜は、武蔵野の真ん中で野宿しているような気になったそうだ。それにしても十六・七キロ。車ならあっという間である。

この話で感慨深く思うことが二つある。一つは今の流通システムの発達とそれによるあらゆる方面への全国画一化の流れ。今私たちは当たり前のように「北海道産のジャガイモ」「高知産のショウガ」「宮崎産のピーマン」を手にし口にし、地域による野菜の特色などほとんど考えることもない。1当時の地域野菜が誇り高く栄えていたこと、それは案外「不便」ということに守られていたのかも知れない。今は地元産のものが食卓に上る方が珍しい。便利さは、複雑さ多様さとは並び立たないものなのだろう。

もう一つは、2彼女の生きていた現実世界のスケールの小ささと、そのことがどんなに世界に細かなA陰影を落としていたかということ。歌人であり、かつ英語にaタンノウで、アイルランド文学の翻訳で有名だった彼女だが、生まれ育った東京と後に別荘を持つ軽井沢のbオウカンぐらいで外国はおろか日本すらほとんど旅行したことがなかった(嫁いだ娘のいた仙台には数回足を伸ばしたらしいけれど)。父親は外交官であったし、幼い頃からミッション系の女学校で外国人教師と共に寄宿舎生活をしていたから、異国の風物については普通の人以上になじみがあり、留学の機会も彼女さえ望めばたやすくかなえられたと思うのに。しかし、彼女の翻訳文の見事さは、そのスケールの小ささがかえって細かな陰影のニュアンスを引き出しているところにある。外国に足を運び、生身の体に余計な情報を入れる必要などなかったのでは、と思われるほど一つの世界として彼女の内界に、例えば神話世界の「アイルランド」が、確立しているのだ。

大森にいた頃のエピソードとして、突然見知らぬ老人が彼女の屋敷を訪ねてくる話もある。取り次ぎに出た少女は老人に持参の短冊を渡され、用向きはそこに書いてあります、と言われる。短冊には「たづね寄る木(こ)の下蔭(したかげ)やほととぎす鳴くひと声をきかまほしさに」と書かれている。当時すでに名のある歌人であった彼女に、同じ歌詠みとして面会を求めたのだ。つまり「ほととぎす」とは彼女のこと。彼はその一枚の短冊を渡すことにより、自分の素性と歌の力量と、3彼女に対する敬意をあますところなく伝えていた。彼は座敷に通され、風流の道の求道者としてそこで初めて楽しく会話が始まる。それからたまに訪ねては彼女との交流が続くが、あるときからパタッと姿が見えなくなる。彼女は折々その老人のことを考えるが、「はがきのやりとりをするといふほどの現代風もおじいさんと私の交際にはないことだつた」。

「はがきのやりとり」が、ここでは「現代風」なのである。今では「はがきのやりとり」すら、すでにcスタれつつあるというグチすら、もうB詮（せん）ないことなのでこぼす気にすら、なれない。誰を責めているのでもない。どれもこれも自分も少なからず恩恵を被り尻馬に乗り、加担してきた道なのだから。とりあえずメールで、ということになりがちな自分を悲しく省みている。

4ここ数年で、私のはがきの使用量は劇的に減った。美しい記念切手が発売されているのを見ると昔の癖でつい買いためてしまうが、使われないので増える一方である。ちょっとした礼状に、季節の切手を組み合わせ、あるいはその人の好みそうな切手、絵はがきの場合はそれに合わせ、と、はがきと切手を選ぶことは、それなりに楽しい作業だった。それもこれも、年上の友人や先輩たちに触発され、また喜んでいただく顔を思い浮かべていたからこそである。大げさに言うなら、私の「表現」があったのだ。もちろん短冊による相聞歌などとは較（くら）べるべくもないけれど。

はがきは速達でもない限り、相手の手元に着くまで数日かかる。メールなら、瞬時だ。忙しさのあまり便利さを選ぶ心に、風流の棲（す）みつく場所はない。

世の中のスケールがどんどん大きくなることに、最近なんだか疲れてしまった。グローバルに世界中をまたに掛けて忙しく仕事をしている人たちの、大きくはあっても粗雑なスケールにも。もちろん、その中にあって、きちんと日々の生活を見つめて丁寧な暮らしを送っている、稀有（けう）な人たちもいるけれど、それを持続させるのは生半可な努力ではないだろう。

距離を移動する、それだけで我知らず疲弊してゆく何かが必ずあるのだ。5このマクロにもミクロにもどんどん膨張している世界を、客観的に分かろうとすることは、どこか決定的に不毛だ。世界で起こっていることに関心をもつことは大切だけれど、そこに等身大の痛みを共有するための想像力を涸（か）らさないために、私たちは私たちの「スケールをもっと小さく」する必要があるのではないだろうか。スケールを小さくする、つまりだろう。

世界を測る升目を小さくし、より細やかに世界を見つめる。片山廣子のアイルランドはその向こうにあったのだろう。

……「私たちは」などといって、本誌[※]の読者を自分の粗雑さ加減の道連れにするのは見当違いの「余計なお世話」のような気がしてきた。私は、と謙虚に反省するべきであった。けれどももし、私のように「文明の陥穽（かんせい）」に落ち込んでいる方がいたら、ときどき「大森の葱」、と呟（つぶや）いて、片山廣子のことを思い出してください。私もそうします。

（梨木香歩『不思議な羅針盤』による。ただし一部に省略がある。）

（注）※片山廣子…歌人、翻訳家。一八七八～一九五七。
※本誌…この作品が連載されている雑誌のこと。

問一　――部a～cのカタカナを、それぞれ漢字で書きなさい。楷書で丁寧に書くこと。

問二　――部「そうだ」の助動詞としての意味を、漢字で書きなさい。

問三　――部A「陰影」の本文中における意味として最も適切なものを、次のア～エから一つ選び記号で答えなさい。また、――部B「詮ない」の意味を文脈に即して書きなさい。

A……　ア　優美な味わいがあること。　イ　好ましくない影響。
ウ　変化や深みがあること。　エ　光の当たらない暗い部分。

問四　――部1「当時の地域野菜が…」とはどういうことか、わかりやすく説明しなさい。ただし「当時」という言葉は説明する必要はない。

問五　――部2「彼女の生きていた現実世界のスケールの小ささ」とはどういうことか、簡潔に書きなさい。

問六 ――部3とあるが、「彼」はどのような表現をすることにより、「彼女に対する敬意」を伝えているか。――部「たづね寄る…」の歌に即して説明しなさい。

問七 ――部4「ここ数年で、私のはがきの使用量は劇的に減った」における筆者の心情として最も適切なものを、次のア～エから一つ選び、記号で答えなさい。

ア 相手に合わせてはがきと切手を選ぶ楽しい作業は失われつつあるが、それを招いた原因は自分自身にあるので、現実を受け止めて感傷的にならないようにしている。

イ メールの恩恵を被ってきたことは事実でありもはやそれを捨て去ることはできないが、その陰で自らの風流心が失われつつあることを情けなく悲しく思っている。

ウ はがきのやりとりがすたれてきたことを悲しく思いながらも、忙しい日常の中でのメール通信の便利さを思うと、それもやむを得ないことだとなかば諦めている。

エ 確かに速度と効率を優先する現代社会において郵便の遅さは致命的で時代遅れであるが、風流なやりとりが急速に失われている現状を嘆かずにはいられないでいる。

問八 ――部5とあるが、このうち「ミクロにどんどん膨張している世界」の具体例を一つ書きなさい。

問九 筆者はどのような意図で、本文最後の「……『私たちは』などといって…」の段落を記したと考えられるか。最も適切なものを、次のア～エから一つ選び、記号で答えなさい。

ア 「文明の陥穽」から抜け出すには片山廣子の作品が最適だと考えているので、彼女の名前を重ねて読者に印象づけようとした。

イ 書き終えた後になって見当違いな発言に気づいたが、書き換えることができないので、せめて言い訳だけでも述べようとした。

ウ　読者を自分と同じように粗雑な人間と見なしてしまったことを詫びながらも、控えめな表現で改めて自説を表明しようとした。

エ　便利さを望む現代人の姿勢を強く非難してしまったことを後悔し、きっと起こるであろう読者からの反発を和らげようとした。

問十　本文に述べられた筆者の考えを一つ取り上げて、それに対する自分の考えを、賛成・反対の立場を明らかにして一二〇字以内で書きなさい。ただし、次の〈注意〉に従うこと。

〈注意〉　1　二文以上で書くこと。　2　自分の考えを書く際には根拠や具体例を必ず示すこと。
　　3　段落分けはしないこと。

問十一　「書くこと」の授業(中学校は二年生、高等学校は「国語総合」)で、「推敲」について指導したい。その際、生徒にどのような視点から推敲をさせることが大切か。学習指導要領(＊)の指導事項を踏まえて、次の(例)以外に具体的に一つ書きなさい。

(例)　○誤字・脱字がないか。　○常体と敬体を目的もなく混在させてないか。

〔＊中学校学習指導要領(平成20年3月告示)、高等学校学習指導要領(平成21年3月告示)〕

(☆☆☆☆◎◎◎)

【二】次のⅠ、Ⅱの文章はともに同じ作品の一節であり、設問の都合上ⅠとⅡの間の記述を省略している。これを読んで、あとの問いに答えなさい。

> 大将は以前から人には言えぬ深い悩みを抱えていた。ある時、思う所があって宮中に督の君（大将のきょうだい）を訪ねた。Ⅰはこれに続く場面であり、ⅡはⅠの場面の翌朝である。

Ⅰ

大将、暮るるまでさぶらひて、「誰々かさぶらひたまふ。御前に人少ななり。※あまた参りたまへ」など言ひおきて、Aまかでたまひぬ。君、少しゐざり出でて、あやしく例ならぬ気色のしたまひたりつるかなと、1胸つぶれて見たてまつり送りaたまふ。

Ⅱ

京には、つとめて、※御前、御車など参りたるに、「大将、夜更けてまかでさせたまひにき」と言ふに、所々尋ねたてまつるに、さらに見えたまはず。例も月ごとに五六日かならず隠ろへたまふぞかしと思へど、御乳母の家にもbおはせず。さきざきも吉野の宮に十余日も籠りたまふ折もあるぞと思ふほども過ぎ、御供にあるべき人もみなありて、「ついたち頃におはしたりしかど、二三日ありて帰らせたまひにしものを」と言ふに、言はん方なくかなし。

※大殿は、「いみじく世を思ひ嘆きたりしかども、※なはあやしかりける身かななど思ふにこそあんめれ、さりとも、※かばかりになりぬる身をそのこととなくて背くやうあらじ」とこそ思ひつれ。去年の冬頃よりいといみじくあやしと見ゆる時々ありしを、2などて見もあやしまざりけん」と、3泣き惑ひたまふとはおろかなり。

よろづのことすぐれて、世のひとつものにて、うち参り迎へたまへば、もの思ひ忘れ、老いもそむくばかりの様、容貌にて、見るかひありし御様などを思し続くるに、すべてものおぼえたまはず、なき人にておはす。殿のうち、騒ぎ惑ひたるさまさらなり。なべての世にも類なかりし御様、容貌を思ひ出できこゆるに、いかになりたまひにけん、そこになん様を変へてものしたまふなりといふことだに聞こえで日ごろになりぬることを、あはれにかなしきことを言ひ思はぬ人なし。内、院などにも、まして、いみじかりつる世の光の失せぬることを思しめし嘆き、かつは、いかでかさるやうのあらんと、山々寺々、修法読経をはじめ、公私天の下騒がしきまで、世に変はらぬ御様にてたち帰りたまふべき御祈りを世にあまるまでののしるしるし、さりともあるやうあらんと頼もしながら、音なくて日ごろも過ぎゆくままに、世にすぐれたまへりし御様を一目も見聞きたてまつりし人は、恋ひかなしみつつ、野山に交じりて求めたてまつり、世の中に光さすべきかげの雲にまがひなんばかりにくれ惑ひたり。

（『とりかへばや物語』による。ただし一部に省略・改変がある。）

（注）※あまた参りたまへ…督の君の御側を退いていた女房たちを呼び戻し伺候させようとする言葉。
※御前…先払いの人々。※大殿…大将の父。※あやしかりける身…大将は普通の人とは異なった境遇に育った。※かばかりになりぬる身…「これほどまで栄達した身」の意。大将は三位権中納言にまで昇進していた。※うち…大殿邸。

問一　――部A「まかで」、B「しるし」の本文中での意味を書きなさい。

問二　――部a～fについて、敬意の対象が同じものを三つ記号で書き、その敬意の対象も書きなさい。

問三　――部1「胸つぶれて」からは誰のどのような心情がうかがえるか、三十字以内で説明しなさい。（句

読点も字数に含む）

問四　――部2「などて見もあやしまざりけん」における大殿の心情として最も適切なものを、次のア～エから一つ選び、記号で答えなさい。

ア　大将の様子がおかしいことに気づいていたのに、問いただすことをせず、良くない事態を招いてしまったことを悔いている。

イ　大将の昨冬からの怪しい行動が実は帝に背く行為であると知り、実の子どもとはいえ許すことはできないとひどく憤っている。

ウ　大将が何かに深く悩んでいる様子が見えたが、その恵まれた地位や容貌を思うと、大将の悩む理由がわからず不審に思っている。

エ　大将がたまにみすぼらしい格好でどこかに出かけていることは知っていたが、最近回数が多くなっているので心配になっている。

問五　――部3「泣き惑ひたまふとはおろかなり」、――部4「様を変へてものしたまふなり」を現代語訳しなさい。

問六　――部5「音なくて日ごろも過ぎゆく」とは、どういうことか。わかりやすく説明しなさい。

問七　――部6「くれ惑ひたり」とあるが、人々はなぜそうなっているのか。その理由を、Ⅰ、Ⅱの文章を踏まえて簡潔に書きなさい。

（☆☆☆◎◎◎）

【中学校】

【二】次の文章を読んで、あとの問いに答えなさい。ただし、設問の都合上、〈本文〉においては送り仮名や返り点の省略、一部の改変がある。〈現代語訳〉においても一部の省略や改変がある。

〈本文〉

定公問、「一言而可以興邦、有諸。」孔子対曰、「言不可以a若是其期也。人之言曰、『1為君難、為臣不易。b』如知為君之難也、不幾乎一言而興邦乎。」曰、「一言而喪邦、［A］。」孔子対曰、「言不可以若是其期也。人之言曰、『予無楽乎為君。c唯其言而莫予違也。』如其善而莫之違2也、不亦善乎。如3不善而莫之違也、不幾乎一言而喪邦乎。」

（『論語』による）

〈現代語訳〉

魯の君主、定公が、「ただ一言で国家を興隆させ得るほどの言葉があるだろうか。」とたずねた。孔子が答えて、「言葉というものは、必ずこうなると、きめこんでしまうことができるものではありませんが、世間で『（省略）』と申します。この君主たるの困難さを、真に君主が悟り得たならば大したもので、これなどは一言で国家を興隆させるに近い言葉ではありますまいか。」と言った。定公はまた、「それでは一言で国を亡ぼすような悪い言葉があるだろうか。」とたずねた。孔子が答えて、「言葉というものは、必ずこういう害をもたらすと、きめこんでしまうことができるものでありませんが、世間では『わしは君主であることは別に楽しいとは思わないが、何を言っても、誰も反対するものが無いのはいいなあ。』と言っているのを聞きます。善いことを言って、反対する者が無いのを愉快であるというのはよろしい。ところが、その言うことが悪いことであっても、反対する者が無いのを楽しんでおるとすれば、その一言こそは、国家を滅亡させ得るに近い言葉ではございますまいか。」と申し上げた。

問一　══部a「若是」、b「如」、c「唯」の漢字の読みを、送り仮名を含めてすべてひらがなで書きなさい。

問二　──部1「為君難、為臣不易」について、次の(1)(2)の問いに答えなさい。

（1）ここに用いられている表現技法を書きなさい。

（2）──部を現代語訳しなさい。

問三　A に入るべき言葉を、〈本文〉から抜き出して書きなさい。ただし、訓点(送り仮名や返り点)は不要である。

問四　──部2「不亦善乎」を、すべてひらがなで書き下しなさい。

問五　──部3とあるが、なぜ為政者のこのような姿勢が国を亡ぼすことになるのか。その理由を順序だてて説明しなさい。

問六　孔子は言葉というものをどのようなものだと考えているか。最も適切なものを、次のア～エから一つ選び、記号で答えなさい。

ア　言葉というものは、必ずしも災いばかりを招くわけではないので、物事を好転させる善い言葉ならばむしろ積極的に用いるべきである。

イ　言葉というものは、いつもその言葉通りに物事が進むものではないが、内容によっては国の盛衰を左右する強い力をもつものである。

ウ　言葉というものは、ときに国家を亡ぼしてしまうほど力をもつものなので、為政者には不用意な発言をしないことが求められている。

エ　言葉というものは、それ自体で大きな力をもつものではないが、それを用いる人物や時期によっては非常に大きな力をもつものとなる。

問七　第二学年で「伝統的な言語文化に関する事項」の「(イ)　古典に表れたものの見方や考え方に触れ、登場人物や作者の思いなどを想像すること」を指導する際に、「古典に表れたものの見方や考え方に触れ」させるために、どのような指導上の工夫を行うか。「音読や朗読をさせること」以外に、学習指導要領(＊)を踏まえて具体的に一つ書きなさい。

〔＊中学校学習指導要領(平成20年3月告示)〕

(☆☆☆◎◎◎)

【高等学校】

【二】次の漢文を読んで、あとの問いに答えなさい。ただし、設問の都合上、送り仮名や返り点を省略したところや、一部改めたところがある。

沛公至高陽伝舎、使人召酈生。酈生至、入謁。沛公方倨牀、使両女子洗足、而見酈生。酈生入、則長揖不拝、曰、「足下欲助秦攻諸侯乎。且欲率諸侯破秦也。」沛公罵曰、「豎儒。夫天下同苦秦久矣。故諸侯相率而攻秦。何謂助秦攻諸侯乎。」酈生曰、「必聚徒合義兵誅無道秦、不宜倨見長者。」於是沛公輟洗、起摂衣、延酈生上坐、謝之。酈生因言六国従横時。沛公喜、賜酈生食、問曰、「計将安出。」酈生曰、「足下起糾合之衆、収散乱之兵、不満万人、欲以径入強秦。此所謂探虎口者也。夫陳留、天下之衝、四通五達之郊也。今其城又多積粟。臣善其令。請得使之、令下足下。即不

聴(カ)、足下挙(ゲ)レ兵(ヲ)攻(メ)レ之(ヲ)。臣為(サント)ニ内応(ヲ)一。」於(イテ)レ是(ニ)5遣酈生行、沛公引(キテ)レ兵(ヲ)随(ヒ)レ之(ニ)、遂(ニ)下(ス)ニ陳留(ヲ)一。

（『史記』による）

（注）※沛公…人名。漢の高祖。　※高陽…地名。現在の河南省にあった陳留県のまち。
※酈生…人名。遊説家。陳留に住んでいた。　※牀…腰掛け。　※長揖…略式の礼作法。
※足下…あなた。　※豎儒…儒者に対する蔑称。沛公は酈生を儒者だと思っていた。　※陳留…県名。
※四通五達…交通の便が非常に良いこと。

問一　〰〰部a「而」、b「所謂」、c「即」の漢字の読みを、送り仮名を含めてすべてひらがなで書きなさい。ただし、現代仮名遣いで書くこと。

問二　‖‖部A「矣」の語気として最も適切なものを、次のア～エから一つ選び、記号で答えなさい。

ア　断定　　イ　限定　　ウ　疑問　　エ　反語

問三　――部1「足下欲助秦攻諸侯乎」、――部4「請得使之、令下足下」を、必要に応じて言葉を補って現代語訳しなさい。

問四　――部2「計将安出」の書き下し文として最も適切なものを、次のア～エから一つ選び、記号で答えなさい。

ア　将(しやう)を計るに出づるを安(やす)んぜんや、と。

イ　将を計りて出づるを安んぜん、と。

ウ　計　将に安くんぞ出でんとせんや、と。

エ　計　将に安くにか出でんとする、と。

問五　――部3「探虎口者」とはどのような人物のたとえか、書きなさい。

問六　――部5「遣酈生行」を、漢字仮名交じりで書き下しなさい。

問七　次の(1)(2)の問いに答えなさい。

(1)　沛公の酈生に対する無礼な態度・行動と、礼に適った態度・行動を、それぞれ本文から一つずつ抜き出して書きなさい。ただし、訓点(送りがなや返り点)は不要である。

(2)　沛公が酈生に対する態度を変えたことにより、酈生はどのような行動をとることになったか。四十字以内で説明しなさい。(句読点も字数に含む)

(☆☆☆◎◎◎)

解答・解説

【中高共通】

【一】問一　a　堪能　b　往還　c　廃(れ)　問二　伝聞　問三　A　ウ　B　しかたがない(無意味な)　問四　当時は地元産の野菜が人々にとても愛されていたが、それは流通網が未発達で他地域の野菜が手に入りにくかったからだろうということ。　問五　片山廣子の生活圏が狭く、得ていた情報も少なかったこと。　問六　自分を木の下蔭に立たせ、彼女を樹上で鳴くほととぎすにたとえること。　問七　イ　問八　・医学の治療が、細胞や遺伝子レベルで行われるようになってきたこと。　・顧客のニーズが多様化する中、それに合わせて幾通りものサービスを用意するようになってきたこと。　問九　ウ　問十　筆者は、スケールを小さくし、より細やかに世界を見つめるべきだと述べているが、私も同感である。震災後「絆」の大切さが叫ばれたが、それは身近で「小さい関係」の価値が再認識されたことに他ならない。スケールを小さくして初めて見えるものがあるのだ。　問十一　・段落の設け方や段落相互の関係は適切か。　・読み手を意識した適切な用語や引例となっているか。

〈解説〉問一　「往還」はいきかえり、往復のことである。　問二　様態・推量を表わす「そうだ」と、伝聞を表す「そうだ」の二種類がある。伝聞の「そうだ」は用言の終止形に接続する。　問三　「陰影」にはウとエの意味があるが、傍線部Aの段落の後半の、「彼女の翻訳文の見事さは……細かな陰影のニュアンスを引き出しているところ」の中で使われている「陰影」の意味を考えると、ウが適切とわかる。　問四　傍線部1の前に、現在の話として、「一つは流通システムの発達とそれによるあらゆる方面への全国画一化の流れ」とあるので、「不便」とは流通システムの未発達のことを指す。また、「誇り高く栄えていた」は、地元産の野菜が地元で大事に守られ、消費されていたということである。　問五　「東京・大森から…浜田山までは約十六・七キロ」とあるように、その距離は短く、現在の感覚では電車に乗って簡単に買いに行ける距離であるが、彼女(片山廣子)にとっては以前住んでいた土地の蒸を懐かしむほど大森は遠く、浜田山での生活圏が狭いということがわかる。また形式段落第四段落に「外国に足を運び、生身の体に余計な情報を入れる必要などなかったのではないか…」とあることから、そのことについても触れるとよい。　問六　平安時代の歌人である源公忠の有名な句に、「行きやらで山路暮らしつほととぎす今ひと声の聞かまほしさに」(行きすぎることができずに山道で日を暮らしてしまった、ほととぎすのもうひと声を聞きたくて)がある。「彼」は歌によって歌人としての風雅を示しつつ、片山廣子をほととぎすにたとえ、彼女への敬意を示したのである。　問七　傍線部4の直前に「とりあえずメールで、ということになりがちな自分を悲しく省みている。」とあることから判断できる。　問八　治療が細胞や遺伝子レベルになることで体への負荷を感じなくなったり、顧客のニーズに応えるサービスが増え、何でもすぐに手に入るようになることで、何かを手に入れるための苦労を感じなくなったり、便利になることで「等身大の痛み」を感じなくなったりするような例を答える。　問九　アは、筆者は最後に「私」と同じように『『文明の陥穽』に落ち込んでいる方」に対して謙虚な姿勢で自分の主張をしているので、不適である。イは、「せめて言い訳だけでも述べようとした。」が不適である。エは、「読者からの反発を和らげようとした。」が不適である。　問十　ここでは、賛成でも反対でもかまわない。意見と理由とが整合するように、根拠を述べることが大切である。一二〇字と字数が少ないので、賛成か反対かを主張し、注意にしたがって簡潔に述べる。

【二】問一　A　退出し　B　効果(効験)　問二　・記号…b、d、f　対象…大将　問三　督の君の、大将のただならぬ様子に対して抱く強い不安。　問四　ア　問五　傍線部3…ひどくお泣きになるのは言うまでもない。　傍線部4…出家して暮らしていらっしゃるようだ　問六　大将から何の便りもないままいたずらに日が過ぎていく、ということ。　問七　大将が失踪してしまったから。

〈解説〉問一「しるし」には「神仏の霊験、目印、証拠、兆し」などの意味があるが、ここではお祈りの「効果」の意味である。　問二　aの敬意の対象は大将を見送った督の君である。cの敬意の対象は、大将の様子がおかしいと気づいていた「大殿」である。eの「思しめす」は、「思す」よりも高い敬意を示す二重敬語で、敬意の対象は天皇・上皇を表す「内、院」である。　問四　傍線部2の直前に「いといみじくあやしと見ゆる時々ありしを」とある。大殿は、時々見せる大将の不審な様子に気づいていながら、どうして不思議に思わなかったのだろうかと悔んでいるのである。　問五　傍線部3の、動詞の連用形につく「惑ふ」は、「ひどく…する」という意味である。「おろかなり」は「いふもおろかなり」と同意である。また、傍線部4の「様を変ふ」は「出家する」の意味で、「かたち変ふ」「御髪おろす」も同様の意味を表す。「ものす」は「何かをする」の意味である。前後の文脈で何をするのかを判断する。　問六「音」は「音沙汰、便り」のことで、「音なし」は音沙汰がないという意味である。　問七「くれ惑ふ」は、ひどく心が乱れ、とまどうことである。大将が行方不明になり、大騒ぎになっている中で、大将からは便りもなく、帰ってくる様子がないことに、人々は途方に暮れている。

【中学校】

【二】問一　a　かくのごとく　b　もし　c　ただ　問二（1）対句　（2）君主であることは難しく、臣下であることもやさしくない（と）。　問三　有諸　問四　またよからずや。　問五　為政者が自らの考えに反対されるのを嫌うと、仮に間違っていても誰も諫めなくなってしまい、結果的に国が誤った方向に向かってしまうから。　問六　イ　問七　・古典について解説した文章を用いる。　・音声や映像メディアを活用する。

〈解説〉問一　「若」は「ごとシ」と読む。「如」も同じく「ごとシ」と読むこともできるが、bは送り仮名が「シ」で、直後が「知ラバ」となっていることから、「もシ」と読むことがわかる。　問二（1）傍線部1は、連続する二句が対句になるもので、直対という。　（2）書き下し文は、「君たること難し、臣たること易からず」である。　問三　最初の定公のせりふ「一言而可以興邦有諸」と同じ形の文であることから判断できる。　問四　「不亦…乎(また…ずや)」は「なんとまあ…ではないか」という意味の反語である。　問五　「もし言うことが悪いことであっても、反対するものがないのを楽しむ」というのは、君主が反対されることを嫌うということである。そうなると、いさめる臣もいなくなり、国が滅ぶというのである。　問六　アの「善い言葉ならばむしろ積極的に用いるべきである」、ウの「為政者には不用意な発言をしないことが求められている」、エの「それ自体で大きな力をもつものではない」は文章から読み取れないので不適切である。　問七　学習指導要領によると、『古典に表れたものの見方や考え方に触れ』るためには、例えば、古典の易しい現代語訳や古典について解説した文章を用いたり、関連する本や文章等を紹介したり、音声や映像メディアを活用したりするなど指導上のさまざまな工夫が考えられる。」とある。古典では、生涯にわたって古典を楽しむことができるよう配慮することが大切であり、古典嫌いにしないための指導が求められている。

【高等学校】

【一】問一　a　しかして(しこうして)　b　いわゆる　c　もし　問二　ア　問三　傍線部1…あなたは秦を助けて諸侯を攻撃しようとしますか。　傍線部4…どうか私を使者として出向かせていただきたく、そうすれば県令をあなたに投降させましょう。　問四　エ　問五　無分別に危険を冒す人物　問六　酈生をして行かしめ(酈生を遣はして行かしめ)　問七　(1)　・無礼…倨牀、使両女子洗足、而見酈生　・礼に適う…起摂衣、延酈生上坐　(2)　陳留攻略の作戦を沛公に授けるだけでなく、自ら攻略に加担するようになった。

〈解説〉問二「矣」は、文末で断定や強調を表す置き字である。　問三　傍線部4の「使」は「使者として行く」という意味であり、「令」は使役である。　問四「将」は再読文字であるので、再読文字として書き下しているウとエに絞られる。「安」は「いづクンゾ…」と訓読するときは「どうして、なぜ」の理由を表す反語、「いづクニカ…」と訓読するときは「どこに」という場所を表す反語となる。　問五「虎口」とは非常に危険な場所や状態のたとえとして使う語である。　問六「遣」は使役で、「遣AB」で「AヲシテB(セ)しム」となる。ここでは、句点ではなく読点で後に文が続くので、「しメ」の形になる。　問七　(2)「足下起糾合之衆…臣為内応。」には、酈生が沛公に攻略を授け、さらに自分を使者として出向かせれば県令を投降させられるということが述べられているので、この文を参考に説明するとよい。

二〇二二年度　実施問題

【中高共通】

【一】次の文章は、「私の存在」について述べたものです。これを読んで、あとの問いに答えなさい。

まず、二項分離概念について考えます。二項分離概念とは、「A」と「Aでないもの」、もしくは「白」と「黒」のように、二つの概念に分類して理解される概念を言います。天国には「平和」という言葉はない、と言われるように、「Aしか存在しない」ところに、Aという概念は発生しないはずです。つまり、天国には平和しか存在しないので、平和という言葉はないはずだ、というわけです。もちろん、戦争があるからこそ、平和という言葉が使われるようになり、憎しみがあるからこそ、愛という言葉が使われるようになるわけです。

ここで、「自己と他者」もしくは「自―他」という二項分離概念を考えます。これは、「自でないもの」は「他」であり、「他でないもの」は「自」であるという意味で、典型的な二項分離概念であると言えます。しかしここで問題です。私たちは「他なるもの」を、「自」の中に取り込んで認識するほかはありません。しかし、「自」の中に取り込まれたものは、もはや「他」ではないはずです。つまり、私たちは基本的に「他」「他なるもの」を認識することはできないということになります。1「他」を認識できないということは、「自」が発生しないことと同義です。「自―他」が二項分離概念であることを思いだせば、その事情がよく分かるはずです。

(中略)

人は、「私」よりも、「他者」(=私ではない誰か)を先に認識します。そしてその他者の「他者性」を認識することこそが、私たちの「自」の発生の根拠となります。

ここで注意しなければならないのは、「他者」を「その全体を決して理解できないもの」として認識することと、「他性」「他者性」を認識することとは別であるということです。なぜなら、「他者」を「理解できないもの」として認識した瞬間に、それは「理解できないもの」として「自」の意識の内部に取り込んだことになってしまうからです。つまり、「『他』の認識不可能性の認識」とは、「他」を認識しようと意図しつつも、それに失敗し続けることによってしか実現されないということです。他者を「認識できないもの」と位置づけることは、すなわち[a]ハイジョとなります。そうではなく、「認識しようと歩み寄りつつも、それが決して認識できない存在であることを、不断に確認しつづける」というもどかしい状態を享受することによって、初めて「他性」が立ち現れるということです。私たちは、ある人間に遭遇したときに、その人間を了解・理解しようと努めます。そして私たちは、[2]その人間を「役割」によって認識し、「わかった」と感じたりします。しかしそれは「その人の存在そのもの」を了解したことにはなりません。だからと言って、「了解しようとする努力」「接近しようとする努力」を[b]オコタったとき、そこには「了解不可能性」も発生しません。

さらに、私たちは、他者を了解するために「手」を使います。これは、対象とするものが人間であれ、事物であれ、同じです。私たちが、常に手を[c]ロシュツしているのは、「対象を了解しようとするため」であり、「対象を使用するため」ではありません。[A]私たちは、道具を使うときにはむしろ手袋をします。[B]手を使って触れることによって、対象を了解しようと努めます。その代表的な行動は「撫でる」という行為であり、また「愛撫」という行為です。

他者を了解しようとしても、それには失敗するわけですが、何度も何度も撫でることによって「決して到達できない了解」に到達しようとする行為が「愛撫」です。結果としてそれは、「了解不可能性を確認する」ための行為となります。了解不可能性は、了解しようという意志の存在があって初めて発生する概念です。

そのように、ある他者の了解不可能性を感じたとき、私たちは、その他者の「存在」を確かなものだと感じます。3「他者の存在の確実性」は、「了解不可能性」の認識を経由して発生するものでしかありません。そして、「他者の存在の確実性」こそが「私の存在」を支える根拠です。

私たちは、他者と向き合うとき、もしくは他者に呼びかけるとき、常にその他者を「了解不可能な存在」であると考えておく必要があります。前述のように、そのとき「了解不可能性」は、あらかじめ想定されているものではなく、了解しようという努力の向こう側に存在するものです。この言い方は、C矛盾しているように見えるはずです。他者は了解不可能だと言いながら、同時に「了解しようと努力する必要がある」と言っているからです。

この矛盾を解くのは容易ではありません。知ろうという努力をしつづけるためには、どこかで「知ることができる」と考えていなければならないからです。つまり、ある瞬間においては、その人のことを「わかる」もしくは「わかった」と感じる必要があるということです。そのような瞬間が存在し、かつ、次の瞬間に「やはりわからない」と感じることによって、その人を了解しようと努力しつづけることが可能となります。その契機となるのは、「その人が存在している」ことについての了解です。そして、その人の存在の了解は、その人が私に「呼びかける」ことを端緒として発生します。

ここで、重要なことに気づくことができます。「人が人のことを了解した」と感じるのは、その人が、「引き受けられているとき」だということです。つまり、私たちが了解してもらおう」と考えたら、まず、その相手を「引き受ける」ことが必要だということです。ここで、「引き受ける」とはどういうことかを考えていくことにしましょう。「引き受ける」とは、同時に「引き受けてもらう」ことです。4私たちは、お互いに、その存在を「引き受けあう」者たちです。「引き受けあう」ためには、「呼びかけ」が必要です。

「呼びかけ」は、「了解不可能な他者」によって行われます。私たちは、まず、他者からの呼びかけに気づきます。それは声であったり、顔であったりします。コミュニケーションにおいて声と顔が重要な役割を担うのは、それらが「呼びかける」という機能を有していることによります。そしてそのとき、私たちは他者を了解しようとして、常に失敗します。

呼びかけは、他者によって行われるばかりではありません。「私」も他者に対して呼びかけます。私と他者の、どちらが先に呼びかけるかは、ここでは問題ではありません。二人の人間が遭遇した瞬間に、お互いが双方に対して「顔で呼びかける」ことになります。呼びかける顔を認識してそれに応答するとき、私たちは、その存在を認識しなくてはなりません。その応答は、顔(目)によって行われる場合もありますし、声によって行われる場合もあるでしょう。どのような場合でも、私たちが応答するということは、その存在の認識を前提としています。つまり、応答とは「あなたはそこに存在している」と言っているに等しいということです。一方で、私たちは自己の「自」としての存在を自分自身だけで証明することが不可能な存在です。これは「自—他」が二項分離概念であることから当然です。極端な例で言えば、「私」に誰も呼びかけないとき、「私」の存在は不確かなものとなってしまいます。「私の名前」が高田明典であるのは、私以外の人間が、私のことをそう呼ぶからであり、また、5私の存在が確かとなるのは、誰かが私に呼びかけるからです。

つまり、「存在を引き受ける」他者が存在して初めて、私たちの「自」の存在が確かなものとなるということです。

(高田明典『現代思想のコミュニケーション的転回』による。ただし一部に省略等がある。)

問一　――部a～cのカタカナを、漢字で書きなさい。楷書で丁寧に書くこと。
問二　――部A、Bの文の関係について説明したものとして最も適切なものを、次のア～オから一つ選び、記号で答えなさい。
ア　Aは対象を使用するときの例であり、Bとは反対のことを述べている。
イ　Aは対象を了解するときの例であり、Bとは反対のことを述べている。
ウ　A、Bともに対象を理解し利用するときのことを述べており、意味は同じである。
エ　A、Bともに、人は他者を了解しようとするときにする「撫でる」行為の例である。
オ　Bは、Aの内容の不十分さを補うために用いられた例であり、Aを補足している。
問三　――部C「矛盾」は故事成語であるが、このような漢字二字の故事成語を「矛盾」以外に一つ書きなさい。
問四　――部1「『他』を認識できないということは、『自』が発生しないことと同義です」とあるが、どういうことか。分かりやすく説明しなさい。
問五　――部2について、次の(1)(2)の問いに答えなさい。
(1)「その人間を『役割』によって認識する」とはどういうことか。適切な具体例を自分で考えて、一つ書きなさい。
(2)「それは『その人の存在そのもの』を了解したことにはなりません」とあるが、それはなぜか。その理由を、二十字以内で説明しなさい。〔特に指示がない限り、句読点は字数に含むものとする。以下同じ。〕
問六　――部3「『他者の存在の確実性』は、『了解不可能性』の認識を経由して発生するものでしかありません」とはどういうことか。その説明として最も適切なものを、次のア～オから一つ選び、記号で答えなさい。

ア　私たちは他者を理解できると誤解しているが、この誤解が解けて初めて、他者理解のスタート地点に立つことができ、結果的に他者の存在を実感できるようになるということ。
イ　私たちが、他者とは了解不可能な存在だと知りつつも了解・理解しようとする意欲を持ち続けられるのは、他者の存在の確実性に全く疑いを持っていないからだということ。
ウ　私たちは他者を理解できないと思わず、何度も理解を試みては失敗し続けるが、この経験をして初めて、自分とは異なる他者の存在が明確に意識されるようになるということ。
エ　私たちは、何度失敗しても他者を理解しようと努力し続けるが、このことこそが、人間は他者を求め、他者との繋（つな）がりを求める存在であるということを示しているということ。
オ　私たちが他者を了解不可能だと感じた瞬間には他者との心理的距離が生じているが、この距離の遠さこそ、他者が自分とは別の存在だと思い知らされる原因だということ。

問七　――部4について、次の(1)(2)の問いに答えなさい。

(1)　「私たちは、お互いに、その存在を『引き受けあう』」とはどういうことか。適切なものを、次のア～カから二つ選び、記号で答えなさい。

ア　私たちはそれぞれ互いの存在を補完・保証しあっているということ。
イ　他者の理解があって初めて、私たちは自分を保っていられるということ。
ウ　私たちは、名前を呼び合うことでしか存在を確認できないということ。
エ　自己は他者の存在を、他者は自己の存在を確かなものにするということ。
オ　私たちは了解不可能な他者を確認し続ける決意をしているということ。
カ　自己と他者が二項分離概念である以上、自他は表裏一体であるということ。

(2)「『引き受けあう』ためには、『呼びかけ』が必要です」とあるが、なぜ「呼びかけが必要」なのか。五十字以内で説明しなさい。

問八 ——部5「私の存在が確かとなるのは、誰かが私に呼びかけるからです」とあるが、どのようにして「私の存在が確か」なものとなるのか。「二項分離概念」という言葉を用いて、本文の主旨に即して一二〇字以内で説明しなさい。ただし、次の〈注意〉をよく読みなさい。

〈注意〉 1 二文以上で書くこと。 2 段落分けはしないこと。

問九 「話すこと・聞くこと」の授業(中学校は三年生、高等学校は「国語総合」)で、スピーチを行いたい。その際、「話すこと」について、どのような指導をすることが大切か。学習指導要領(*)の指導事項を踏まえて、具体的に一つ書きなさい。

〔*「中学校学習指導要領」(平成20年3月告示)、「高等学校学習指導要領」(平成21年3月告示)〕

(☆☆☆◎◎◎)

【二】次の文章を読んで、あとの問いに答えなさい。

栗田在衡(あはたありひら)は、才学あながちに人にすぐれたることはなけれども、帝の問ひ給ふほどのことをば、必ず明らかにA申されけり。内へ参る道に、車に文一巻を持ちて見られけり。1問はせ給ふこと、今日見るところの文のことなり。これによりて、2帝深く才学あるよしをおぼしめしけり。

また朝夕の※恪勤(かくきん)、余人にすぐれたり。a風雨おぼろけならぬ日ありけり。※左衛門陣の※吉上(きちじやう)いはく、「たとひ在衡なりとも、今日参りがたし」と。言葉いまだ終らざるに、在衡、蓑(みの)を着、深沓(ふかぐつ)をはきて参られたりけり。時の人、b感じののしりけり。

この人は若くより鞍馬(くらま)を信じ奉りて、参られけり。※文章生(もんじやうしやう)の時、かの寺に参詣して、正面の東の間にして、礼をなすあひだ、十三四歳の童、かたはらに来たりて、同じく拝みを参らす。七度ばかりと思ひけれども、この小童の拝み終らざらむさきに、しはてたらむ、[c]人目わろかりなむと思ひて、心ならず礼を[B]参らするほどに、三千三百三十三度に満つ時、この童失せぬ。在衡、奇異の思ひをなしながら、苦しきままに、いささかうちまどろみたるほどに、ありつる童、天童のごとく装束して、御帳の内より出で来たりていふ。「[3]官は右大臣、歳は七十二」云々。そののち昇進、心のごとし。

左大臣、七十三の年、かの寺に詣でて申していふ。「往日、右大臣、七十二と示現を蒙（かうぶ）りしに、今すでにかくのごとし」と。※毘沙門、また夢のうちにのたまはく、「官は右大臣までありしかども、奉公人にすぐるるによりて、左にいたる。命はあしく見たりけり。七十七なり」と。はたして、この年、失せ[C]給ひにけり。

※冥顕（みやうけん）につきて、忠心浅からざるゆゑに、[4]その家及ばずといへども、[5]たちまちにめでたき身とぞなりにける。そののち、鞍馬の正面の東の間を、※進士の間とぞ名づけたるとぞ。

（『十訓抄』による）

(注)　※恪勤…謹んで勤務すること。　※左衛門陣…内裏の警備にあたっている詰所。
　※吉上…身分の低い役人。　※文章生…式部省の試験を通過し、大学寮で漢詩文や史書を学ぶ者。
　※毘沙門…毘沙門天の略で鞍馬寺の本尊。　※冥顕…あの世とこの世。　※進士…文章生のこと。

問一　——部a「颪雨おぼろけならぬ日」、b「感じののしりけり」、c「人目わろかりなむ」の本文中での意味を、それぞれ書きなさい。

問二　——部A「申さ」、B「参らする」、C「給ひ」はそれぞれ誰に対する敬意を表したものか。次のア～オの中から一つずつ選び、記号で答えなさい。

ア　在衡　　イ　帝　　ウ　左衛門の吉上　　エ　毘沙門天　　オ　進士

問三　——部1「問はせ給ふこと、今日見るところの文のことなり」を、言葉を補って現代語訳しなさい。

問四　——部2「帝深く才学あるよしをおぼしめけり」について、帝がこのようにお思いになったのはなぜか。その理由にあたる箇所を本文中から抜き出し、その最初と最後の五字を書きなさい。（句読点を含む）

問五　——部3「官は右大臣、歳は七十二」というお告げがあったが、実際はどうだったのか。具体的に書きなさい。

問六　——部4「その家及ばず」とはどのような意味か。次のア～エの中から最も適切なものを一つ選び、記号で答えなさい。

ア　立派な家を建てられるような身分ではない。
イ　成仏できるような家系ではない。
ウ　後ろ盾になってくれるような家族はいない。
エ　大臣になれるような家柄ではない。

問七　——部5「たちまちにめでたき身とぞなりにける」について、在衡がこのようになることができたのはなぜか。本文全体の内容に即して、その理由を五十字以内で説明しなさい。

（☆☆☆◎◎◎）

【中学校】

【二】次の文章を読んで、あとの問いに答えなさい。ただし、〈本文〉には、一部送り仮名や返り点を省略しているところがある。

〈本文〉

陳太丘、与(a)友期行。(A)期日中、過中不至。太丘捨去。去後乃至。

元方時年七歳、門外戯。①客問元方、②「尊君在不。」答曰、「待君久、不至(b)已去。」友人(c)便怒曰、(B)「非人哉。与人期行、相捨而去。」

元方曰、「君与家君期日中。日中不至、則是無［Ⅰ］。対子罵父、則是無［Ⅱ］。」

(C)友人恥、下車引之、(D)元方入門不顧。

（『世説新語』による）

〈現代語訳〉

［陳太丘は、友人と約束して出かけることになっていた。正午に会う約束をしておいたのだが、正午を過ぎてもその友人はやってこない。そこで太丘は放っておいて家を出た。出かけた後になって友人がやっと来た。

（この箇所の現代語訳は省略している）

元方は言った。「あなたは父上と正午に会う約束をされましたのに、正午を過ぎてもお見えにならなかったのは、［ Ⅰ ］義を欠くものです。人の子に対してその父の悪口を言うのは、［ Ⅱ ］を欠くものでしょう。」その友人は恥じ入って、車を降りて元方を招き寄せようとしたが、元方は門の中に入って行ったきり、振り向こうともしなかった。」

問一 ═部a「与」、b「已に」、c「便ち」、の漢字の読みを、それぞれひらがなで書きなさい。ただし、現代仮名遣いで書くこと。

問二 〰部A「期日中、過中不至」（訓点を省略してある）を、書き下し文に改めなさい。ただし、漢字仮名交じりで書きなさい。

問三 ――部①「客」、②「尊君」とは、それぞれ誰を指すか、本文中から漢字二字でそれぞれ抜き出しなさい。

問四 〰部B「非人哉」を現代語訳しなさい。

問五 Ⅰ 、 Ⅱ には、それぞれ漢字一字が入る。最も適切なものを次のア～カの中からそれぞれ一つずつ選び、記号で答えなさい。

ア 和　イ 礼　ウ 仁　エ 智　オ 信　カ 孝

問六 〰部Cについて、友人はどのようなことを「恥」だと思ったのか、説明しなさい。

問七 〰部Dについて、元方が振り向こうともしなかったのは、どのような気持ちの表れか。最も適切なものを次のア～エの中から一つ選び、記号で答えなさい。

ア　父のせいで自分が罵られたことに対する、父への怒り。
イ　友人が来るまで父を待たせておくべきだったという後悔。
ウ　謝罪を決して受け入れられないという、相手への強い拒否。
エ　父と友人のことであり、自分には関係がないという無関心。

（☆☆☆◎◎◎）

【高等学校】

【一】次のⅠ、Ⅱの文章はともに『貞観政要』の一節で、唐の二代皇帝である太宗の言動を記したものである。これを読んで、あとの問いに答えなさい。ただし、設問の都合上、送り仮名や返り点を省略したところや、一部を改めたところがある。

Ⅰ

太宗有リ㆓一駿馬㆒、特ニ愛シ㆑之ヲ、恒ニ於テ㆓宮中ニ㆒養飼ス。無クシテ㆑病而暴(にはか)ニ死ス。太宗怒リ㆓養フ㆑馬ヲ宮人ヲ㆒、将ニ㆑殺サント㆑之ヲ。皇后諫メテ曰ク、「昔斉ノ※景公、以テ㆓馬ノ死スルヲ㆒殺サントス㆑人ヲ。※晏子請ヒテ㆑責メント㆓其ノ罪ヲ㆒云フ、『A爾養ヒテ㆑馬ヲ而死セリ。爾ガ罪ノ一也。1使公以馬殺人。百姓(ひやくせい)聞カバ㆑之ヲ、必ズ怨ミン㆓吾ガ君ヲ㆒。爾ガ罪ノ二也。諸侯聞カバ㆑之ヲ、必ズ軽ンゼン㆓吾ガ国ヲ㆒。爾ガ罪ノ三也ト。』公乃チ釈(ゆる)セリ㆑罪ヲ。陛下a嘗読ミテ㆑書ヲ見タリ㆓此ノ事ヲ㆒。2豈ニ忘レン㆑之ヲ

邪。」太宗※意乃解。（3）

Ⅱ

貞観二年、※京師※大旱、※蝗蟲大起。太宗入苑視禾、見蝗、拾※数枚而呪曰、「人以穀為命。（4）而爾（B）食之。是害于百姓。百姓有過、在余一人。爾其有※霊、但当食我。無害百姓。」将呑之。左右遽（b）諫曰、「恐成疾。不可。」太宗曰、「所冀移災朕身。何疾之避。」（5）遂呑之。（6）自是蝗不復為災。

(注)　※景公…斉の王　※晏子…斉の三代の王に仕えた政治家。名宰相とされる。　※意…怒り。
※京師…都。当時は長安。　※大旱…大干魃（かんばつ）。　※蝗蟲…いなご。
※数枚…数匹。　※霊…霊魂、不思議な力。

問一　〰〰部a、bの漢字の読みを、送り仮名を含めてすべてひらがなで書きなさい。ただし、現代仮名遣いで書くこと。

問二　——部A、Bについて次の(1)(2)の問いに答えなさい。

(1)　——部Aの「爾」が指すものとして最も適切なものを、次のア～エから一つ選び、記号で答えなさい。

ア　太宗の馬を殺してしまった飼育係　イ　皇后の馬を殺してしまった飼育係
ウ　景公の馬を殺してしまった飼育係　エ　晏子の馬を殺してしまった飼育係

（2）――部Bの「爾」が指すものを、本文から抜き出して書きなさい。

問三　――部1「使公以馬殺人」、5「何疾之避」を書き下し文に改めなさい。ただし、すべてひらがな(現代仮名遣い)で書くこと。

問四　――部2「豈忘之邪」を現代語訳しなさい。

問五　――部3「太宗意乃解」とあるが、それはなぜか。その理由を六十字以内で説明しなさい。

問六　――部4「人以穀為命」とはどういうことか、わかりやすく説明しなさい。

問七　――部6「遂呑之」とあるが、太宗はなぜそうしたのか。その目的を三十字以内で説明しなさい。

問八　国語総合または古典Bにおいて、Ⅰ、Ⅱの文章を同じ単元で扱うとき、どのような言語活動が考えられるか。具体的に一つ書きなさい。

（☆☆☆◎◎◎◎）

解答・解説

【中高共通】

【一】問一　a　排除　b　怠　c　露出　問二　ア　問三　(例)　蛇足　問四　(例)　他者を認識できず、他者が存在しない中では、自己と他者が二項分離概念である以上、自己が発生することがないということ。　問五　(1)　(例)　隣に住む伊藤さんを、子どもたちは「交通整理のおじさん」と認識している。(2)　役割はその人の一要素にすぎないから。　問六　ウ　問七　(1)　ア、エ　(2)　(例)　私たち相互による存在の認識は引き受けあうことが前提となるが、それは呼びかけがあって初めて生じるから。　問八　(例)　呼びかけを端緒として自他の間で応答が行われ、他者が自己の存在を認識する。これに加えて、他者自体は了解できないという認識を通して他者の存在の確実性が際立つが、自他とは二項分離概念であるがゆえに、結果的に自己の存在が概念上も確かなものとなる。　問九　(例)　敬語を適切に用いて、相手や場に応じた適切な言葉遣いをするように指導する。

〈解説〉問二　傍線部AとBは「了解」と「使用」の具体例である。選択肢にある「反対」とは、前文にある「了解」と「使用」が対極にある、といった表現を受けたものである。　問三「故事成語」とは、大昔にあった物や出来事をその語源とする慣用語句のこと。「矛盾」「蛇足」の他に、「圧巻」「杞憂」「逆鱗」「推敲」などがあげられる。　問四　形式段落第一段より、二項分離概念とは対立する片方の存在を認識することによって、もう片方が存在することがわかる。そして、形式段落第二段より「自己」と「他者」も二項分離概念であるため、「他者」を認識できなければ、「自己」も存在しないことになる。　問五　役割での認識では〝『その人の存在そのもの』を了解したこと〟にならないのは、その役割がその人の全てではないからである。例えば解答例の伊藤さんが既婚者であれば「夫」という役割もあり、子どもがいれば「父」という役割もあるということである。　問六　傍線部を言い換えると、「了解不可能性」の認識を経由しないと「他者の存在の確実性」は発生しない、ということになる。「了解不可能性」は形式段落第四段〝『他』を認識しようと意図しつつも、それに失敗し続けることによってしか実現されない〟ものである。　問七　形式段落第九・十段の内容をまとめると「引き受ける」＝「他者が存在していると了解する」ことになる。自分が他者を「引き受ける」ことで他者は存在し、他者が自分を「引き受ける」ことで自分は存在する。また、形式段落第九段の最終文より〝その人の存在の了解は、その人が私に「呼びかける」ことを端緒として発生〟するので、「呼びかけ」が必要になる。問八　本文全体で述べられてきた「自」の存在が確かなものとなる過程をおさえ、注意に沿ってまとめればよい。お互いの存在の了解は呼びかけから発生するということ、「他者の存在は決して了解できない」という認識を通さないとその存在の確実性は表れないということ、しかしそうすれば「自—他」は二項分離概念であるから、結果的に「自」の存在も確かとなるということなどが主な内容となる。　問九　中学校であれば、解答例の他に「全体と部分、事実と意見との関係に注意して話を構成し、相手の反応を踏まえながら話すこと」といった指導事項を、高等学校であれば、「話題について様々な角度から検討して自分の考えをもち、根拠を明確にするなど論理の構成や展開を工夫して意見を述べること」といった指導事項を用いて解答してもよい。

【二】問一　a　雨風がひどく吹き荒れている日　b　ひどく感心した　c　人目に悪いだろう
問二　A　イ　B　エ　C　ア　問三　(例)　帝がお尋ねになることは、在衡が今日見ている本に必ず書いてあることであった。　問四　帝の問ひ給～されけり。　問五　(例)　左大臣にまで昇進し、七十七歳まで生きた。　問六　エ　問七　(例)　鞍馬寺で熱心に参拝するなど信仰心が厚く、勤勉な性格で他人よりも心を尽くしてまじめにご奉公したから。

〈解説〉問一　a「並一通りのさま」という意の「おぼろけなり」に打消の助動詞「ず」なので「並大抵ではない」という訳になる。　b「感心して褒めそやす」という意の「感じののしる」に過去の助動詞「けり」が伴っている。　c「よくない」の意の形容詞「悪し」＋完了の助動詞「ぬ」の未然形＋推量の助動詞「む」の終止形である。　問二　Aは地の文に書かれており、在衡から帝への「話す」という行為なので、敬意の方向は帝。Bは地の文に書かれており、在衡が毘沙門天のところへ「行く」という行為なので、敬意の方向は作者から毘沙門天である。Cも地の文に書かれており、在衡が主語である「失す」についている補助動詞なので、敬意の方向は作者から在衡である。　問三　傍線部前半には「せ給う」という二重尊敬があるため、主語は帝であることがわかる。また「文」とは「本」のことであるので、文末の断定の助動詞「なり」の意も含めると解答例のような訳となる。　問四　傍線部直前〝これによりて〟の指示語の内容を明らかにすればよい。帝は在衡が必ず自分の問いに答えてくれるので、在衡には学識があると思っていた。　問五　役職については形式段落第四段に〝左大臣〟、〝左にいたる〟とあるため、右大臣を越え、左大臣になったことがわかる。年齢については同じく形式段落第四段の、新しいお告げである七十七という歳の後に、〝はたして、その年、失せ給ひにけり〟とあるため、七十七歳まで生きたということがわかる。　問六　傍線部5と合わせて考える。助詞「ども」が逆接、「めでたき」が「立派な」であり、「身」が「身分」の意であることを踏まえると、「その家及ばずといっても、たちまちに立派な身分となった」となる。この文脈から以外に、当時は身分が家柄と大きく関係する時代であったという時代背景からもエが正答であると推測できるだろう。　問七　形式段落第一・二段落の内容である勤勉な態度で帝に仕えたことや、形式段落第三段落の内容である信仰心の強さなどをまとめればよい。

【中学校】

【一】問一　a と　b すでに　c すなわち　問二（例）日中を期するに、中を過ぐるも至らず。
問三　①友人　②太丘　問四（例）人でなしだなあ。　問五　Ⅰ オ　Ⅱ イ
問六（例）自分の非に気づかずに、息子に対して太丘の悪口を言ったこと。　問七　ウ

〈解説〉問一　aは助詞であり「と」と読む。「～と、～ともに、～に、～よりは」などの意味を表す。bは副詞であり「すでニ」と読む。「もう、とっくに～してしまった」という意味である。cは副詞であり「すなわチ」と読む。「すんなり」という意である。　問三　遅れて来た友人が、太丘の息子の元方に太丘の所在を聞いている部分であるので、①が友人、②が太丘となる。　問四　「非ズ」が否定を表し、「哉」が詠嘆であるので、「人でないことだなあ」という訳になる。　問五　「信義」で「真心をもって約束を守り、相手に対するつとめを果たすこと」という意味である。また「礼」は「人の守るべき秩序」という意味である。　問六　ここでいう「恥」には遅刻をしてきた自分の非に気付かなかったことと、それを太丘の息子に言ってしまったことの二つが含まれていることに注意する。　問七　元方から友人への発言から、友人の態度や発言への怒りが読み取れる。

【高等学校】

【一】問一　a かつて　b にわかに　問二（1）ウ　（2）蝗(蝗蟲)　問三　1 こうをしてうまをもってひとをころさしむ　5 なんぞやまいをこれさけん(と)　問四（例）どうしてこのことを忘れたのですか。いや、きっと覚えているはずです。　問五（例）馬を殺した罪で人を処刑することは、人民の恨みを買い、他国から侮られる結果を招く愚かな行為であると悟ったから。　問六（例）人が生きるためには穀物が欠かせないということ。　問七（例）災いを我が身に引き受け、蝗の被害の拡大を食い止めるため。

問八　(例)　Ⅰ・Ⅱの文章を読み比べ、人物の描かれ方について共通点や相違点を説明すること。

〈解説〉問一　aは「以前」、bは「急に、突然」の意味である。　問二　(1)　本文に「景公、以馬死殺人」とある。　(2)　傍線部直後の「之」が指すものは「穀」。また、直後の「是」が指しているものは「爾」。よって「爾」は穀物を食べ、百姓に害があるものである為、蝗(蝗蟲)と判断できる。　問三　1　使役形「使AB(AヲシテBしム)」に着目する。　5「何～」は疑問・反語両者の解釈が可能であるが、本文「恐成疾。不可。」に対する太宗の返事と考えれば「疾を避けない」という反語の解釈が妥当である。　問四　反語形「豈～邪」に着目して解答する。　問五　直前の皇后の発言の内容をまとめればよい。　問六「以A為B(AヲもツテBトなス)」は「AをBとする」の意味である。　問七　直後の「自是蝗不復為災。」という結果をもたらしたことから推察する。　問八　二種類以上の文章を同時に扱う場合には比較が有効手段の一つである。

二〇一一年度　実施問題

【中高共通】

【一】次の文章を読んで、あとの問いに答えなさい。

「私は自由であるか」誰でも時々この問いを自分に向って厳密に発してみる必要がある。厳密にという意味は、自分の諸々（もろもろ）の欲望の中でも最高部門において、自分は自由であるかということである。何が最高の部門であるかは人によってちがうが、要するに自分の生命の切実な要求、本音のあるところのものを実現しようとする衝動であることはまちがいなかろう。一体自由とはそもそも何か。思い惑うとき、私はいかなる智慧に学んできたか。

A「大事を思ひたたむ人は、さりがたく、心にかからむことの本意をとげずして、さながらに捨つべきなり」（「徒然草」第五十九段）

ここで大事というのは仏道に入ることだが、仏道とは限定せず、各人にとって第一義の道へ入るときの根本の心構えという風にここでは考えておきたい。つまり、第一義と自分が思いこんだことのためには、のっぴきならず背負った他の一切を捨てよということである。そこで完全に自由になるというのではない。人間としてそういうことはありえない。ただ私はこれを「自由に至る道程」として考えたい。そして重要なことは、次のことだ。我々が普通自由について考えるとき、この捨てるという面をほとんどaコリョしないのではないか。1ここから自由に対する我々の惑いが出てくるのではないかということである。自由という言葉のもとに、何をより多く得るかということしか考えないのではないか。

つまりより多くを捨てる、捨て得るかぎりのものを捨てるという自己放棄が根本にあって、はじめてただ一つのものを獲得出来る。実際問題として、日常をかえりみると、自由の外観を b テイしているにもかかわらず、そこには様々の制約がある。たとえば職業とか家族、その他あらゆる種類の社会的な制約がある。そして自分がほんとうにやりたいと思うことをやりとげないうちに、制約の犠牲になって大部分の人間は死んでしまう。そうかといって様々の制約は、それを乗り越えようと思っても実際には不可能である。第一義の道に没入しようと思っても、かえって束縛されることが多い。

兼好のこの言葉は、日本の中世人の代表的な見解で、「徒然草」をみると明らかなように、中世における自由の夢は、要するに出家遁世（とんせい）という形の裡（うち）にあった。一切のきずなをすべて捨てて、ひとりになって世をのがれる、仏道を修するという形での自由を考えたのである。しかし、この場合の遁世は社会から自分を切断することではなかった。社会そのものの内部での自由の構想であり、この気持をもっとも典型的にあらわしたのは兼好以後では芭蕉である。芭蕉の有名な「幻住庵（げんじゅうあん）の記」の一節に言う。

B「かくいへばとて、ひたぶるに閑寂を好み、山野に跡をかくさむとにはあらず。やや病身人に倦（う）んで世をいとひし人に似たり」（芭蕉「幻住庵記」）

さきの兼好の言葉が第一義の道に入るための自由について語っているとすれば、芭蕉のこの言葉は、そういう自由生活人の内面と言ったものを語っているとみていいだろう。ここで一番大切な言葉は、「やや病身人に倦んで世をいとひし人に似たり」という一節である。「やや病身」という言葉は、その根底に、芭蕉の考え出した独特の c シサクの時間を含んでいるように思われる。言わば一種の「閑暇（かんか）」の状態の創造と言ってもよい。この種の閑暇をつくり出すことを自由の第一条件とした。むろん一切放下（ほうげ）の後の「閑暇」である。山野に身を隠すという意味での遁世ではない。閑暇の創造のための遁世である。2 社会の中に、自分を在野人として置くのである。一定の地位職業につくことのない放浪者のようなものだと言ってもよい。換言すれば、創作のための最適な心的状態を構想したとき、「やや病身」という言葉が発せられたのではなかろうか。

現在の我々は、中世人に比べると、はるかに多くの自由を持っているように思っている。言論、表現、出版等々の自由は、かつては存在しなかった。我々はとにかく憲法によって保障された自由というものがあって、自分で使うことが出来るはずである。ところが中世人と現代人とを比べてみて、果してどちらが自由であるかと問うてみると、中世人よりも現代人の方が自由であるとは必ずしも断言出来まい。職業による制約は決定的であり、同時に現代にはもはや閑暇という時間は消滅した。複雑な社会組織の中にあって、そのメカニズムの一員として、自発的というよりはむしろ（　Ⅰ　）に働かされている。動くのではなく動かされている。間断なく動かされているというこの（　Ⅱ　）から、独特の多忙さが発生する。絶えず何かを為していなければならないのである。静止の状態が苦痛となってきたのだ。何もしない時間のもつ充実性を、現代人は失ったらしい。

個人的には、現代でも稀にいまのような意味での遁世は可能だろうが、しかし次のことも考えなければならない。もしすべての人間が遁世の気持を抱いたならば、社会が成立するためには、社会は成立しないということだ。社会そのものはアナーキー※の状態に陥るだろう。ということは、社会が成立するためには、必ず何らかの「不自由」言わば制約が必要だということである。妙な言い方だが、私が今まで述べたような意味での自由を欲しない人を前提として、社会は成立するものらしい。中世はむろん、資本主義国たると共産主義国たるを問わず、いずれの場合でも言えることではなかろうか。

完全な自由は、人間社会には存在しないのである。それぞれ固有の制約のもとでの自由というものがあるにすぎない。ある意味で人間は様々な「自由」の錯覚の上に生きていると言ってよい。ないしはどこまで追って行っても手の届かない夢として。「私は自由であるか」という問いや、「自由人とは何か」という問いは、社会生活が継続するかぎりいつまでもつづくのではなかろうか。そしてそういう疑問を提出する自由が、人間に与えられた自由なるものの限界ではなかろうか。

3それはまず第一に、自分に対して提出しなければならない疑問である。たとえば表現の自由があると我々は思っているが、「私」は果してその点で自由であるか。誰しも経験していることだ。つまり自分の心の中で思っていることを、文字通り自由自在に表現出来るかと言えばそれは不可能である。

更に私の注目したいのは表現の自由を与えられることによって、逆に精神の自由を失う人が多いということである。D画一性の問題である。私は以前にそれを惰性という面から述べたことがあるが、ここでは「異口同音」という点から考えたい。つまり誰もが、同じような言葉で、同じような表現をとって、それが社会的に一つの威力となってあらわれる場合がある。「自由」「平和」という言葉は今日では絶対の権威をもっている。しかしその内容については、各人によってそれぞれ複雑なニュアンスを帯びていなければならないはずである。ところがそうならずに、誰もが同じような口調で同じ内容を発言するとき、言葉は死ぬ。むろんそれは精神の死である。4自由の死である。しかも本人は解放されたと思っている。

人間の自由には限界はあるにしても、「5私は自由であるか」という疑問を失ってはならないのは、この画一性への抵抗のためである。いかなる意味での画一性に対しても、つねにめざめているのが人間の自由というものであろう。

(亀井勝一郎『人生論・幸福論』による。ただし一部に省略・改変がある。)

(注) ※アナーキー…無秩序。無政府状態。

問一　傍線部a～cのカタカナを、それぞれ漢字で書きなさい。

問二　傍線部A、Bに共通する「　」(カギ括弧)の用法を簡潔に書きなさい。
問三　傍線部C「保障」の意味を文脈に即して書きなさい。また、傍線部D「画一性」の対義語を漢字で書きなさい。
問四　空欄(　Ⅰ　)に入れるべき語句を漢字三字で書きなさい。また、空欄(　Ⅱ　)は最も適当なものを次のア～エの中から一つ選び、記号で答えなさい。
ア　受動性　　イ　即時性　　ウ　流動性　　エ　拘束性
問五　傍線部1「ここから自由に対する我々の惑いが出てくる」とはどういうことか。どのようにして惑いが生じるのかを明らかにして、わかりやすく説明しなさい。
問六　傍線部2「社会の中に、自分を在野人として置く」とはどういう状態のことか。四十字以内で説明しなさい。〔特に指示がない限り、句読点は字数に含むものとする。以下同じ。〕
問七　傍線部3「それ」とは何を指すか。該当箇所を抜き出して書きなさい。
問八　傍線部4「自由の死である」とあるが、なぜそうなるのか。その理由を具体的に説明しなさい。
問九　傍線部5「私は自由であるか」とあるが、筆者は「現代人の自由」をどのようなものだと考えているか。本文の主旨に則して一〇〇字以内で書きなさい。ただし、次の〈注意〉をよく読みなさい。
〈注意〉　1　二文以上で書くこと。　2　段落分けはしないこと。
問十　「書くこと」の授業(中学校の場合は三年生、高等学校の場合は「国語総合」の授業)で、「関心のある事柄について批評する文章を書く」という言語活動を行うとき、指導者が留意すべき点は何か。具体的に一つ書きなさい。

(☆☆☆◎◎◎)

【二】次の文章を読んで、あとの問いに答えなさい。

故※相州禅門(そうしゅうぜんもん)の中に伺候(しこう)の女房有りけり。a腹悪しく、たてたてしかりけるが、ある時、成長の子息の同じく仕へしけるを、聊か(いささ)の事に依りて、腹を立て打たんとしける程に、物にけつまづきていたく倒れて、弥々(いよいよ)腹をA据ゑかねて、禅門に「子息某(それがし)、わらはを打ちて侍るなり」と訴へ申しければ、「b不思議の事なり」とて、「かの俗を召せ」とて、「実に(まこと)母を打ちたるにや。母しかしか申すなり」と問はBる。「1実に打ちて侍る」と申す。禅門、「返々(かへすがへす)奇怪なり、不当なり」と叱りて、所領を召し、流罪に定まりにけり。

※事苦々しく成りける上、腹も漸く(やうや)癒(い)て、あさましく覚えければ、母また禅門に申しけるは、「腹の立つままに、この子を、打ちたると申し上げて侍りつれども、実には2さる事候はず。大人気なく彼を打たんとして、倒れて侍りつるを、ねたさにこそ訴へ申し候ひつれ。まめやかに御勘当候はん事はあさましく候ふ。3許させ給へ」とて、けしからぬ程にまたうち泣きなど申しければ、「さらば召せ」とて、召して、事の子細を尋ねられけるに、「4実にはいかで打ち候ふべき」と申す時、「さては、など始めより、有りのままに申さざりける」と、禅門申されければ、「母が打ちたりと申し候はん上には、我が身こそ如何なる咎(とが)にも沈み候はめ。母を虚誕(きょたん)の者には、いかが成し候ふべき」と申しければ、「いみじき至孝の志深き者なり」とて、大きに感じて、別の所領を副(そ)へて給ひて、殊にc不便の者に思はれけり。

末代の人には、有り難く、珍しくこそ覚ゆれ。

(『沙石集』による)

(注)※　相州禅門…北条時頼。鎌倉幕府執権。　※　苦々しく…気まずく。

問一　傍線部a「腹悪しく」、b「不思議の事」、c「不便の者」の本文中での意味を、それぞれ書きなさい。

問二　傍線部Aについては動詞の活用の種類と活用形を書きなさい。また、傍線部Bについては(例)にならい、

品詞とその意味・用法をそれぞれ書きなさい。　(例)助詞・強意

問三　傍線部1「実に打ちて侍る」について、なぜこのように言ったのか。その理由を、本文全体を踏まえて簡潔に説明しなさい。

問四　傍線部2「さる事」の指す内容を、簡潔に答えなさい。

問五　傍線部3「許させ給へ」について、なぜこのように謝罪したのか。その理由を説明しなさい。

問六　傍線部4「実にはいかで打ち候ふべき」を、現代語訳しなさい。

問七　古文を教材として授業(中学校の場合は三年生の授業、高等学校の場合は「国語総合」の授業)を行うとき、内容や表現を味わうために、どのような言語活動を取り入れるか。その例を一つ書きなさい。

(☆☆☆◎◎◎)

【中学校】

【二】次の文章を読んで、あとの問いに答えなさい。（ただし、設問の都合で一部省略している。また、Bの文章はAの文章について述べたものである。）

A

為無為、事無事、味無味。大小多少、報怨以徳。図難於其易、[1] 為大於其細。天下難事、必作於①、天下大事、必作於②。是[a]以聖人終不為大、故能[b]成其大。夫[c]軽諾必寡信、多易必多難。[2] 是以聖人猶[d]難之。故終無難矣。[3]

（『老子』第六十三章）

B

「無為」や「無事」は、文字どおりに［ Ⅰ ］こと、あるいは何事もないことではない。［ Ⅰ ］ようにみえて、実は何もかもをなしとげており、何事もないようにみえて、実はすべての事が備わっている、そうしたありかたをわがふるまいとし、わが仕事としていくのである。では、はっきりしたわざとらしい形をとらない、何かをしたという跡を残さない、そうしたやりかたで万事を処理していくのが無為の実践であるが、それはどのようにして果たされるのであろうか。

「[　Ⅱ　]」が、その解答である。事態が困難になり、問題が重大になれば、どうしても大きな目立ったことをしなければならない。そうなる前の小さい易しいうちに、先の大事を見越して人の知らない手を打っていくのである。それにはまた、物事に慎重でなければならない。軽率な承諾やイージーな進み方は慎むべきである。「聖人すら猶ほ之を難しとす」、むつかしいと考えて慎重な態度で臨むのである。

（金谷治『老子』による。ただし、一部改変している。）

問一　二重傍線部a「是を」、b「能く」、c「夫れ」、d「猶ほ」の漢字の読みを、それぞれひらがなで書きなさい。

問二　[　Ⅰ　]には、「無為」の内容を表す言葉が入る。適切な言葉を考えて入れなさい。

問三　傍線部1「図　難　於　其　易」を、書き下し文に改めなさい。ただし、すべてひらがなで書くこと。

問四　[①][②]に入る漢字一文字として最も適切なものを、次のア～カの中からそれぞれ一つずつ選び、記号で答えなさい。

ア　多　イ　少　ウ　難　エ　易　オ　太　カ　綱

問五　傍線部2「多　易　必　多　難」はどのようなことを言っているのか。わかりやすく説明しなさい。

問六　[　Ⅱ　]に入る表現を、Aの文から漢字六文字で抜き出して答えなさい。（解答に際して、返り点と送りがなは不要。）

問七　傍線部3「終　無　難　矣」について、なぜ聖人は難しい局面に出会うことがなくなるのか。わかりやすく説明しなさい。

（☆☆☆◎◎◎）

【高等学校】

【二】かつて周の穆王（ぼくおう）は駿馬を連れて天下を周遊した。この模様を記した図に描かれた駿馬は、みな龍や鳳凰のように怪しげな姿をしていたという。このことを踏まえ、次の漢文を読み、あとの問いに答えなさい。ただし、訓点の省略、本文の一部改変がある。

世聞其駿也、因以異形求之。則其言聖人者亦類是矣。故伝※伏羲曰牛首、孔子如※倛頭。[a]若是者甚衆。孟子曰、「[1]何以異於人哉。※堯舜与人同耳。」今夫馬者、駕而乗之。或一里而汗、或十里而汗、或千百里而不汗者。視之、毛物※尾鬣、四足而蹄。齕草飲水一也。[2]推是而至於駿、亦類也。[A]今夫人、有不足為※負販者、有不足為士大夫者、有足為者。視之※円首横目食穀而飽肉、※絺而清、※裘而燠一也。推是而至於聖、亦類也。[b]然則伏羲、孔子、[c]是亦人而已矣。※白羲・山子之類、[3]若果有之、是亦馬而已矣。又[d]烏得為牛、為倛頭、為龍鳳然哉。然而世之慕駿者、不求之馬、而必是図之似。故終不能有得於駿也。慕聖人者、不求之人、而必若牛若倶頭之問。故終不能有得於聖人也。4誠使天下有是図者、挙而焚之、則駿馬与聖人出矣。

（『唐宋八家文読本』より）

（注）※伏犠…伝説上の帝王。　※倶頭…仮面をかぶったような顔立ち。
※堯舜…堯、舜ともに伝説上の聖王。　※毛物尾鬣…毛が細く、尾やたてがみがある。
※負販…商品を背負い販売して歩く商人。　※円首横目…丸い頭と横になった目。
※絺、裘…「絺」は葛の繊維で織った夏衣、「裘」は毛皮で作った冬衣。
※日曦・山子…周の穆王が連れていたとされる駿馬の名前。

問一　波線部a、b、c、dの漢字の読みを、それぞれ送り仮名も含めて、ひらがなで書きなさい。ただし、現代仮名遣いで書くこと。

問二　二重傍線部A「夫」についての説明として最も適切なものを、次のア～エの中から一つ選び、記号で答えなさい。

ア　「かの」と訓読し、ある事柄を指し示す　　イ　「か」と訓読し、疑問を表す
ウ　「それ」と訓読し、話題を提示する　　エ　「かな」と訓読し、詠嘆を表す

問三　傍線部1「何以異於人哉」を、必要に応じて言葉を補って現代語訳しなさい。

問四　傍線部2「推是而至於駿、亦類也」とはどういうことか。最も適当なものを、次のア～オの中から一つ

選び、記号で答えなさい。

ア　この普通の馬を駿馬と偽って推挙することは、凡人が自らを聖人と偽って自薦するのと同じだということ。

イ　馬は能力の高低に関係なく皆同じ特徴を持つことから、駿馬もこれと同一であろうと推察されるということ。

ウ　十里で汗する一方で千里で汗しない馬がいるように、能力の差が大きい点では人間と同じであるということ。

エ　これらの凡庸な馬たちは駿馬と同じ形態を持つため、その能力を推測しようとしても困難であるということ。

オ　馬の平均的な特徴をもとに駿馬を探し出そうとすると、結果的には凡庸な馬たちが集まってしまうということ。

問五　傍線部3「若果有之」を、書き下し文に改めなさい。ただし、すべてひらがなで書くこと。

問六　傍線部4「誠使天下有是図者、挙而焚之」を、現代語訳を参考にして書き下し文に改めなさい。ただし、漢字仮名交じりで書きなさい。

現代語訳〔本当に天下中のこの図を持っている者たちに、ことごとくそれを焼かせたならば〕

問七　なぜ天下の人々は駿馬や聖人を得ることができないのか。その理由を本文の趣旨に従って六十字以内で説明しなさい。

（☆☆☆◎◎◎）

解答・解説

【中高共通】

【一】問一 a 顧慮　b 呈　c 思索　問二 他所から言葉を引用する　問三 C 損なわれたりしないように守られていること。等　D 多様性、多義性　問四 Ⅰ 外発的、等　Ⅱ ア
問五 最も望むことを達成する自由を得るには、それ以外を全て捨て去る必要があるのに、逆により多く得ようとするため、かえって自由がどういうものか分からなくなるということ。等　問六 社会の中に居ながら、社会の事象から解放され精神の自由を得た状態のこと。等　問七 「私は自由であるか」という問いや、「自由人とは何か」という問い。等　問八 自らの考えに基づき「平和」等の言葉を自由に発したとしても、結果的に社会の中で内容が画一化されてしまい、自らの精神性を表すことができなくなるから。等
問九 完全な自由は様々な社会的制約のため不可能であり限定的でしかありえず、不自由に陥る場合すらある。しかし自由自体を問うことは可能であり、これが自由を侵す画一性に抵抗するために現代人が持ち得る自由である。　問十 ・事実と意見を分けて書くようにさせる。・関連する事柄や背景にも関心をもたせる。等
〈解説〉問一 同音異義語や類似の字形に注意すること。　問二 括弧は、ある文字・数字、文章・数式などの前後につけ、「強調や引用、会話、作品、注記」等のためにつける記号である。「　」(かぎ)、『　』(二重かぎ)、(　)(かっこ)、〈　〉(やまがた)、《　》(二重やまがた)、［　］(かくがっこ)などがある。　問三 Cの「保障」は、憲法による人権の保障である。意味としては、「保護して他からの危険や侵害から守ること」。Dの「画一性」の「画一」とは、「すべてを同じような形や性質に統一すること」その対義語は「多様性」や「多義性」である。　問四 Ⅰは「自発性」の対義語が入る。したがって、多発性や他律性等の語が入る。Ⅱは、「(社会

のメカニズムの一員として)間断なく動かされている」という「受動性」が入る。　問五「ここから自由に対する我々の惑いが出てくる」の「ここから」は、「第一義と自分が思いこんだことのためには、他の一切を捨て去ることが重要なのに、逆に欲望のおもむくままに多くのものを得ようとすること」をさす。「徒然草」で吉田兼好は、「第一の事を案じ定めて、その外は思ひすてて、一事を定むべし。……何方をも捨てじと心にとり持ちては、一事も成るべからず」(第一八八段)と述べている。　問六「社会の中に、自分を在野人として置く」の「在野人」は、「一定の地位や職業につかず、社会の諸事象に関わらず、自由に生きる生活人」を指す。問七　3の「それ」は、その前にある「そういう疑問」と同一の内容を指示する。「私は自由であるか」という問いや「自由人とは何か」という問いを指す。　問八　民主的社会の本質を表す「自由や平和」といった言葉が一人一人の国民の深い思考と表現という自由な精神活動によって発せられるべきなのに、同じような口調で異口同音に画一的で惰性的な言葉で発せられることへの警鐘である。問九　傍線部5の「私は自由であるか」と「現代人の自由」は、その前後の文と連動する。前の文「人間の自由には限界があるにしても」は、「現代人の自由は、多くの社会規範による制約を受けて完全な自由ではないこと」を示している。後の文は「自由」に対する疑問を失わないことが、憲法に保障された自由権を形骸化し、画一化(精神的腐蝕)させないための防腐剤になることを示唆している。この両者を整理して一〇〇字以内で述べればよい。　問十　現行学習指導要領中学国語の「B書くこと」の指導事項(第二学年及び第三学年)のエには、「自分の意見が相手に効果的に伝わるように、根拠を明らかにし、論理の展開を工夫して書くこと。」とあり、イには、「自分の立場及び伝えたい事実や事柄を明確にすること」と示してある。また、高校国語の「国語総合」の「B書くこと」の指導事項イには、「論理的な構成を工夫して、自分の考えを文章にまとめること」と述べている。設問は「関心のある事柄について批評する文章を書く」言語活動である。指導上の留意点を論理的文章を書くための中学国語・

「国語総合」の「B書くこと」の指導事項を参照しながら述べること。

【二】問一　a　怒りっぽい　b　けしからぬこと　c　大切にすべき者　問二　A　ワ行下二段(活用)連用(形)　B　助動詞・尊敬　問三　(息子は、)母親を嘘つき者にしたくなかったから。等　問四　息子が、母である自分を殴ったこと。等　問五　母を思う息子の気持ちに感動し、自分の行為が情けないことだと気がついたから。等　問六　実際には、どうして母を打つことなどありましょう　問七　古文特有の表現やリズムに親しむため、音読や暗唱に取り組む。等

〈解説〉問一　aの「腹悪しく」は、「腹悪し」(形容詞・シク活用)の連用形で、①「意地が悪い」、②「怒りっぽい」意であるが、ここでは②の意味。bの「不思議の事」の「不思議」は、「意外なこと。けしからぬこと」の意。cの「不便の者」とは、「大切にすべき者。かわいい者」の意。　問二　Aの「据ゑ」は、「据う」(ワ行下二段活用)の連用形。Bの「る」は、尊敬の助動詞「る」の終止形。四段活用・ナ変・ラ変動詞の未然形につく。　問三　「実に打ちて侍る」(確かに殴りました)と答えた女房の息子の虚言は、以下の文中の「母が打ちたりしと申し候はん上には、我が身こそ如何なる咎にも沈み候はめ。母を虚誕の者には、いかが成し候ふべき」を理由とする。本当のことを言えば、母を嘘つき者にすることになる。そのために、有りのままをのべることをしなかったのである。　問四「さる事」の「さる」は、「然り」の連体形から連体詞になったもので、「そういう。そのような」の意で、特定の内容を指示する。ここは、「子息某、わらはを打ちて侍るなり」を指す。　問五「さる事候はず」をふまえて、「ねたさにこそ訴え申し候ひつれ。まめやかに御勘当候はん事はあさましく候ふ」が、母親の「許させ給へ」の理由。わが子に対するくやしさのあまり、偽りの訴えをしたことへの母親の反省である。　問六「実にはいかで打ち候ふべき」の「実には」とは、「実際に」の意。「いかで」、反語を表す副詞。「どうして、どういうわけで」の意。「打ち候ふべき」の「候ふ」は、丁寧の補助動詞。「べ

き」は「べし」(当然の意を表す助動詞)の連体形(「いかで」に呼応して係結びになっているために連体形になっている)。したがって、「どうして母を打つことなどありましょう」の意となる。　問七　中学校学習指導要領国語の「指導計画の作成上の配慮事項(4)「C読むこと」の配慮事項イに「古文を理解する基礎を養い古典に親しむ態度を育てるとともに、我が国の文化や伝統について関心を深めるようにすること。」とあり、「指導に当たっては、音読などを通して文章の内容や優れた表現を味わうことができるようにする」旨の内容がある。また、高等学校国語の「国語総合」では、「C読むこと」の指導事項のイ「文章の構成や表現の特色」、ウ「文学的文章を読み味わうこと」、エ「ものの見方、感じ方、考え方」についてのそれぞれが古典学習の指導に当てはまる。右にのべたことを参考にして、古文学習の指導計画をたてること。

【中学校】

【一】問一　a　ここ(を)　b　よ(く)　c　そ(れ)　d　な(ほ)　問二　何もしない　問三　かたきをそのやすきにはかり　問四　①　エ　②　カ　問五　いい加減な安易なことばかりしていると、必ず難儀なことが多くなるということ。等　問六　聖人終不為大　問七　聖人は、一見容易に見える事に対しても、これを難事と見なして慎重に臨むから。等

〈解説〉問一　aの「是を」の「是」は「ここ」と読む。「是以」は「ここをもって」と読み、「このようなわけで。それで」の意。bの「能く」の「能」は、「よ(く)」と読み、「うまく」の意。cの「夫れ」の「夫」は、「そ(れ)」と読み、「いったい」の意の発語のことば。dの「猶ほ」は「な(ほ)」と読み、「……すら、……さえ」の意。　問二「無為」は、「何事もしない。人為を用いない」の意。　問三　訓点(返り点・送りがな)に従って書き下すこと。「難きを其の易きに図り」とは、「難しい事件の解決を図るのは、それがまだやさしい状態にあるうちにすべきであるし」の意。　問四　①②は、その前の文の「図難於其易、為大於其細」を受けている。

「天下難事、必作於易、天下大事、必作於細」（天下の難事は必ず易（やさ）しい事柄から起こり、天下の大事は必ず細事から起こるものである）。　問五　2の「多易必多難」は、「多易は必ず難多し」と書き下すが、他の説では「易とすること多ければ、必ず難きこと多し」とする。意味は「事を易しいと侮ることが多ければ、必ず困難な目に出会うことが多い」である。　問六　文中の「聖人すら猶ほ之を難しとす」（聖人でさえ、一見容易に見える事柄をもなおこれを難事と見なして慎重に臨む）の聖人の生き方は、文中の「聖人終不為大」につながる。　問七　3の「終無難矣」は、「終（つひ）に難きこと無し」とは、「最後まで難事に出会うことがない」の意。その理由は「聖人猶難之」を指す。「難之」の「之」は、「軽諾必寡信、多易必多難」をふまえた「一見容易に見える事柄」を指す。聖人は一見容易に見える事柄も、これを難事と見なして慎重に臨むから、最後まで難事に出会うことがない、というのである。

【高等学校】

【一】問一a　かくのごとき　b　しからばすなわち　c　のみ　d　なんぞ、いずくんぞ　問二　ウ
問三　どうしてそれらの聖人が人と異なろうか。（いや、異ならない。）　問四　イ　問五　もしはたしてこれあらば　問六　誠に天下の是の図を有する者をして、挙げて之を焚かしめば　問七　駿馬や聖人の本質を見極められず、古代の伝説に示された外見上の特徴を信じ込み、その外形だけを根拠に探し求めようとするから。

〈解説〉問一　aの「若是」は「如是」と同じで「かくのごとき」と読み、「者」を修飾している。「このような」の意。bの「然則」は「しからばすなわち」と読む。「しかればすなわち」とも読む。順接の接続詞。c「而已矣」は「のみ」と読む。「已」（のみ）を強調した形。　d「烏」は「なんぞ・いず（づ）くんぞ」の疑問詞。　問二　A「夫」は、「それ」と訓読する。発語のことば。イの「か」の疑問を表す場合と、エの「かな」

の詠嘆の場合は句末に記す。　問三　1「何以異於人哉」(何を以て人に異ならんや)は、反語形「何以……哉」。「どうしてそれらの聖人が人と異なることがあろうか、いや異なりはしない」の意。そのあと「堯舜与人同耳」とある。　問四　2「推是而至於駿、亦類也。」(是を推して駿に至るも、また類なり)とは、「これを推して千百里の駿馬まで及んでもまた同類である」の意。　問五　3「若果有之」(もしはたしてこれあらば)の「之」は、「白羲」「山子」をさす。　問六　4「誠使天下有是図者、挙而焚之」は、使役形「使ABC」の応用。「誠に天下の是の図を有する者をして、挙げて之を焚かしめば」の意。　問七　冒頭の文に、「世聞其駿也、因以異形求之。則其言聖人者亦類是矣。」とある。駿馬も聖人も姿形の変わったものと思いこみ、それを求めることが述べてある。このことについて、三段落では、「駿馬」を慕う者に対し、「不求之馬、而必是図之似。故終不能有得於駿也」と述べ、「聖人」を慕う者に対しては、「不求之人、而必若牛若倶頭之問。故終不能有得於聖人也。」とのべている。駿馬の実体を求めず奇異な図に求め、聖人を人間の本質に求めず外形のみを問題にするために、駿馬や聖人を得ることができない、というのである。

二〇一〇年度　実施問題

【中高共通】

【一】次の文章を読んで、あとの問いに答えなさい。

「知」とは、現代社会でしばしば信じられているような「情報の所有」ではない。たしかに、「知っている」という状態には情報の蓄積が条件となっているように見える。しかし、単に情報を所有していたところで、理解し活用できなければ「知っている」とは言えない。

人の知的状態として、「知っている」条件を満たしていない事態はいくらでもある。たとえば、存在するかどうかすら意識されない宇宙の彼方の星、あるいは、人類が生まれる前の過去の出来事は、そもそも「知る／知らない」の対象とならない。対象の指示さえできないからである。知が欠如していても、それが「知／不知」の問題として問われない限り、私たちには関わらない。また、まったく何も知らない場合と、ある点で不十分であって知らない場合とでは、知の欠如と言ってもあり方が大きく異なる。誤っている場合でも、どの点でどう誤ったかに応じてさまざまな場合がある。一括して済ませられない「不知」の多様なあり方への反省と分析が、「知」への関わりを可能にするのである。

他方で、何かについて「知っていない」と他者から指摘された場合、それは「知っている」人のあり方を前提にして、それとの対比で自覚が促されている。どうして、どの点で知らないとされるのかが、明示される必要があるからである。この意味で、1「知らない」とは、否定的な仕方で「知」に積極的に関与することである。逆に、「知っている」という自覚も「知らない」と対比する認識から成り立つ。知る者がいない状況でも

「知らない」という自覚は可能かもしれないが、そこでも「知」の存在は前提されている。二者は切り離せない両面であり、「不知」は哲学の基本場面でありつづける。

通常「知らない」とは、知を獲得する以前の空虚や白紙の状態であるかのように思われているが、そこに2自由に知識を流し込んで「知っている」状態へと満たすというイメージは、根本的に誤っている。「知」が人のあり方をなすとすると、「不知」とは本来あるべき仕方を欠いている状態として、その自覚から知をaキキュウするその人のあり方を形づくる。人間は、知識で満たされる空の容器などではない。この現実を「知る／知らない」とたえず自覚しながら生きていく、一個の知的存在なのである。

また、「知らない」という思いには人称的な非対称性が見られる。他人については、ある事柄について「［ Ⅰ ］」と判断することができる。しかし、その当人は自身が「［ Ⅱ ］」と思っているのが普通であり、自ら「［ Ⅲ ］」と思う状況は例外的である。対象が特定の専門領域である場合、たとえば医学の知識がないとか、経済について知らないといったことを自覚することはあり得る。それは、一方で医学や経済学の専門家が存在し、専門知識の条件が社会においてはっきりしているからである。私が胃ガンや日本経済について知らないということは、専門研究者や資格をもった専門家がbホショウする知識を前提に語り得る。そういった条件に照らし合わせて、自らに知がないことは、いわば外部から自覚を促される。

しかし、たとえば正義・美・善といった倫理的価値については、社会において知のcケンイや絶対的規準がなく、各人が自身の考えは正しいと思いながら生きている。「自分の考えが間違っている」とか「知らない」という思いを他人から突きつけられることはほとんどなく、「知らない」と内側から思うことも困難である。「知っている」という思いにおいて行動し生きている私たちには、「知らない」と認識することは恐ろしく、危険に感じられるからである。自らの思いが誤っていることは、自らの外にある他者との対話をつうじて自覚される。

人間は特定の視点から世界に関わり、そこに身を置くことで自己のあり方を形づくっている。しかし、それが「どこ」であり、その視点がどのような制約においてあるか、つまり自己をより広い視野において位置づけない限り、3それは一つの見方に過ぎず、「知」ではない。逆に、それぞれは限定された※パースペクティヴであっても、自身がとる視点が互いにどう関係し、その外に拡がっている世界が何かを意識しながら自身の視野が把握できれば、その人のあり方は「知」に近づいていると言えよう。

さらに、観者は視点の動きをつうじて次々に新たな視野を作りだし、それとの相関関係において自らの位置を全体の中で自覚していく。観者はやがて特定の視点を超え、視点そのものを捉え返す地平に至る。そのためには、記憶や想像力によって現在から離れて過去や未来を想い、現実を超えて可能性や反実仮想まで推量することも必要かもしれない。視点の転換は、それまで自身が閉じこめられていた枠組みを客観的に提示することで、自身に世界がどう現れているかを捉える普遍性を可能にする。「普遍性」とは、視点を超えて自己のあり方を捉える地平を意味する。そこで、自らの知的なあり方を透明に自覚する自己了解としての「知」が成り立つ。

視点の対自化や相対化は、4自己の動きだけでなく、他者との関わりを必要とする。他者もまた同じように世界に位置し動きながら自らの視点を確認する存在であり、それらの間でのやりとり、すなわち対話が、世界の中での各自のあり方を意識させるのである。観者が事物や世界を見るという一方向でなく、他者と向きあうことで共に世界を見ることを自覚させる相補性が、自己のあり方を開示してくれる。

他者と共にすすめる世界把握において決定的なのは、私たちが交わす言葉、すなわち対話である。言葉は誰にでも共通でありながら、一人ひとりが自らの仕方で用いている。だが、私だけの私的な言語は存在せず、語られ理解される以上それはすべての人に開かれた共通基盤である。しかし、私たちは同じ言葉を語りながらそこに異なった意図を込め、うまく理解してもらえなかったり、誤解されたりを、しばしば経験する。それは言語の意味が分からないからではなく、異なった視点から語られる言葉が世界を異なった仕方で捉え、そこで齟齬(そご)を生じさせるからである。だが、そういった5食い違いの意識が逆に言葉の共通性を認識させ、それとの関係で、言葉を語る自己と他者の位置を了解させてくれる。こういった自己了解をもたらすのは、何よりも「対話」(ディアロゴス)という言葉のdエイイであった。言葉を交わすことをつうじて私たちは、他者の視点に立ち、そこから自己を見ることができる。

6言葉を自由に用いることは、芸術表現としてのバレエに似ている。人間の身体がもつ限界や重力による自然法則をもっとも強力に引き受けながら、そこであたかも身体が自由に可塑的に美を生み出し、重力から解放されているように振舞う。その活性的な身動きは、私たちが囚われて生きている身体と精神のあり方を、硬直したイメージから真に解放する。同様に、日常それにeイキョして生きている言葉を新たに語り直し、自由に創作する詩的な驚きは、言葉そのものが人間の生を解放する可能性を感じさせる。イメージや※アナロジーを縦横に用いる言葉の世界は、想像や閃きや曖昧さが織り合わされることで、新しい視野と世界を拓いてくれる。世界と自己を了解するとは、そういった言論の行使がもたらす人間の知的あり方であり、言葉の多様で創造的な挑戦によって「知」は深まる。

(納富信留「知の創発性」による。ただし、出題に際して省略した部分がある。)

(注) ※パースペクティヴ…視点。　※アナロジー…類推。類比。

問一　——部a～eのカタカナを、それぞれ漢字で書きなさい。

問二　〜〜部について、次の(1)、(2)の問いに答えなさい。

(1)　「反省」という二字熟語は、「反」も「省」も共通の意味を重ねた熟語です。その共通している意味を書きなさい。

(2)　「省」という漢字が、(1)の意味と異なる意味で用いられている熟語を、漢字二字で書きなさい。

問三　――部1について、「否定的な仕方で、『知』に積極的に関与する」とは、どういうことか。五十字以内で説明しなさい。

問四　――部2の「知識」と文脈上同じ意味で使われている漢字二字の熟語を、――部2より前の本文中から抜き出して書きなさい。

問五　[　Ⅰ　]～[　Ⅲ　]にはそれぞれ、知っている、知らない、のいずれか一つが入ります。本文を踏まえて、[　Ⅰ　]～[　Ⅲ　]にあてはまる適切なものをそれぞれ書きなさい。

問六　――部3「それ」が指示している箇所を、本文中から抜き出して書きなさい。

問七　――部4「自己の動き」について、筆者が述べている内容を四十字以内にまとめて、書きなさい。

問八　――部5で「食い違いの意識が逆に言葉の共通性を認識させ」るとあるが、その理由を、わかりやすく説明しなさい。

問九　――部6について、「言葉を自由に用いること」が、「芸術表現としてのバレエに似ている」点を、本文を踏まえて七十字以内で書きなさい。ただし、「芸術表現のバレエと同様に」のあとに続けて書くこと。

問十　本文を踏まえて考えると、「話すこと・聞くこと」の学習においては、どのような指導をしていくことが大切であると考えられるか。指導する際の言語活動の例を含めて、書きなさい。

(☆☆☆☆◎◎◎)

【中学校】

【一】次の文章を読んで、あとの問いに答えなさい。

様(さま)よう、すべて※人はおいらかに、すこし※心おきてのどかに、※おちゐぬるをもととしてこそ、ゆゑもよしも、をかしくa心やすけれ。もしは、色めかしくbあだあだしけれど、本性(ほんじやう)の人がらくせなく、かたはらのため見えにくきさませずだになりぬれば、にくうははべるまじ。1われはと、※くすしくならひもち、cけしきことごとしくなりぬる人は、立居(たちゐ)につけて、われ用意せらるるほども、その人には目とどまる。目を2しとどめつれば、かならずものをいふ言葉の中にも、きてゐるふるまひ、立ちていくうしろでにも、かならず癖は見つけらるるわざにはべり。3ものいひすこしうちあはずなりぬる人と、4人のうへうちおとしめつる人とは、ましてて耳も目もたてらるるわざにこそはべるべけれ。人のくせなきかぎりは、いかで、はかなき言の葉をも聞こえじとつつみ、※なげの情(なさけ)つくらまほしうはべり。

人すすみて、にくいことし出でつるは、わろきことを過(あやま)ちたらむも、いひ笑はむに、はばかりなうおぼえはべり。いと心よからむ人は、われをにくむとも、われはなほ、人を思※ひうしろむべけれど、5いとさしもえあらず。慈悲ふかうおはする仏だに、三宝そしる罪は浅しとやは説いたまふなる。まいて、かばかり濁り深き世の人は、なほつらき人はつらかりぬべし。それを、われまさりていはむと、いみじき言の葉をいひつけ、向かひゐてけしきあしうまもりかはすと、さはあらずもてかくし、うはべはなだらかなるとの※けぢめぞ、6心のほどは見えはべるかし。

（『紫式部日記』による）

(注)※ 人…女性一般をさす。 ※ 心おきて…心の持ち方、心構え。

※ おちゐぬる…気持ちが落ち着いていること。

※ くすしくならひもち…奇をてらうのに慣れていく。 ※ なげの情…形だけの情け。

※　うしろむ…背後からその人を助け、世話をする。　※　けぢめ…区別、違い。

問一　――部a「心やすけれ」、b「あだあだしけれ」、c「けしき」の本文中での意味を、それぞれ書きなさい。

問二　――部1「われは」について、自分はどうありたいと思っているのか。簡潔に書きなさい。

問三　――部2の「し」と文法上同じ意味・用法の「し」を、次のア～エの中から一つ選び、記号で答えなさい。

ア　物語などして集まりさぶらふに　　イ　京より下りし時に

ウ　この子を見れば苦しきこともやみぬ　　エ　取り立ててはかばかしき後見しなければ

問四　――部3「ものいひすこしうちあはずなりぬる人」、――部4「人のうへうちおとしめつる人」とは、それぞれどのような人物のことか。具体的に書きなさい。

問五　――部5「いとさしもえあらず」について、「さ」の内容を明らかにして現代語訳しなさい。

問六　――部6「心のほどは見えはべるかし」について、筆者はどのような対処の違いで人の心の程度がわかるというのか。わかりやすく書きなさい。

問七　中学一年生に、古典を教材として「読むこと」の指導を行う際、古典に親しむ態度を育てるために、どのような工夫が考えられるか、具体的な活動例を含めて書きなさい。

（☆☆☆◎◎◎）

【二】次の文章を読んで、あとの問いに答えなさい。（ただし、設問の都合で一部省略している。）

A

絶句　杜甫

[1]両※箇ノ黄※鸝鳴キ二翠柳一
一行白鷺上二青天一
牕※含ム西※嶺千※秋ノ雪
門ニハ泊※ス東※呉萬里ノ船

絶句

両箇(りやうこ)の黄鸝(くわうり)翠柳(すいりう)に鳴き
一行(いつかう)の白鷺(はくろ)青天(せいてん)に上(のぼ)る
牕(まど)には含む西嶺(せいれい)千秋(せんしう)の雪
門には泊(はく)す東呉(とうご)萬里(ばんり)の船

（注）
※両箇…二つ
※黄鸝…コウライウグイス科の鳥
※牕…「窓」に同じ
※西嶺…成都の西方にある雪山
※千秋雪…万年雪
※泊…船が停泊すること
※東呉萬里船…東方の呉の地方からはるばる航行してきた船

杜甫五十三歳の作。この詩は前半、後半ともにきれいな対句で構成されている。しかも[2]数字と、色と、方角を表す修飾語が十字もはめ込まれており、まるで一幅の絵画を見るような心地がする。細かに見ると第一句は［①］、第二句は［②］、第三句は［③］、第四句は［④］、という具合に組み合わされて、立体感をかもし出しているのに気付く。

B

倦夜　杜甫

[3]竹涼侵臥内※
野月満庭隅
重露※成涓滴※
稀星乍有無※
暗飛螢自照
水宿鳥相呼
[4]萬事※干戈※裏
空悲清夜※徂

倦夜

竹涼は臥内を侵し
⑤
重露涓滴を成し
稀星乍ちに有無
暗きに飛ぶ螢は自ら照し
水に宿る鳥は相ひ呼ぶ
萬事は干戈の裏
空しく悲しむ清夜の徂くを

（注）
※臥内…寝室
※重露…露を結ぶこと
※涓滴…しずく
※乍有無…ここでは、星が輝いたり消えたりすること
※萬事…すべての事
※干戈…戦争
※清夜…清らかな夜

杜甫五十三歳の作。成都の草堂で寝つかれぬ夜の思いをうたった歌である。

（石川忠久『漢詩鑑賞事典』による）

問一　——部1「一行白鷺上青天」について、書き下し文を参考にして返り点を施しなさい。

問二　——部2について、色彩を表す言葉を、Aの漢詩の中からすべて抜き出して書きなさい。

問三　①～④には、それぞれ、遠景、近景、のいずれか一つが入ります。Aの漢詩を踏まえて、①～④にあてはまる適切なものをそれぞれ書きなさい。

問四　⑤には、——部3「野月満庭隅」の書き下し文が入る。ここに入る書き下し文を書きなさい。

問五　――部4について、作者の杜甫はどのようなことに対して嘆き悲しんでいるのか。簡潔に書きなさい。
問六　A・Bそれぞれの漢詩の形式を何というか。それぞれ漢字四字で書きなさい。
問七　中学校の授業で、「起承転結」という漢詩の構成について質問された時、「起承転結」それぞれの働きをどのように説明しますか。書きなさい。

（☆☆☆☆◎◎◎）

【高等学校】

【一】次の文章は、作者が仕えていた堀河天皇が崩御し、喪に服していたところ、幼い鳥羽天皇に奉仕せよとの命が伝えられた場面である。これを読んで、あとの問いに答えなさい。

かくいふほどに、十月になりぬ。※「弁の三位殿(べんのさんみどの)より御文」といへば、取り入れて見れば、「a年ごろ、宮仕へせさせたまふ御心のありがたさなど、よく聞きおか1せたまひたりしかばにや、※院よりこそ、この内にさやうなる人のたいせちなり、※登時(とうじ)参るべきよし、おはせごとあれば、さる心地せさせたまへ」とある、見るにぞ、あさましく、ひがめかと思ふまであきれられける。おはしまししをりより、かくは聞こえしかど、いかにも御いらへのなかりしには、さらでもとおぼしめすにや、それを、2いつしかといひ顔に参らんこと、あさましき。※周防(すはう)のb内侍、※後冷泉院におくれまゐらせて、※後三条院より、c七月七日参るべきよし、おほせられたりけるに、

Ⅰ　天の川おなじ流れと聞きながらAわたらんことはなほぞかなしき

とよみけんこそ、げにとおぼゆれ。

「故院の御かたみには、ゆかしく思ひ3まゐらすれど、さし出でんこと、なほあるべきことならず。そのかみ立ち出でしだに、はればれしさは思ひあつかひしかど、親たち、※三位殿などしてせられんことをとなん思ひ

て、いふべきことならざりしかば、心のうちばかりにこそ、※あまのかるもに思ひみだれしか。げに、これも、わが心にはまかせずともいひつべきことなれど、また、世を思ひ捨てつと聞かせたまはば、4さまでたいせちにもおぼしめさじ」と思ひみだれて、いますこし月ごろよりもの思ひ添ひぬる心地して、「いかなるついでを取り出でん。さすがに、われと削ぎすてんも、昔物語にも、かやうにしたる人をば、人も『うとましの心や』などこそいふめれ、わが心にも、げにさおぼゆることなれば、さすがにdまめやかにも5思ひ立たず。かやうにて心づから弱りゆけかし。さらば、ことつけても」と思ひつづけられて、日ごろ経るに、「御乳母たち、まだ六位にて、五位にならぬかぎりは、もの参らせぬことなり。この二十三日、六日、八日ぞよき日。とく、とく」とある文、たびたび見ゆれど、6思ひ立つべき心地もせず。

（『讃岐典侍日記』による）

（注）※弁の三位殿…藤原光子。堀河天皇の皇子宗仁親王の養育にあたっていた。
※院…白河法皇。堀河天皇の父。　※登時…即刻。
※周防の内侍…平仲子。後冷泉天皇の時に内侍となり、その後、後三条天皇・白河天皇・堀河天皇・鳥羽天皇に仕えた。
※後冷泉院…後朱雀天皇の第一皇子。　※後三条院…後朱雀天皇の第二皇子。
※三位殿…藤三位。藤原兼子。作者長子の姉。
※あまのかるも…「みだる(れ)」を引き出す序詞。

問一　——部b「内侍」の漢字の読みを、ひらがなで書きなさい。また、——部c「七月」について、陰暦「七月」の異名をひらがなで書きなさい。ただし、どちらも現代仮名遣いで書くこと。

問二　——部a「年ごろ」、d「まめやかに」の本文中での意味を、それぞれ書きなさい。

問三　――部1「せたまひ」、3「まゐらすれ」はそれぞれ誰に対する敬意を表したものか。次のア～オの中から一つずつ選び、記号で答えなさい。
ア　弁の三位殿　　イ　堀河天皇　　ウ　白河法皇　　エ　作者　　オ　鳥羽天皇

問四　――部2「いつしかといひ顔に参らんこと、あさましき」、――部4「さまでたいせちにもおぼしめさじ」を、それぞれ現代語訳しなさい。

問五　Iの歌で、――部A「わたらん」は二つの意味を持たせた掛詞である。その意味をそれぞれ書きなさい。

問六　――部5「思ひ立たず」とあるが、どのようなことを「思ひ立たず」と述べているのか。書きなさい。

問七　――部6「思ひ立つべき心地もせず」について、本文全体の内容に即してその理由を二つ書きなさい。

（☆☆☆☆◎◎◎）

【二】次の文章を読んで、あとの問いに答えなさい。（ただし、設問の都合で一部訓点を省略している。）

及※管夷吾有病、小※白問之曰、「仲父之病、病矣。可不※諱云。至於大病、1則寡人悪乎属国而可。」夷吾曰、「公誰欲歟。」小白曰、「※鮑叔牙可。」曰、「不可。其爲人、潔廉善士也。其於不己若者、a不比之人。一聞b人之過、終身不忘。2使之理国、上且※鉤乎君、下且逆乎民。3其得罪於君也、将弗久矣。」小白曰、「然則c孰可。」対曰、「勿已、則※隰朋可。其爲人也、上忘而下不叛。[4]愧其不若黄帝、而哀不己若者。[5]以徳分人、謂之聖人。以財分人、謂之賢人。以賢臨人、未有得人者也。以賢下人者、未有不得人者也。其於国、有不聞也。其於家、有不見也。勿已、則隰朋可。」然則管夷吾、非薄鮑叔也、不得不薄。[6]非厚隰朋也、不得不厚。厚之於始、或薄之於終、薄之於終、或厚之於始。厚薄之去来、弗由我也。

(注)　※管夷吾…管仲。斉の桓公に仕えた大臣。　※小白…桓公。春秋の五覇の最初の人物。　※病、病矣…上の「病」は病気の意、下の「病」は病気が重いことの意。　※諱…はばかり避ける。　※大病…死。　※鮑叔牙…斉の官人。　※理…「治」に同じ。　※鉤…自分の方へ引き寄せる。　※隰朋…斉の王の一族。　※由我…人間次第。

問一　――部a、b、cの漢字の読みを、それぞれ送り仮名も含めて、ひらがなで書きなさい。

問二　――部2「使之理国、」を書き下し文に改めなさい。ただし、すべてひらがな(現代仮名遣い)で書くこと。

問三　――部1、5を、それぞれわかりやすく現代語訳しなさい。

問四　――部3「其得罪於君也、将弗久矣。」とは、だれが、どうなることであるのか。三十字以内で書きなさい。

問五　――部4は「自分が昔の聖天子黄帝のような立派な人格でないことを恥じて、自分以下の人物をかわいそうに思う。」という意味である。その意味に従って、返り点を施しなさい。

問六　――部6は、どのようなことを述べようとしたのか。その内容を説明した文として最も適切なものを、次のア～オの中から一つ選び、記号で答えなさい。

ア　管夷吾が、鮑叔牙を厚遇し、隰朋を冷遇することになったのは、自然の成り行きによるものであるということ。

イ　鮑叔牙が、管夷吾を冷遇し、隰朋を厚遇することになったのは、管夷吾と隰朋の人間性によるものであるということ。

ウ　小白が、鮑叔牙と隰朋を厚遇し、管夷吾を冷遇することになったのは、自然の成り行きによるものであるということ。

エ　管夷呉が、鮑叔牙を冷遇し、隰朋を厚遇することになったのは、自然の成り行きによるものであるということ。

オ　小白が、管夷吾を厚遇し、隰朋を冷遇することになったのは、管夷吾と隰朋の人間性によるものであるということ。

問七　高等学校の必修科目「国語総合」の「古典」教材で、文語のきまりや訓読のきまりなどを指導する際に、配慮すべきことを書きなさい。

(☆☆☆◎◎◎)

解答・解説

【中高共通】

【二】問一　a　希求　b　保証　c　権威　d　営為　e　依拠　問二　(1)　かえりみること。(自分を振り返り、考えること。)　(2)　帰省、省察、省略　等　問三「知らない」と他者から指摘された場合、その不知について、その理由と内容を明示させる積極的な関与。　問四　情報　問五　Ⅰ　知らないⅡ　知っている　Ⅲ　知らない　問六　特定の視点　問七　人間は、視点の動きを通じ、新たな視野との相関関係において自らの位置を自覚する。　問八　事物や現象を表現する言葉は、各自の把握の仕方(視点の違い)で異なる。そこに「食い違い」が生ずるが、それは言葉の意味が不鮮明なのではなく、異なった視点に立つ独自の表現であることを認識させられること。　問九　(例)　芸術表現のバレエと同様に、あたかも身体が自由に可塑的に美を生み出し、重力から解放されたかのように振舞い、心身を硬直したイメージから解放する。　問十　ある課題に基づいて、互いに考えを述べ、互いにその考えを評価して聞くという話し合いの活動をすることで、ものの見方や考え方が深まるように指導する。

〈解説〉問一　同音異義語や類似の字形に注意すること。　問二　(1)「反」「省」は、「かえりみる」を共通の意味とする。　(2)「省」を「はぶく」意で用いると「省略」。「故郷に帰って親の安否を問う」意は「帰省」。　問三　他者からの「知っていない」という指摘は、「知っておくべきだ」という自覚の促しでもある。「知」を促す他者は、その理由と不知の部分(内容)を「不知」の者へ明示する責任がある。これは、不知とされた者の「知」に対する積極的関与の権利である。　問五　空欄のあとの文の内容は、「自らに知がないことは、いわば外部から自覚を促される。」でまとめられている。外部から自分の「不知」を自覚させられるまで、その当人は自身が「知っている」(Ⅱ)と思っているのが普通である。また、外部からの他者への「知・不知」の判断は、客観視できる立場から「知らない」(Ⅰ)と判断するのが普通であるが、当の本人が「知らない」(Ⅲ)と思う状況は例外である。問六　3「それ」は、前にのべられた文の特定の内容を指示する代名詞。3「それは一つの見方に過ぎず～」とある。「一つの見方」に該当する部分(内容)は、「自己のあり方」を示した文である。問七　4「自己の動き」に対応する主部は、「視点の対自化や相対化」である。自分のとる視点相互の関係や外部の世界とのつながりや関係を意識しながら自らの位置を確かめていく作業が「自己の動き」である。問八　言葉は私的なものでなく相互伝達・相互理解のための共通基盤である。相手の考えと自分の考えの共通点や相違点を正しく理解できるのも、この言葉の共通性による。　問九　「言葉の自由使用」と「バレエの身体の自由使用」の共通点は、そのあとの文「人間の身体がもつ限界や重力による自然法則」と「言葉のもつ表現の限界と文法体系による表現の法則」が対比できる。「身体の自由な可塑的な美」に対して「言葉の自由な弾力的リズミカルな美」が類似する。　問十　中学校国語では、第三学年を対象に学習する場合は、「A話すこと・聞くこと」の指導事項の「構成や論理」「語句や文」「話し合い」のどの事項で指導するか、を明示しておこう。また、言語活動例では、(ア)「説明や発表などを行うこと。」や(イ)「対話や討論などを行うこと」を論述すること。　高校国語では、「国語総合」の「A話すこと・聞くこと」の指導事項のア、イ、ウの指導事項のいずれかを選び、その中に、言語活動例の(ア)話題を選んで、スピーチや説明などを行う。(イ)情報を収集し活用して、報告や発表などを行うこと。(ウ)課題について調べたり考えたりしたことを基にして、話し合いや討論などを行う、を盛りこむこと。

【中学校】

【二】問一　a　安心である　b　移り気であるけれ(ど)　c　態度　問二　奇を衒(てら)うのに慣れ、人目をひく存在でありたいと思っていること。　問三　エ　問四　3　言うことが少々ちぐはぐで矛盾している人　4　他人のことをすぐけなしてしまう人　問五　普通の人は、他人が自分を憎んでも、その人の世話をしてやることなどできないことです。　問六　こちらにつらく当たる人に、ひどい言葉をつけ、面と向かって険悪な面持ちでにらみ合うのと気持をじっと押し隠し表面は冷静でいるのとの違いで、その人の心の程度が分かる。　問七　解説参照

〈解説〉問一　a「心やすけれ」は、形容詞「心やすし」の已然形で、「安心である」意。　b「あだあだしけれ」は、形容詞「あだあだし」の已然形で、「浮ついている。移り気である」意。　c「けしき」(気色)は、「様子。態度」のこと。　問二　1「われは」のあとの文「くすしくならひもち、けしきことごとしくなりぬる人」とは、「奇を衒(てら)い、もったいぶったようになった人」のことであり、その人の目にとまるような仕草で、皆に注目されたいと思っているのである。　問三　2の「し」は、語調を整え、強意を表す間投助詞。ア「物語などして」の「し」は、サ変動詞「す」(為)の連用形。　イ「京より下りし時」の「し」は、過去の助動詞「き」の連体形。　ウ「この子を見れば苦しき」の「し」は、形容詞「苦し」の連体形の活用語尾の一部。　エ「後見しなければ」の「し」は、間投助詞。　問四　3「ものいひ」は、「言うこと・話すこと」。「すこしうちあはずなりぬる」は、「少々ちぐはぐで矛盾している」こと。　4「人のうへ」は、「他人のこと」。「うちおとしめつる」は、「すぐけなしてしまう」こと。　問五　5「いとさしもえあらず」の「さ」は、前文中のある状態を指示し、その代用をする副詞。「その通りに。そのように」の意。前文中の「いと心よからむ人は、われをにくむとも、われはなほ、人を思ひうしろむべけれど」(気だてのよい人は、他人が自分を憎ん

でも、自分はやはりその人の世話をしてやるかもしれないが」を指す。　問六　6の前の文「かばかり濁り深き世の人は～①それを、われまさりていはむと、いみじき言の葉をいひつげ、向かひゐてけしきあしうまもりかはすと②さはあらずもてかくし、うはべはなだらかなると、の①と②の「けぢめ」についてまとめる。
問七　学習指導要領の第3章「指導計画の作成と内容の取扱い」の(4)「C読むこと」の配慮事項イに、「その(古典の)教材としては、古典に関心をもたせるように書いた文章、易しい文語文や格言・故事成語、親しみやすい古典の文章などを生徒の発達段階に即して適宜用いるようにすること。また、指導に当たっては、音読などを通して文章の内容や優れた表現を味わうことができるようにすること」が示してある。言語活動例にも「目的や必要に応じて音読や朗読をすること」とのべてある。

【二】問一　一行白鷺上㆓青天㆒　問二　黄　翠　白　青　問三　①　近景　②　遠景　③　遠景　④　近景　問四　野月は庭隅に満つ　問五　竹林の涼風や夜空の星、蛍や水鳥の声の聞こえるこの清らかな夜が今なお絶えない戦争の中で過ぎていく悲しみ。　問六　A　七言絶句　B　五言律詩　問七　起・承・転・結の「起」は、第一句で、まず詩の内容を歌い起こし、承句(第二句)で、第一句を承(う)けて展開し、転句(第三句)で、詩想をがらりと一転させ、結句(第四句)で全体を結ぶという方法である。
〈解説〉　問一　起句の「鳴翠柳」と「上青天」は、一・二点を同じくする。　問二　黄鸝　翠柳　白鷺　青天
問三　①は、「地上の景」(近景)　②は、「空の景」(遠景)　③は、「山の景」(遠景)　④は、「川の景」(近景)
問四　一・二点や送り仮名に注意し、訓読に従って書き下すこと。　問五　主題の「倦夜」の「倦」(ケン)は、「いやになる。あきる」意である。戦乱の続く中、心安まらず疲倦の夜をすごしている杜甫の悲しみの詩である。　問六　七字四句の詩を「七言絶句」。五字八句の詩を「五言律詩」という。「七言絶句」の押韻は、一・二・四句末。「五言律詩」は、偶数句末の字に押韻する。また、律詩は、二句ずつを一組として聯(連)と呼び、

初めから、首(起)聯・頷(前)聯・頸(後)聯・尾(結)聯と称する。第三句と第四句(頷聯)と第五句と第六句(頸聯)が対句になっている。　問七　「起・承・転・結」は、唐代に確立された近体詩の一種である絶句の四句構成をいう。律詩では、それぞれの聯(連)が、絶句の起・承・転・結に相当する。

【高等学校】

【二】問一　b　ないし　c　ふづき　問二　a　長年の間　d　本格的に。ほんとうに。
問三　1　ウ　3　オ　問四　2　今、お召しがあるかといかにも待ちうけていたように出仕するようなことは、あまりにも情ないことである。　4　それでもぜひとまで私を大切にはお思いになってはいまい。
問五　・二代に亘って出仕すること　・川を渡ること　問六　出家してしまうこと　問七　一つは、堀河天皇が在世中に出仕したかったのに、その願いがかなわず、堀河天皇亡きあとの出仕にあまり気乗りしないこと。もう一つは、故堀河天皇の服喪中であること。

〈解説〉問一　b「ないし」は、内侍所(八咫鏡・やたの鏡)の安置された所で奉仕する女官。　c「ふづき」は、文月(ふみづき)。　問二　a「年ごろ」は、「長年の間」の意。　d「まめやかに」は、形容動詞「まめやかなり」の連用形で、「本格的に。かりそめでないこと」の意。　問三　1は、弁の三位の院(白河天皇)への敬意。「せたまひ」は、二重敬語。3は、作者の鳥羽天皇への敬意。謙譲の補助動詞。「参らんこと、あさましいひ顔に」は、「今お召しがあるかといかにも待ちうけていたかのような顔で」の意。　問四　2「いつしかとは、「(鳥羽天皇のもとに)出仕することは、あまりにも情ないことである」意。　4「さまでたいせちにもは、「それでもぜひとまで、わたくしを大切には」の意。「おぼしめさじ」は、「お思いにはなってはいまい」の意。　問五　Aの「わたらん」の「わたる」には、「(天の川を)渡る」と「(二代に)亘って出仕する」意が掛けてある。また、「天の川」「流れ」「わたらん」は、縁語。　問六　5「思ひ立たず」(決心がつかない)の内容は、「また、世を思ひ捨てつと聞かせたまはば〜われと削ぎすてんも〜げにさおぼゆることなれば」をふまえて、「さすがにまめやかにも」（やはり、なかなか）「思ひ立たず」。作者は、尼になる決心がなかなかつかないのである。　問七　6「思ひ立つべき心地もせず」（決心する気にもならない）の理由の一つは、2の「いつしかといひ顔に参らんこと、あさましき」　他は、「故院の御かたみには、ゆかしく思ひまゐらすれど、さし出でんこと（服喪中に出仕すること）、なほあるべきことならず」。

【二】問一　a　しか　b　ひとたび　c　たれか　問二　これをしてくにをおさめしむれば　問三　1　私は誰に国を任せたらよいであろうか。　5　自分は賢人でありながら相手にへり下るならば、それで相手の心をつかまなかったというのも、世の中にはありません。　問四　鮑叔牙が、自分中心の政治をし、桓公からその罪を問われること。　問五　愧二其不レ若二黄帝一、而哀下不二己若一者上　問六　エ　問七　解説参照

〈解説〉問一　a「若」は、「しク（自カ四・動詞）の未然形で「しカ」と読む。　b「一」は、「ひとたび」と読み、「一度」の意を表す。　c「孰」は、「誰」と同じ意の疑問詞で「たれか」と読む。　問二「使ムレバ二之ヲシテ理一レメ国ヲ」の書き下し文。使役形「使ムA二ヲシテB一セ」の応用。　問三　1「寡人いづくにか国を属せば可ならんやと」の解釈。「寡人」は、小白（桓公）の自称。「属国」は、「国政をまかせる」意。「悪乎」は、「いづクニカ」と読む。疑問詞。　5「以賢下人者」は、「賢を以て人に下れば」（賢人であって相手にへり下れば」の意。「未有不得人者也」（未だ人を得ざる者有らざるなり」（それで相手の心をつかまなかった人というのも世の中にはありません。」と訳す。　問四　小白の管夷吾（管仲）への「鮑叔牙可」という答えに対し、鮑叔牙を「不可」と断じた管仲の言葉「使之理国、上且鉤乎君、下且逆乎民。」をまとめること。　問五　漢文の文の構造に従い、返読文字等に注意し、返り点を正しくつけること。　問六　6「厚薄之去来」は、「厚」（厚遇する。重んずる。

「弗由我也」の意。「由我」は、「人間次第」の意。「厚遇するとか冷遇するとかの移り変わりは、人間次第ではなく、皆、道理の展開に他ならない」の意。管仲の鮑叔牙と隰朋の人物評価に対する見解。
ねんごろにする。）「薄」（冷遇する。軽んずる。うとんずる。）の両者が、移り変わること。

問七　「国語総合」の〔言語事項〕のエに「文語のきまり、訓読のきまりなどを理解すること」と示してある。「文語のきまり」には、文語文法のほか、歴史的仮名遣いなども含まれる。古文特有のきまりに重点を置いて仮名遣いや活用の違い、主な助詞や助動詞の意味、用法、係り結び、敬語法の大体などについて指導し、古文を読むことに役立つように指導する。「訓読のきまり」については、漢文の訓読に必要な返り点、送り仮名、句読点など必要な範囲内で適切に行う。普通の文語文法では扱われない訓読特有の伝統的な読み方についても指導すること。

●書籍内容の訂正等について

弊社では教員採用試験対策シリーズ（参考書，過去問，全国まるごと過去問題集），公務員試験対策シリーズ，公立幼稚園・保育士試験対策シリーズ，会社別就職試験対策シリーズについて，正誤表をホームページ（https://www.kyodo-s.jp）に掲載いたします。内容に訂正等，疑問点がございましたら，まずホームページをご確認ください。もし，正誤表に掲載されていない訂正等，疑問点がございましたら，下記項目をご記入の上，以下の送付先までお送りいただくようお願いいたします。

① **書籍名，都道府県（学校）名，年度**
（例：教員採用試験過去問シリーズ　小学校教諭 過去問　2025 年度版）
② **ページ数**（書籍に記載されているページ数をご記入ください。）
③ **訂正等，疑問点**（内容は具体的にご記入ください。）
（例:問題文では“ア～オの中から選べ”とあるが, 選択肢はエまでしかない）

〔ご注意〕
○ 電話での質問や相談等につきましては，受付けておりません。ご注意ください。
○ 正誤表の更新は適宜行います。
○ いただいた疑問点につきましては，当社編集制作部で検討の上，正誤表への反映を決定させていただきます（個別回答は，原則行いませんのであしからずご了承ください）。

●情報提供のお願い

協同教育研究会では，これから教員採用試験を受験される方々に，より正確な問題を，より多くご提供できるよう情報の収集を行っております。つきましては，教員採用試験に関する次の項目の情報を，以下の送付先までお送りいただけますと幸いでございます。お送りいただきました方には謝礼を差し上げます。
（情報量があまりに少ない場合は，謝礼をご用意できかねる場合があります）。

◆あなたの受験された面接試験，論作文試験の実施方法や質問内容
◆教員採用試験の受験体験記

送付先
○電子メール：edit@kyodo-s.jp
○FAX：03-3233-1233（協同出版株式会社　編集制作部 行）
○郵送：〒101-0054　東京都千代田区神田錦町2-5
協同出版株式会社　編集制作部 行
○HP：https://kyodo-s.jp/provision（右記のQRコードからもアクセスできます）

※謝礼をお送りする関係から，いずれの方法でお送りいただく際にも，「お名前」「ご住所」は，必ず明記いただきますよう，よろしくお願い申し上げます。

教員採用試験「過去問」シリーズ

山形県の
国語科 過去問

編　集	© 協同教育研究会
発　行	令和6年1月25日
発行者	小貫　輝雄
発行所	協同出版株式会社
	〒101-0054　東京都千代田区神田錦町2 - 5
	電話　03－3295－1341
	振替　東京00190－4－94061
印刷所	協同出版・POD工場

落丁・乱丁はお取り替えいたします。